Esther Vilar

Das Ende der Dressur

Modell für eine neue Männlichkeit

Droemer Knaur

1. bis 100. Tausend

© 1977 Droemersche Verlagsanstalt
Th. Knaur Nachf. München/Zürich
Schutzumschlag Graupner + Partner
Gesamtherstellung: Druck- und Buchbinderei-
Werkstätten May & Co Nachf., Darmstadt
Printed in Germany · 21077
ISBN 3-426-04590-7

DAS ENDE DER DRESSUR ist der dritte und letzte Teil meiner Beschreibung der gesellschaftlichen Situation des Mannes in westlichen Industrieländern. Im ersten – DER DRESSIERTE MANN – habe ich gezeigt, wie der Mann von der Frau manipuliert wird. Im zweiten – DAS POLYGAME GESCHLECHT – habe ich erklärt, weshalb diese Manipulation möglich ist. Hier versuche ich nun einen Weg zu finden, auf dem man die weibliche Vorherrschaft unterwandern könnte. E. V.

.

Inhalt

1. Was männlich ist

männlich = bestraft   11

männlich = verkauft   13

männlich = kastriert   17

männlich = entmündigt   23

männlich = erpreßt   28

männlich = feige?   34

2. Was männlich wäre

Ein Mann ist männlich, wenn er sich zur Liebe
eignet   38

Revolution durch Unterwanderung   42

Die Hausfrau langweilt sich   45

Die Berufstätige fühlt sich diskriminiert   48

Die Teilzeitbeschäftigte diskriminiert sich
selbst   50

Mit Abschaffung der Ehe kann man niemand
reizen   53

Die berufstätige Frau braucht Gefängnisse für
ihre Kinder   57

An einem Hausmann ist nichts erotisch   61

Zuviel Partnerschaft ist tödlich   68

3. Voraussetzungen für eine neue Männlichkeit

Der Mann muß nutzlos werden 72

Das Arbeitskräftepotential hat sich
verdoppelt 74

Das Fünf-Stunden-Modell ist realistisch 76

Ein halber Tag Freiheit 80

Ganz ohne Schichtarbeit geht es nicht 82

Kindergefängnisse überflüssig 91

Man verdient die Hälfte und lebt
trotzdem besser 98

Lernen wird honorarpflichtig 103

Jedem Kind sein Kindermädchen 105

Mitleid wird billiger 108

Höhere Sozialabgaben zunächst unvermeidlich 112

Das Modell in wirtschaftlichen Ausnahme-
situationen 115

Keine Überstunden 122

4. Folgen einer neuen Männlichkeit

Freiwillige Gleichverpflichtung 124

Schlechte Zeiten für Dressierte 126

Das zweite Geschlecht 133

Sex zu Dumpingpreisen 140

Weiblichkeit wird weiblicher 145

Männerberufe – Frauenberufe 149

Politik, Militär, Gewerkschaften 167

Hausarbeit ist nicht teilbar 174

Eine klassenlose Gesellschaft für Kinder 186

Scheidung auch für Arme 194

Man muß nicht mehr jung sein, man wird nicht
mehr alt 201

Eine sozialere Marktwirtschaft 210

5. Für einen weiblichen Feminismus

Der männliche Feminismus ist frauenfeindlich   218

Protektion ist keine Emanzipation   223

Die kollektive Bekämpfung der Langeweile
ist keine feministische Bewegung   226

Lesbianismus ist kein Feminismus   230

Im marxistischen System verlieren die Frauen
ihre Privilegien, aber die Männer haben nichts davon   235

Die Rückkehr zur Natur wäre unnatürlich   243

Noch einmal, mit Gefühl   247

Ein weiblicher Feminismus wäre ein
neuer Sozialismus   250

1. Was männlich ist

männlich = bestraft

Der Mann – davon war im ersten Teil dieser Arbeit die Rede[*] – kommt auf die Welt, um eingesperrt zu werden. Er empfindet das aber nicht als grausam: Da man ihn von Anfang an auf diese Lebensweise vorbereitet, erwartet er nichts anderes. Weil praktisch alle Männer eingesperrt werden, sieht er in seiner Haft sogar etwas Positives – sie bedeutet, daß er vollkommen normal ist – und nennt diese Art Dasein nicht ohne Stolz *männlich*. Überhaupt spricht er einen eigenen Jargon: Seine Wärter nennt er *Vorgesetzte,* den Strafvollzug *Pflichterfüllung*, die Anstaltsleitung *Direktion* und ein Lob wegen guter Führung *berufliche Anerkennung*. Nach einem solchen Lob fühlt er sich gleich viel wohler: Er sagt dann, daß ihm seine Arbeit *Spaß* macht.
Wie das in der zweiten Hälfte des zwanzigsten Jahrhunderts nicht anders sein kann, wurde auch hier der Strafvollzug humanisiert. Das Strafmaß ist jedoch das gleiche geblieben: Für einen Mann heißt das Urteil immer »lebenslänglich«. Denn anders als beim »echten« Strafvollzug ist das Kriterium hier nicht die Gefährlichkeit des Delinquenten für die

---

[*] DER DRESSIERTE MANN, München 1971

Gesellschaft – für diejenigen also, die man nicht einsperrt –, sondern seine Nützlichkeit: Art und Dauer der Strafe werden daher auch nicht vom Vergehen, sondern von der Leistungsfähigkeit bestimmt. Und weil ein Mann leistungsfähiger ist, wenn er sich ausgeruht hat, schickt man ihn zwischendurch nach Hause und erlaubt ihm so, in genau festgelegten Intervallen am Leben derer teilzunehmen, für die er seine Strafe absitzt. Im übrigen ist er nur dann vom Strafvollzug befreit, wenn er ohnehin unrentabel wäre: bei physischer Unzulänglichkeit etwa oder nach psychischem Schock. Ein gesunder Mann, der mit der Verbüßung seiner Strafe vorübergehend aussetzen möchte – sein Verbrechen besteht darin, ein Mann zu sein –, muß daher entweder eine Krankheit oder den Tod eines geliebten Menschen vortäuschen. Falls er das aber zu häufig tut oder falls man ihm dabei auf die Schliche kommt, wird er degradiert und muß die niedrigsten Aufgaben übernehmen, die die Anstalt zu vergeben hat. Und auch seine Besuche bei denen draußen werden dadurch immer unerfreulicher.

Sobald man feststellt, daß kurze Pausen zur Erhaltung der Leistungsfähigkeit eines bestimmten Delinquenten nicht mehr ausreichen – und das ist nach etwa einem Jahr der Fall –, schickt man ihn für mehrere Tage hintereinander in die Freiheit. Man rät ihm, diese Zeit in einem ungewohnten Milieu zu verleben, denn so erholt er sich besser und kann dank der neuen Eindrücke, die er dabei sammelt, die alten Eindrücke wieder leichter ertragen. Wenn sich danach von neuem die Tore hinter ihm schließen, ist er oft sogar froh. Wie schön, wieder drin zu sein, sagt er zu den anderen – ewige Ferien, nein, das wäre wirklich nichts.

Doch auch diese Freude ist ihm nicht vergönnt. Denn wenn dann so nach einem halben Jahrhundert Anstaltsleben seine Leistung immer unrentabler wird und die vorgeschriebenen

Pausen zu seiner Regeneration beim besten Willen nicht mehr ausreichen, werden ihm diese ewigen Ferien wie eine letzte Strafe aufgezwungen. Man entläßt ihn in ein Haus, in dem es keinen Platz für ihn gibt, zu einer Familie, der er fremd geblieben ist, und in eine Freiheit, für die er sich nun viel zu müde fühlt. Zum Glück dauern diese ewigen Ferien nicht wirklich eine Ewigkeit, denn nach der Statistik hat in westlichen Industrieländern ein Mann bei einer Lebenserwartung von etwa 69 Jahren nach seiner Pensionierung gerade noch vier Jahre zu leben.

männlich = verkauft

Der Mann kommt auf die Welt, um seinen Körper und seinen Geist, seine Kraft und seine Gesinnung meistbietend zu verhökern. Doch auch darunter leidet er nicht. Da man ihn durch spezielle Erziehungsmethoden auf seine Prostitution einstimmt und da die anderen Männer sich ebenfalls prostituieren, empfindet er diese Lebensweise als adäquat. Auch hier fällt wieder die eigene Sprache auf: Das Bordell heißt *Firma,* der Zuhälter *Ehefrau* oder *Lebensgefährtin* und der Kunde *Chef, Aktionär, Aufsichtsrat* oder ganz einfach *Kunde.*

Dabei gilt folgender Ehrenkodex: Am meisten geachtet ist immer der Mann, dem seine Prostitution am meisten einbringt. Männer, die sich mit wenig Eifer verkaufen, nennt dieser Mann *Arbeitsscheue,* solche, die sich ungeschickt verkaufen, *Versager,* solche, die sich nicht verkaufen müssen, *Playboys,* solche, die sich nicht verkaufen wollen, *Abenteurer,* und solche, die ohne Zuhälter arbeiten, *Impotente* oder *Homosexuelle.*

Frauen sieht der erfolgreiche männliche Prostituierte nur

ungern in seinem Gewerbe. Da er Prostitution mit Männlichkeit gleichsetzt, nennt er erfolgreiche weibliche Prostituierte *Mannweiber.* Als Zuhälter hingegen kann er sich wiederum sein eigenes Geschlecht nicht vorstellen: Von einem Mann, der zu Hause bleibt und eine Frau für sich arbeiten läßt, sagt er entweder, er ließe sich *aushalten,* oder er nennt ihn ohne Umschweife einen *Zuhälter.* Eine Frau, die sich aushalten läßt, nennt er hingegen eine *Hausfrau.* Frauen, die den Kunden ihren Körper, nicht aber ihre Gesinnung verkaufen, bezeichnet er als *Prostituierte.*

Bei ihm selbst ist es jedoch mit der Vermarktung des Körpers allein nie getan. Von ihm will man alles. Und zwar nicht nur stundenweise über ein paar Jahre, sondern den ganzen Tag, ein Leben lang. Er muß nicht nur alles tun, was andere von ihm verlangen, sondern auch alles sagen; und damit er es glaubhaft sagen kann, muß er es auch denken. Und er muß »umdenken« können. Die Firma, deren Produkt er heute bekämpft, kann schon morgen sein neuer Auftraggeber sein. Der Verleger, dessen Meinung er heute lächerlich macht, kann ihn schon morgen in seiner eigenen Zeitung schreiben lassen. Die Partei, mit deren Zielen er sich heute solidarisiert, kann ihr politisches Konzept über Nacht ändern. Kein Wunder, daß den gewöhnlichen Huren die Art, wie der Mann sich prostituieren muß, noch unmenschlicher erscheint als ihre eigene. Wo man sie wählen läßt, bleiben sie daher auch lieber in ihrem Metier, als daß sie den Mann nachahmen und auf seine Weise »anständig« werden. Die einzig wirklich reizvolle Alternative haben sie sich durch ihr Gewerbe ein für allemal verbaut: Kein Mann würde eine Frau in der Rolle seines Zuhälters akzeptieren, wenn sie vorher eine »Prostituierte« war.

Diese weitverbreitete weibliche *Zuhälterei* unterscheidet sich von der wenig verbreiteten männlichen, von der hier der Begriff abgeleitet wurde, hauptsächlich dadurch, daß sie vom Gesetz nicht verboten, sondern gefördert wird und daß sich in diesem Fall der Zuhälter nicht einmal darum bemühen muß, seinem Opfer die Kunden zu vermitteln, denn auch das macht es noch selbst. Im übrigen ist die Technik die gleiche: Damit das Opfer tut, was man von ihm verlangt, versetzt man es in den Zustand der Hörigkeit, und später veranlaßt man es dann durch Einschüchterung, Erpressung und Nötigung zum Weitermachen. Hörigkeit – die Männer nennen es hier *Liebe* – erreicht der weibliche Zuhälter auf die gleiche Weise wie sein männliches Pendant: durch gutes Aussehen, sexuelle Vergünstigungen und geschickt plazierte Komplimente. Sobald die Hörigkeit nicht mehr so stark ist, genügen zur Nötigung jedoch die inzwischen gezeugten Kinder.

Weil die Auswahl des späteren Opfers am zweckmäßigsten dort stattfindet, wo man seine Eignung zur Prostitution am besten beurteilen kann – wo man sieht, wie ein Mann auf Männer wirkt –, begeben sich künftige Zuhälter vorübergehend selbst in die Bordelle. Um ihnen diese Mühe zu ersparen, hat man auch die *Titel* eingeführt. (Wer es zu einem Titel bringt, hat sich so oft die Meinung anderer zu eigen gemacht, daß seine Bereitschaft zur Gesinnungsprostitution als gesichert gelten darf.) Doch Männer mit Titel sind selten, und deshalb läßt sich der Umweg über den Ort der Handlung vor allem für die Frauen nicht vermeiden, deren Väter nicht genug anschaffen. Hier können sie dann am besten erfahren, wie geeignet ein bestimmter Mann für ihre Zwecke sein wird. Und selbst wenn sie an diesem Ort nicht das richtige Opfer finden, wissen sie doch wenigstens, worauf es ankommt. Ausschlaggebend ist nicht der gute Wille, sondern das, was man daraus macht. Mit wieviel »Einsatz« man die Wünsche seiner Kunden befriedigt, wie glaubwür-

dig man Begeisterung heuchelt, wie echt man Schmeiche-
leien plaziert, wie geschickt man gegen Konkurrenten intri-
giert, ob man auch tatsächlich immer die Stimmung und
Gesinnung zeigen kann, die verlangt wird, und ob man auch
wirklich alles tut, um jedem Kunden den Maximallohn zu
entlocken. Und sie kann auch gleich beurteilen, ob ihr Opfer
die kostbare Qualität besitzt, die man in den Bordellen dieser Welt als *Charakter* bezeichnet und die besser honoriert
wird als alle anderen. Denn einen verwöhnten Kunden befriedigt man oft besser, wenn man nicht gleich alles tut, was
er verlangt. Ein Mann, der genügend Intuition besitzt, um
sich im richtigen Augenblick ein wenig zu verweigern – der
sich sozusagen von seinem Kunden immer wieder neu erobern läßt –, wird es auf jeden Fall weiter bringen als die
anderen.

Da jeder weiß, daß die Frau nur vorübergehend hier ist,
überläßt man ihr nur die weniger wichtige Kundschaft. Bei
ihr kommt es nur auf eines an: Sie muß erkennen, wann ihr
ein zur Prostitution geeigneter Mann über den Weg läuft,
und dann unverzüglich handeln. Denn wenn sie falsch
wählt, kann es ihr passieren, daß sie später wieder zurück
muß und daß die Kinder, mit denen sie eigentlich einen
Mann zur Arbeit nötigen wollte, sie nun selber nötigen.
Wenn sie zu wählerisch ist, kann es vorkommen, daß sie,
der geborene Zuhälter, ein Leben lang zur Prostitution ver-
dammt bleibt und sich von ihren männlichen Kollegen nur
noch dadurch unterscheidet, daß sie in die eigene Tasche
wirtschaftet.

An diesem streßsenkenden Unterschied und daran, daß sie
in der Regel nur ein paar Jahre hintereinander und meist
ohne jeden Ehrgeiz arbeitet, scheint es zu liegen, daß Frauen
trotz steigender Berufstätigkeit immer länger leben. In der
Hochburg der Männerbordelle, den USA, ist ihre Lebens-

erwartung in den letzten zwanzig Jahren im Vergleich zum Mann um mehr als sechs Jahre mehr gestiegen – während Frauen 1955 die Männer um durchschnittlich zweieinhalb Jahre überlebten, überleben sie sie nun bereits um neun Jahre. In den anderen westlichen Industrieländern ist die Entwicklung ähnlich. Wenn das eine Geschlecht auf den Strich geschickt wird und das andere den Lohn kassiert, kann es nicht anders sein.

männlich = kastriert

Noch vor zehn Jahren hätte ein Mann Vater werden können, wenn er nur genug Kraft besessen hätte, eine Frau zu bändigen, und genug Sperma, um sie zu befruchten. Diese Zeiten sind vorbei. Da es nicht im Interesse der Frauen liegen konnte, daß Männer über ihre Fortpflanzung selbst bestimmen, beauftragten sie die Männer, das zu ändern.
Kinder sollten nur noch solche Männer haben, die die *Drei-Personen-Klausel* erfüllten. Das heißt Männer, die dank ihres Vermögens oder ihrer Position in der Lage waren, sich selbst, ein Kind und eine Mutter ausreichend zu versorgen. Bereits versorgten Frauen hingegen sollte es endlich möglich sein, die Gesellschaft eines Kindes zu genießen, ohne dabei von der Anwesenheit des Kindsvaters belästigt zu werden. Im einzelnen lautete die Weisung, wie folgt:

1. Nur Männer, die die Drei-Personen-Klausel erfüllen, sollen sich in Zukunft fortpflanzen.
2. Männer, die die biologischen Voraussetzungen für eine Fortpflanzung nicht besitzen (Alte, Kranke, Impotente), sollen sich, falls sie die Klausel erfüllen, in Zukunft trotzdem fortpflanzen.

3. Männer, die sowohl die Klausel als auch die biologischen Voraussetzungen erfüllen, ihre Fortpflanzung jedoch verweigern (gut situierte Junggesellen), sollen sich in Zukunft fortpflanzen müssen.
4. Männer, die die Klausel nicht erfüllen, vom biologischen Standpunkt aus jedoch für ihre Reproduktion optimal geeignet sind (gut aussehende Junggesellen), sollen sich in Zukunft nur dann fortpflanzen, wenn sie auf ihre Kinder verzichten.

Der Mann entsprach dieser Weisung und kastrierte sein Geschlecht so, daß es durch den Eingriff nicht zeugungsunfähig wurde. Im einzelnen tat er folgendes:

a) Er verhindert Schwangerschaften dort, wo sie von der Frau nicht erwünscht sind:
Durch neue chemische Verhütungsmittel (»Pille«).
Durch neue mechanische Verhütungsmittel (Intrauterin-Spirale).
Durch Modernisierung des Schwangerschaftsabbruchs (»Pille danach«, Absaugmethode).
Durch Legalisierung des Schwangerschaftsabbruchs.
b) Er ermöglicht Schwangerschaften dort, wo sie der Frau wünschenswert erscheinen:
Durch künstliche Befruchtung: Wohlhabende, aber zeugungsunfähige Männer können nun trotzdem Kinder haben – ein ärmerer Mann spendet seinen Samen und erklärt sich bereit, nach dem Verbleib seiner Kinder keine Nachforschungen anzustellen. Wohlhabende Männer können jedoch auch ihren eigenen Samen konservieren lassen und so noch im Alter oder nach ihrem Tod Kinder zeugen.
Durch gezielte Befruchtung: Alle vom Mann bereitge-

stellten Verhütungsmittel haben den Vorteil, daß sie von der Frau auch gezielt zur Schwängerung verwendet werden können. Wenn sie zum Beispiel feststellt, daß ein bestimmter Mann die Drei-Personen-Klausel längst erfüllt, aber immer noch nur einen einzigen Menschen ernährt — sich selbst —, so kann sie sich dank männlicher Erfindungsgabe nun ohne Rückfrage von diesem Mann befruchten lassen. Denn ob sich eine Frau wirklich gegen eine Schwangerschaft schützt, kann niemand feststellen. Und auch wenn es dem Mann eines Tages gelingen sollte, für sein eigenes Geschlecht ebenso sichere und nebenwirkungsfreie Verhütungsmittel zu finden wie für das weibliche, so kann es doch für ihn niemals ein Recht auf Schwangerschaftsabbruch geben. Dank der Initiative seines eigenen Geschlechts muß er heute immer die Kinder bekommen, die man von ihm haben will, und kann umgekehrt nur jene behalten, die auch andere behalten möchten. Sein einzig wirklich sicheres Verhütungsmittel wären Armut oder Abstinenz.

Die zuletzt genannte Methode ermöglicht der Frau das zur Zeit wohl häufigste weibliche Sexualdelikt, die *passive Vergewaltigung* des Mannes. Die Opfer sind Junggesellen jenseits der Drei-Personen-Klausel, die man auf diesem Weg zur Heirat zwingt, verheiratete Männer, die man durch ein weiteres Kind zur Fortsetzung einer Ehe zwingt, und Männer mit überdurchschnittlichem Einkommen, denen man so die Gründung einer legalen oder illegalen Zweitfamilie nahelegt. Vom häufigsten Sexualvergehen des Mannes, der aktiven Vergewaltigung, unterscheidet sich das weibliche Delikt vor allem dadurch, daß hier das Opfer nicht zum Beischlaf gezwungen wird, sondern zu seinen Folgen, daß der Täter nicht im Affekt handelt, sondern vorsätzlich und aus niederen Beweggründen und daß das Delikt nicht verfolgt werden kann, weil eine Bestrafung des Täters immer auch ein kleines Kind träfe.

Doch noch ein weiteres, wenn auch weniger verbreitetes Sexualdelikt ist auf diesem Weg möglich: *der Mißbrauch des Mannes zu Zuchtzwecken.* Dieses Vergehen ist relativ neu und entspricht einer folgerichtigen Entwicklung: In einer Gesellschaft, in der Männer in erster Linie als Versorger betrachtet werden, hat eine bereits versorgte Frau vernünftigerweise keinen Grund, für längere Zeit mit einem Mann zusammenzuleben. Da sie aber andererseits auch nicht einsam sein will, macht sie von ihrem biologischen Privileg Gebrauch und gebiert sich ein Kind zur Gesellschaft. Es versteht sich von selbst, daß sie in diesem Fall eine natürliche Befruchtung der künstlichen vorzieht, denn einerseits kann sie sich ein Kind viel besser vorstellen, wenn sie seinen potentiellen Vater vor sich hat, und andererseits läßt sich für den Fall, daß die Rechnung dann doch nicht aufgeht, ein unfreiwilliger Samenspender auch noch nachträglich in einen unfreiwilligen Unterhaltszahler verwandeln.

Ausschlaggebend ist das aber nicht: Viel mehr als das Monatsgehalt eines Mannes zählt hier seine Augenfarbe, und höher als seine Ergebenheit wird seine Fähigkeit bewertet, im richtigen Augenblick die richtige Anzahl Spermien auf den Weg zu schicken. Aus diesen Ingredienzen wird dann frei nach den Mendelschen Gesetzen jenes Wunschkind improvisiert, das dem Willen seiner fortschrittlichen Mutter zufolge statt in einer destruktiven Kleinfamilie bei Dienstboten und in Kinderkrippen heranwachsen wird und das statt seines einzigen patriarchalischen Vaters viele freundliche Onkels kennenlernen darf.

Leider kann man bisher noch nicht das Geschlecht dieses glücklichen Menschen in seine Planung einbeziehen. Doch auch daran läßt man die Männer bereits arbeiten. Sie müssen nicht einmal befürchten, daß es nach dieser eigentlich längst fälligen Errungenschaft zu viele Frauen gäbe. Beim heutigen Stand der Technik braucht man noch immer für jeden Menschen, der nichts tun will, einen, der arbeitet. Wenn sich an der sozialen Struktur nichts ändert, werden Männer also genau in dem Tempo aussterben, wie sie ihre Arbeit rationalisieren. Ob sie als Geschlecht überleben oder als samenspendende Minderheit, liegt also ganz bei ihnen.

Doch während die Männer so die Zeugung aus der Hand gaben, verloren sie auch am Zeugungsakt selbst immer mehr die Freude. Denn um mit einer Frau zu schlafen, bedarf es ja außer der Gelegenheit auch der sexuellen Potenz. Ein Mann, der tagsüber dem Streß des Berufskampfs und abends dem des Großstadtverkehrs ausgesetzt ist, wird aber nachts kaum noch über größere Kraftreserven verfügen. Er hat sich also dank seines Arbeitseifers seiner sexuellen Potenz beraubt. Gerade jene Männer, die es – um den Frauen zu gefallen – in ihrem Beruf am weitesten gebracht haben und die deshalb nun zu Sex am häufigsten Gelegenheit hätten, verspüren dazu immer seltener den notwendigen Unternehmungsgeist. In der Regel beschränken sie ihre Aktivität auf das freie Wochenende.

Aber auch der Sex der weniger erschöpften Männer verlor durch die neue Entwicklung an Attraktivität. Denn seit der Ruf der Freizügigkeit einer Frau kaum noch schadet, können die Fähigkeiten eines bestimmten Mannes an der weiblichen Börse offiziell gehandelt werden. Dabei wird nicht nur seine Potenz benotet, sondern auch seine Geschicklichkeit beim Erzeugen des berühmten weiblichen Orgasmus. Je nachdem, wie weit er es hier bringt, steht er dann als guter oder schlechter Liebhaber in der auch von seinem Nachfolger einzusehenden Kartei.

Nun ist für einen Mann seine Potenz ohnehin ein schwer abschätzbares Risiko, doch wenn er dazu noch den Orgasmus seiner Partnerin zu verantworten hat – und wenn man außerdem berücksichtigt, daß beispielsweise 75 Prozent der US-Frauen nach eigenen Angaben hier unter Schwierigkeiten leiden –, so kann man sich ungefähr vorstellen, was für ein weites Aufgabenfeld damit einen »guten Liebhaber« erwartet. Es gibt zwar Männer, die sich gerade deshalb in den Wettbewerb stürzen und auch hier noch versuchen, die anderen zu übertrumpfen. Viele jedoch werden angesichts der verschärften Bedingungen von vornherein entmutigt.

Wie die Umfragen zeigen, wagen sich selbst die ganz jungen Männer heute nur noch nach eingehender Vorbereitung an die Praxis. Solange sie über die von der Frau bevorzugten Positionen, ihre erogenen Zonen und die Technik der Klitoriserregung nicht alles wissen, fangen sie erst gar nicht an. Kein Wunder, daß die jungen Mädchen ihre Sprache der neuen Realität angepaßt haben: Wo sie früher verschämt gestanden, daß dieser oder jener Junge ihr Liebhaber sei, sagen sie heute lapidar: »Das ist der Typ, der mir den Service macht.«

Die Männer jedoch kleben noch immer an ihrem überlieferten Jargon. Daß ihre Partnerinnen sich längst im Do-it-yourself-Verfahren schwängern und daß auch der Zeugungsakt selbst nur noch auf Antrag stattfindet, und dann stets so, wie es gefällig ist, hat in ihrer Sprache keine Spuren hinterlassen. Als sei nichts geschehen, reden sie noch immer davon, daß sie es einer Frau »gezeigt haben« oder »zeigen werden«. Und nach der Geburt ihrer Kinder gratulieren sie sich genau wie in alten Zeiten zu diesem Beweis ihrer Männlichkeit.

männlich = entmündigt

Weil keiner von uns dabei war, können wir heute nur schwer beurteilen, ob die Männer vielleicht früher einmal Macht über die Frauen hatten. Auch auf den Historiker ist hier kein Verlaß, denn unter Anleitung der Dame, der er seine Werke widmet, hält er Macht meist für die Fähigkeit, für einen anderen das tägliche Brot zu verdienen. Sicher ist nur eins: Was immer gewesen sein mag, es muß sich mit der Erfindung der Dampfmaschine grundlegend geändert haben. Denn weil Männer keine Kinder gebären und auch keine Kinder stillen mußten, wurden sie in die nun überall aus dem Boden sprießenden Fabriken gesteckt, und die Frauen blieben – nach der chaotischen Anfangsphase, in der man auch sie und die Kinder verpflichtet hatte – zu Hause. Und weil Männer wissen sollten, wie man mit einer Dampfmaschine umgeht und wie man andere, noch viel bessere Maschinen erfindet, wurden die kleinen Jungen in die überall entstehenden Schulen geschickt, während die kleinen Mädchen wiederum zu Hause blieben. Das war überaus sinnvoll: Wenn man die Frauen in die Fabriken gesteckt hätte, wäre die Menschheit zugrunde gegangen, und wenn man die kleinen Mädchen in die Schulen geschickt hätte, wäre das absolut überflüssig gewesen. Da es damals im Haus noch etwas zu tun gab, war dieses Abkommen sogar eine echte Arbeitsteilung.
Eines Tages war dann aber alles anders. Schwangerschaften ließen sich vorausberechnen, Kinder konnten (mit dem Muttermilchersatz) auch von ihren Vätern gestillt werden, die Hausarbeit wurde größtenteils von Automaten erledigt, in den Fabriken waren die Maschinen so verbessert, daß man zu ihrer Bedienung kaum noch Kraft brauchte, und die Schulen, an denen man lernt, wie man sie erfindet, standen

seit geraumer Weile auch den kleinen Mädchen offen. Dank männlichen Fleißes und männlichen Forscherdrangs war es endlich soweit: Wie der Mann Frau und Kind ernährt, konnte nun die Frau auch Mann und Kind ernähren, denn die Rollen waren absolut vertauschbar geworden.

Es war soweit, aber es war auch schon zu spät. Denn daß der Mann die Frau mit immer größerem Komfort umgeben hatte, war nicht ohne Folgen geblieben. Da Frauen besser lebten als Männer, lebten sie auch länger, und da sie länger lebten, waren sie auch in der Überzahl. Als sie nun die neue Ära auf sich zukommen sahen, rechneten sie kurz nach und sahen ihre Chance: Was sie in dieser Situation brauchten, war nicht Arbeit, sondern Mitbestimmung. Wenn sie die erreichten, würde der Mann auch in Zukunft für sie arbeiten. Sie forderten die Gleichberechtigung ohne die Gleichverpflichtung und nannten das Ganze *Frauenwahlrecht*.

Wie stets, wenn es sich um weibliche Wünsche handelt, war der Mann auch hier außerstande, bis drei zu zählen. Obwohl der Zusammenhang zwischen Stimmenmehrheit und politischer Macht nicht zu übersehen war, gab er nach kurzem Zögern nach. Wenngleich es in der Zeitspanne zwischen dem Antrag auf Frauenwahlrecht und seiner Genehmigung weder Tote noch Verwundete gab, sondern nur Rednerinnen, spricht man gern von einem historischen Befreiungskampf. Und als dieser Kampf dann ausgekämpft war, hatten die Frauen ihr Frauenwahlrecht und wählten die Freiheit. Die Männer aber hatten wieder einmal eine neue Definition von Männlichkeit. Wenn es bis dahin männlich war, etwas zu tun, was Frauen nicht tun konnten, so war es nun männlich, etwas zu tun, was Frauen nicht tun wollten. Und genauso würde es nun immer bleiben: Indem sie einem Geschlecht, das ihnen zahlenmäßig überlegen war, die Mitbestimmung einräumten, waren die Männer selbst ein für allemal überstimmt.

Dank eines weiteren Manövers haben die meisten von ihnen das dann aber nicht einmal bemerkt: Obwohl die Frauen mit ihrer Mehrheit nun lauter Frauen in die Regierung hätten wählen können, blieben die Parlamente fast ausschließlich von Männern besetzt. Und als die Parteien begriffen hatten, daß sich nicht viel ändern würde, stellten sie die besten Männer und nicht die besten Frauen aus ihren Reihen als Kandidaten auf. Sie hätten selbstverständlich auch weibliche Politiker empfohlen, denn eine Frau aus ihrer eigenen Partei wäre ihnen als Wahlsieger immer noch lieber gewesen als ein Mann der Opposition. Doch wenn die Frauen sie nicht wählten? Sie konnten nicht ahnen, daß der größte Vorzug des Frauenwahlrechts gerade darin liegt, daß man damit Männer wählen kann.

Aus folgenden Gründen sind für die Zwecke der Frauen die Männer die besseren Politiker:

1. *Männliche Politiker sind vertrauenswürdiger:* Aus eigener Erfahrung und aus Meinungsumfragen wissen die Frauen, daß Männer sich mehr für Politik interessieren. Da sie ihre Angelegenheiten lieber von Fachleuten als von Amateuren vertreten sehen, setzen sie auf das Geschlecht, das ihnen versierter zu sein scheint.

2. *Männliche Politiker sind serviler:* Männer werden von ihren Müttern zu Kavalieren erzogen, es fällt ihnen deshalb schwer, in einem weiblichen Privileg eine Ungerechtigkeit zu erkennen. Warum soll man nicht galant sein und den Damen lästige Pflichten abnehmen? Warum soll man nicht in einem Krieg sein Leben opfern, wenn man damit das einer Frau rettet?

3. *Männliche Politiker sind bestechlicher:* Da für einen

Mann Männlichkeit und Berufserfolg identische Begriffe sind, ist eine politische Niederlage für den männlichen Kandidaten die größere Katastrophe. Er hat dann nicht nur als Politiker versagt, sondern auch als Mann. Er wird sich daher mehr anstrengen, um die weibliche Mehrheit zu gewinnen, und wird weibliche Interessen engagierter vertreten als eine Frau. Die Politikerin hingegen bleibt nach einer Degradierung noch immer eine vollwertige Privatperson. Da sie weniger zu verlieren hat, muß sie auch weniger um die Gunst der Frauen buhlen.

4. *Männliche Politiker sind unverdächtiger:* Eine weibliche Regierung, die Frauen maßgebliche Privilegien zuschanzt, wäre vielleicht doch suspekt. Wenn jedoch die hohen Herren ihr Geschlecht selbst in den Krieg schicken, wenn sie es selbst zum Militärdienst abkommandieren und es bei Verweigerung mit Ersatzdienst oder mit Gefängnis bestrafen, wenn sie Männer um Jahre später pensionieren lassen als Frauen, wenn sie die Ehescheidung entweder ganz verbieten oder Scheidungsgesetze immer nur zu ihrem eigenen Nachteil reformieren, wenn sie in der Praxis immer nur Männer zu Unterhaltszahlungen und zum Verzicht auf ihre Kinder verurteilen, dann ist das höhere Gewalt, der man sich als Frau zu fügen hat.

Damit das Schattenkabinett aber nicht auffällt, wählt man zuweilen auch eine Frau ins Parlament. Sie soll dort sagen, wie schwer es sei, sich als weiblicher Politiker in einer feindlichen Männerwelt durchzuboxen, und daß man nun endlich einmal etwas für die Frauen tun müsse. Die Auswahl an weiblichen Kandidaten ist verständlicherweise kleiner, denn Politik ist noch immer ein Fünfzehn-Stunden-Job ohne Wochenende, und nur wenige Frauen sehen ein, daß sie sich dermaßen anstrengen sollen, um vielleicht Jahrzehnte später vor einem Plenum eine ausgewogene Rede halten zu dürfen. Doch selbst wenn die Auswahl größer wäre, würden die Frauen nicht mehr Frauen wählen. Man möchte schließlich als das unterdrückte Geschlecht gelten, und das ließe sich mit einer weiblichen Regierungsmannschaft nicht gut beweisen.

Es ist deshalb durchaus möglich, daß weibliche Politiker auf dem Weg nach oben die größeren Schwierigkeiten haben. Doch nicht wegen ihrer männlichen Konkurrenten, sondern wegen der vielen Frauen, die sich ihre Politik lieber vom anderen Geschlecht machen lassen. Hohe Ämter erreichen sie daher am sichersten unter Umgehung des weiblichen Votums: Wenn ein politisches Amt während einer Legislaturperiode überraschend verwaist, besetzen die von den Scheinprotesten eingeschüchterten Männer es gern mit einem weiblichen Kandidaten. Das geschieht so häufig, daß man Frauen, die in der Politik Karriere machen, auch gern als »Sarghüpfer« bezeichnet. Sie wissen das, doch wenn sie es öffentlich zugeben würden, müßten sie ihr Amt sofort wieder abgeben. Die Parteien können schließlich nicht zulassen, daß sie von weiblichen Politikern um weibliche Wählerstimmen gebracht werden.

Das Frauenwahlrecht hat aber nicht nur den Vorteil, daß man Männer wählen kann – man kann auch wie die Männer wählen. Befürworter der Unterdrückungsthese werten die Tatsache, daß Frauen sich meist für die Partei ihres Mannes entscheiden, gern als Beweis für patriarchalische Bevormundung. Bei 52 bis 55 Prozent weiblichen und 45 bis 48 Prozent männlichen Wählern beinhaltet ein solches Wahlverhalten für die Frauen jedoch nicht das geringste Risiko. Alle großen Parteien haben ein feministisches Grundprogramm, denn ohne der weiblichen Mehrheit ihre Privilegien zu garantieren, wären sie niemals groß geworden. Eigentlich geht es am Wahltag nur um die Zusatzprogramme, und bei der Entscheidung über die bessere Wirtschafts- oder Außenpolitik kann man seinem Mann gern freie Hand lassen, denn schließlich hat er jahrelang für zwei Personen die Leitartikel gelesen. Der Frau kann es egal sein, welche Mannschaft die Wahl gewinnt. Ausschlaggebend ist, daß die parlamentarische Demokratie erhalten bleibt, denn deren Ende wäre auch das Ende der politischen Macht ihres Geschlechts.

Doch gerade von dieser Macht hat der Mann noch immer nichts begriffen. Obwohl seine politische Entmündigung nun schon Jahrzehnte zurückliegt, lebt er nach seiner Meinung in einem Patriarchat. Weil er alles tut, was man von ihm verlangt, nennt er diese Gesellschaft eine *Männergesellschaft,* und weil er alles denkt, was man ihm befiehlt, nennt er die von ihm formulierten Gesetze *Männergesetze.* Und er gibt diese Version an seine Nachkommen weiter: »Lern was«, rät er seinem Sohn, »Wissen ist Macht.« Doch das ist falsch: Mächtig ist nicht, wer viel weiß, sondern wer in Unwissenheit überlebt. Gerade die Unwissenheit der Frau ist ihr schlagendster Machtbeweis: Wenn sie damit irgendwelche Schwierigkeiten hätte, würde sie ja etwas lernen. Frauen können so dumm sein, wie sie wollen – sie haben die Macht, die Männer für sich denken zu lassen. Und selbst wenn ein Mann dank seines Wissens dann das höchste Amt erklimmt, das sie in ihrem Imperium zu vergeben haben, wird er dort nie mehr sein als ein Verwalter.

männlich = erpreßt

Wenn ein allgemein bekannter Sachverhalt in der Öffentlichkeit niemals erwähnt wird, handelt es sich um ein Tabu.

Da sich allgemein Bekanntes aber nicht wirklich verschweigen läßt, kommen die Tabus einer Gesellschaft immer über Umwege zum Ausdruck: Es gibt keine Diktatur, unter der es nicht zu einer Blüte des politischen Witzes gekommen wäre. Heimlicher Rassismus entlarvt sich in diskriminierenden Anekdötchen, auf Priesterseminaren witzelt man über die göttliche Vorsehung, und Kinder aus prüdem Elternhaus entwickeln häufig eine Vorliebe für erotische Zweideutigkeiten. Das ist auch der Grund, weshalb in der westlichen Welt nur die Humoristen das Recht haben, den Mann als Pantoffelhelden zu porträtieren. Denn daß man ihn hier zum Nutzen der Frau einsperrt, entmannt und entmündigt, ist ein echtes Tabu – jeder kennt es, aber keiner erwähnt es. Den dressierten Mann gibt es entweder im täglichen Leben oder auf der Witzseite, als seriöses Thema aber steht er nicht zur Diskussion. Die unterdrückte Frau gibt es weder im Leben noch im Witz, und deshalb darf auch jeder über sie reden. Es muß sogar jeder über sie reden, denn in Anbetracht dessen, was sich abspielt, ist das weibliche Image nur noch durch eine massive Gehirnwäsche zu korrigieren.

Diese obliegt den Massenmedien. Sie haben von der Frau den Auftrag, den Mann als das Gegenteil dessen darzustellen, was er ist – also nicht als Opfer, sondern als Henker –, und sie sind dieser Aufgabe stets nachgekommen. Die Zusammenarbeit funktioniert auf der Grundlage von Erpressung: In westlichen Industrieländern werden Zeitungen, Zeitschriften, Rundfunk- und Fernsehsendungen zum größten Teil durch Anzeigen und Werbespots für Konsumgüter finanziert. Da Frauen laut Statistik 70 bis 80 Prozent der Kaufentscheide treffen – der Mann entscheidet nur über seinen persönlichen Tabak- und Alkoholkonsum und hat ein Mitspracherecht bei der Auswahl seines Autos und seiner Kleidung –, wenden sich die Anzeigenkampagnen in erster Linie an Frauen. Damit beeinflussen diese automatisch auch den redaktionellen Teil des Meinungsträgers. Falls sie eine bestimmte Zeitung nicht mehr kaufen oder eine bestimmte Fernsehsendung nicht mehr einschalten, weil ihnen nicht gefällt, was dort über sie geschrieben oder geredet wird, entziehen die Firmen Inserate und Werbespots, und der Verleger oder Produzent verliert damit seine wirtschaftliche Basis. Er kennt diese Gefahr und umgeht sie durch Vorzensur: Er läßt nichts veröffentlichen, von dem er annimmt, daß es Frauen verstimmen könnte. Wo das Fernsehen durch Zuschauergebühren finanziert wird, ist die Sache noch einfacher, denn dort wachen die Politiker darüber, daß weibliche Interessen nicht verletzt werden. Lediglich bei Direktsendungen haben die Frauen die öffentliche Meinung nicht unter Kontrolle, hier können sie jedoch Nachzensur üben und die ganze Sendereihe absetzen lassen.

Wie sie ihre Politik nicht selbst machen, machen die Frauen natürlich auch ihr öffentliches Image nicht selbst. Das ist eine relativ neue Entwicklung: Früher, als es weder Massenpresse noch Fernsehen gab, mußten die Frauen ihren Feminismus noch persönlich vertreten und in öffentlichen Reden immer wieder darauf hinweisen, wie benachteiligt sie sich fühlten. Jetzt haben auch das die Männer übernommen. Denn sie sind die Meinungsmacher. Und in einer totalen Konsumgesellschaft kann der Hauptkonsument den Meinungsmacher dazu zwingen, jede von ihm gewünschte Meinung über ihn zu verbreiten. Man bezeichnet deshalb die heutige Art der öffentlichen Information über weibliche Benachteiligung zu Recht als *neuen* Feminismus. Die feministischen Ideologen waren zwar ohnehin niemals Frauen – die Mär von der Unterdrückten stammt nicht von den Suffragetten, sondern von Marx, Engels, Bebel und Freud –, doch jetzt haben die Männer endlich auch die Wiederholung und Verbreitung ihrer Diffamierung selbst in die Hand genommen. Das ist ein Glück, denn je besser es den Frauen geht, desto wichtiger wird es, dies vor der Masse der Männer fachmännisch zu verbergen. Wenn also zum Beispiel die US-Amerikanerin laut Statistik von allen Frauen den höchsten Lebensstandard hat, muß es in ihrem Land notwendigerweise auch den bestorganisierten »neuen Feminismus« geben. Genau das ist der Fall.

Was für männliche Politiker gilt, gilt ganz allgemein auch für männliche Imagepfleger: Sie sind vertrauenswürdiger, serviler, bestechlicher und unverdächtiger als ihre weiblichen Kollegen und werden daher besser als diese darüber wachen, daß die Zensurbestimmungen eingehalten werden. Der Mechanismus ist absolut zuverlässig: Firmenbosse und Werbefachleute überwachen Verleger und Fernsehproduzenten, diese wiederum überwachen Chefredakteure und Ressortleiter, und die überwachen dann Journalisten, Regisseure und Dramaturgen. Jeder dieser Männer weiß, daß es in der Öffentlichkeit zum Thema Frau nur zwei Grundhaltungen geben kann: Mitleid und Bewunderung, und daß Kritik in Witzen, Karikaturen und Kabarettnummern zu verstecken ist. Weil die Aussagen der Männer zuweilen von weiblichen Zeugen bestätigt werden müssen, kommt hier auch die Journalistin zu Wort. Statt Mitleid gibt es dann Selbstmitleid und statt Bewunderung Selbstbewunderung. Weibliche Selbstkritik kommt in der Öffentlichkeit nicht vor. Nicht etwa, weil es sie nicht gäbe, sondern weil sie nicht verbreitet werden kann. Gefährliche Gedanken werden höchstens dann veröffentlicht, wenn man eine allgemeine Debatte über »die Situation der Frau in der Gesellschaft« einleiten möchte, denn diese Art Zeitvertreib ist bei Frauen ganz besonders beliebt. Sie müssen dann aber zum Schluß auch immer recht behalten.

Doch wie dem auch sei, die Gehirnwäsche trägt Früchte. Ein Mann, der morgens regelmäßig eine Zeitung liest und sich abends regelmäßig vor dem Fernsehgerät entspannt, sieht die Welt so, wie er sie sehen soll. Nicht Männer werden eingesperrt, sondern Frauen: Verbannt man sie nicht mit ihren Kindern in sterile Neubauwohnungen und einsame Vorortbungalows, und raubt man ihnen nicht jede Chance, in einem Beruf die echte Erfüllung zu finden? Prostituieren muß sie sich ebenfalls, die Frau: Verdient nicht der Mann das Geld – muß sie ihm nicht zu Willen sein, damit er sie nicht verhungern läßt? Die Pille hat er selbstverständlich aus Berechnung für das andere Geschlecht erfunden: Sollen sich etwa die Männer ihre Gesundheit ruinieren, damit die Frauen keine Kinder bekommen? Und daß man in einer Männergesellschaft mit Männergesetzen lebt, beweist doch schon ein Blick in Parlamente und Gerichte: Wo ist denn da die weibliche Mehrheit vertreten?

»Aha«, sagt sich dieser Mann, wenn er erfährt, daß eine vorwiegend von weiblichen Arbeitern belegte Tarifgruppe bei einer Lohnerhöhung übersehen wurde, »da haben wir also schon wieder einen Fall von weiblicher Benachteiligung!« Daß es ein Wunder ist, wenn solche Frauengruppen überhaupt je Lohnzulagen erhalten, kommt ihm nicht in den Sinn. Denn er weiß zwar, daß Löhne von Gewerkschaften ausgehandelt werden, doch daß die Frauen sich auch hier wieder nur bedienen lassen – daß in westlichen Industrieländern berufstätige Frauen rund viermal seltener Gewerkschaften beitreten als ihre männlichen Kollegen und daß sie sich dort rund vierzigmal seltener engagieren –, das steht natürlich nicht in seiner Zeitung.

Dafür sagt man ihm aber auch wirklich alles über die schlechteren weiblichen Aufstiegschancen. Er kann das nur bestätigen: Sind nicht in seiner Firma alle Stenotypistinnen

Frauen und alle Abteilungsleiter Männer? Daß es für die Wirtschaft rationeller ist, wenn Männer befördert werden, weil ein großer Teil der berufstätigen Frauen nur stundenweise arbeitet und nur wenige länger als zehn Jahre hintereinander, hat man ihm natürlich auch verschwiegen. Daß ein Arbeitgeber humaner handelt, wenn er einen Mann bevorzugt, weil Männer von ihrem Gehalt fast immer mehrere Menschen ernähren und Frauen in der Regel nur sich selbst, sagt man ihm ebenfalls nicht. Er kann sich daher des Verdachts nicht erwehren, daß man die armen Frauen wegen ihres Busens oder ihrer langen Haare langsamer befördert, und bedauert sie grenzenlos.

Auch über die Doppelbelastung der berufstätigen Ehefrau läßt man ihn nicht im unklaren. Und es könnte ihm zwar zur Not noch einleuchten, daß dieser Begriff eigentlich Unfug sein muß, weil die Hausarbeit heute ja weitgehend automatisiert ist und weil die Kinder, falls welche da sind, in diesem Fall ohnehin von anderen betreut werden. Doch daß er seiner Frau laut Meinungsumfrage einen großen Teil der Arbeit, die die Automaten übriglassen, abnimmt, könnte er nur durch Zufall erfahren. Denn wenn er ein Auto wäscht, Reparaturen ausführt, Rasen mäht und die Familie zum Ausflug chauffiert, nennt man das Hobby oder Zeitvertreib. Wenn seine Frau ein Bad putzt, Automaten einschaltet, Zimmerpflanzen gießt und den Picknickkorb packt, nennt man das Hausarbeit.

Aber nicht nur für die Doppelbelastete, auch für die hauptamtliche Automateneinschalterin sähe er gern mehr Gerechtigkeit. Ist es nicht an der Zeit, daß der Staat – also der Mann im allgemeinen – ihr endlich ein Gehalt zahlt? Soll sie denn ihrer Familie ewig Gratisarbeit leisten? Daß Hausfrauen nicht umsonst arbeiten, wenn Männer den größten Teil ihres Lohns an sie weitergeben – laut Umfrage verwalten sie in den meisten Familien das Geld sogar selbständig –, kommt ihm nicht in den Sinn. Und auch daß es schon deshalb nicht so schlimm sein kann, weil jede Hausfrau sich freiwillig für etwas entscheidet, was sie vorher genau kannte – sie ist in einer Familie aufgewachsen –, fällt ihm nicht weiter auf. Denn Kinder, steht in seiner Zeitung, sind für Frauen immer eine ganz gemeine Falle.

Doch was passiert, wenn die Kinder groß sind und die Falle offensteht? Dann, sagt sich der Mann – denn auch das steht in seiner Zeitung –, ist es leider schon zu spät: Wenn das Leben eines Mannes erst so richtig anfängt, ist das einer Frau bereits vorüber. Er ist davon überzeugt, daß Männer für das andere Geschlecht länger attraktiv bleiben als Frauen. Denn wenn ein reifer Herr das Herz und die Hand seiner hübschen Sekretärin erobert, sagt man ja nicht, daß diese die Kahlköpfigkeit, Impotenz und Senilität ihres Partners offenbar weniger fürchtet als Mangel an Sozialprestige oder Mangel an Geld (und daß sie mit dieser realistischen Einstellung den reifen Damen ziemlich übel mitspielt). Es heißt dann, daß die Gesellschaft ältere Frauen unbarmherzig diskriminiert.

männlich = feige?

Zugegeben, die Frauen haben aus den Männern das gemacht, was sie jetzt sind. Sie haben ihre kleinen Söhne auf diese Rolle vorbereitet, haben sie ihnen als männliches Privileg angepriesen und haben ihnen eingeredet, daß sie so – und nur so – für das andere Geschlecht begehrenswert sein würden. Und letzten Endes haben auch die Frauen den Nutzen.

Doch konstruieren wir einmal den Fall, es gäbe Frauen –

34

und es muß sie geben –, die keine abgerichteten Lebenslänglichen suchen. Was könnten diese begehrenswert finden an
all den servilen, bestechlichen, geschundenen, gefälligen
und selbstgefälligen Masochisten, die man ihnen im Lauf
ihres Lebens als Männer vorstellt? Bliebe ihnen denn überhaupt etwas anderes übrig, als allein zu bleiben oder sich
stillschweigend in die Reihen derer einzuordnen, die den
Nutzen haben?

Werden solche Frauen vielleicht nur aus Mitleid dazu be-
wogen, ihren Partnern immer wieder zu bestätigen, wie
stark und kompromißlos – wie *männlich* – sie sich verhalten, wenn sie genau das tun, was man von ihnen erwartet?
Sehen sie sich vielleicht nur aus Menschlichkeit dazu verpflichtet, ihre Söhne genauso abzurichten, wie früher deren
Väter von wieder anderen Frauen abgerichtet wurden, damit diese niemals ihre eigene Lächerlichkeit erkennen müssen? Werden sie vielleicht nur durch Resignation dazu getrieben, Männer als Maschinen zu mißbrauchen? Resignation darüber, daß es das, was sie eigentlich suchen – Männer, die sie lieben könnten –, so selten gibt?

Die Rolle des Mannes ist sinnlos geworden. Sie beschützen
Menschen, die sich selbst beschützen könnten – sie beschützen *nichts*. Sie opfern sich für Leute, die keine Opfer nötig
haben – sie opfern sich für *nichts*. Sie sind stolz auf Erfolge,
die sie dem mangelnden Ehrgeiz anderer verdanken – sie
sind stolz auf *nichts*. Warum suchen sie sich dann aber keine
andere Rolle? Sie müßten doch längst bemerkt haben, daß
ihre Vorstellungen auf subventionierten Bühnen stattfinden
und daß sie den Beifall nur noch der Bequemlichkeit, dem
Opportunismus, der Korruptheit und dem Mitgefühl ihres
Publikums verdanken? Macht ihnen das nichts aus? Sind sie
damit zufrieden? Oder spielen sie aus Angst das erprobte

Renommierstück *Männlichkeit* immer weiter? Sind die Männer zu feige, um sich endlich an ein neues Stück zu wagen?

Daß sie zumindest von einem anderen Leben träumen, läßt sich leicht beweisen: Als Krimi- und Westernhelden riskieren sie Kopf und Kragen für eine Überzeugung. In Abenteuerserien und Zukunftsromanen entdecken sie die Welt, die man ihnen täglich vorenthält. In Sportübertragungen lassen sie andere Männer stellvertretend ihre Kräfte messen. In Sexfilmen unterwerfen sie sich den Teil der Gesellschaft, der sie unterworfen hat. In seiner bevorzugten Unterhaltung bewältigt der Mann seine Hafterlebnisse – beleidigt seine Wärter, verprügelt seine Kontrolleure, quittiert Kränkungen mit Fausthieben und nimmt die Frauen so, wie es ihm selbst gefällt. Soll man nun daraus schließen, daß er sich nach diesem Phantasieleben sehnt, oder – da er ja am nächsten Morgen wieder in seine Anstalt zurückkehrt –, daß ihm gutgemachte Illusionen allemal lieber sind? Sind die Träume der Männer Selbstzweck, oder muß man in ihnen unterdrückte Bedürfnisse sehen?

Es ist leider unmöglich, diese Fragen zum jetzigen Zeitpunkt zu beantworten. Es heißt zwar, daß die Männer im Grunde gar nicht frei sein möchten, doch eigentlich gibt es dafür keinen Beweis. Denn im Gegensatz zu den Frauen können sie ja ihre Lebensweise nicht selbst bestimmen. Die Vorbereitung auf ihre Rolle beginnt mit der Geburt, und später ist diese dann durch ein System aus Lob, Tadel, Bestechung und Erpressung dermaßen abgesichert, daß es für einen einzelnen Mann beinahe unmöglich ist, sich zu entziehen. Und selbst wenn es ihm gelingt, macht es ihn nicht unbedingt glücklich. Männer, die anders leben, als Frauen es wünschen, bleiben in der Regel allein. Die meisten versuchen es daher gleich gar nicht. Sie beteiligen sich lieber an dem Terror, mit dem solche Außenseiter verfolgt werden, und akzeptieren sie erst dann in ihren Reihen, wenn sie sich ebenfalls in Demutstellung begeben. Erst dann sind sie »richtige« Männer – solche, die den Frauen mit dem gleichen Eifer dienen wie sie selbst.

Mit anderen Worten: Auch wenn der Mann sich mehr Unabhängigkeit wünschte, könnte er diese aus eigener Kraft niemals erlangen. Seine Freiheit könnte er nur von einem bekommen – von dem, der sie ihm genommen hat: von der Frau. Und erst wenn ihm diese Freiheit angeboten ist und er sie zurückweist, könnte man behaupten, daß er sich im Grunde gar kein anderes Leben wünscht. Erst dann könnte man sagen, daß er sich gern einsperren läßt, daß er sich auch freiwillig verkaufen würde, daß ihm seine Kastration willkommen ist, daß ihn seine wirtschaftliche und politische Entmündigung nicht stört und daß er gegen eine Manipulation der öffentlichen Meinung sowieso nichts einzuwenden hat. Man dürfte dann sagen, daß man den Männern einen Gefallen tut, wenn man sie zur Arbeit abrichtet, weil sie für alles andere sowieso nicht zu gebrauchen sind. Und man dürfte sagen, daß die heutige Art Männlichkeit genau dem männlichen Niveau entspricht und daß die Männer im großen und ganzen das Leben führen, das sie sich wünschen. Es handelt sich also darum, die Männer auf die Probe zu stellen. Es wäre an der Zeit, ihnen endlich ihre Freiheit anzubieten. Erst dann könnte man entscheiden, ob man resignieren soll.

2. Was männlich wäre

Ein Mann ist männlich, wenn er sich zur Liebe eignet

Liebe – darum ging es im zweiten Teil dieser Arbeit * – ist
von Natur aus immer zweckgebunden. Auch wenn es
manchmal so aussieht, als verliebten wir uns zum Vergnügen, so sollen wir letzten Endes durch diese Emotion doch
immer nur Lust auf die Erhaltung unserer Art bekommen.
Das ist auch der Grund, weshalb sich normalerweise Männer in Frauen und Frauen in Männer verlieben: Sie sind auf
Fortpflanzung programmiert, und mit dem eigenen Geschlecht könnten sie sich nicht fortpflanzen. Und da sich
auch künftige Generationen reproduzieren sollen und deshalb die zur Erzeugung und Ernährung neuer Menschen
notwendigen Organe besonders sorgfältig vererbt werden
müssen, verlieben sich Männer vorzugsweise in Frauen, die
großzügig mit weiblichen Geschlechtsmerkmalen ausge-
stattet sind, während sich Frauen für die Liebe gern virile
Männer suchen. Wer diese Voraussetzung nicht erfüllt –
wer auf seine Umgebung wenig männlich oder weiblich
wirkt –, hat wenig Aussicht, geliebt zu werden. Wer sie zu
ignorieren sucht und sich für jemand entscheidet, der ihm in

---

* DAS POLYGAME GESCHLECHT, München 1974

biologischer Hinsicht gleichgültig ist, hat wenig Aussicht zu lieben.

Da Frauen die Männer, mit denen sie schlafen, nicht begehren müssen – der weibliche Orgasmus spielt bei der Fortpflanzung keine Rolle –, versteht es sich von selbst, daß nur sie in der Lage sind, ihre Partner nach nichtsexuellen Gesichtspunkten zu wählen. Männer müssen sich zumindest bis zu einem gewissen Grad nach ihrem Instinkt richten. Und weil sie das wissen, tun Frauen alles, um ihre sexuelle Unterschiedlichkeit herauszustellen. Je gegensätzlicher – je weiblicher – sie den Männern erscheinen, desto häufiger werden sie von ihnen gewählt und desto größer wird für sie selbst die Auswahl.

Doch gerade das Kriterium, nach dem diese »Gegenwahl« dann stattfindet, verhindert letztendlich, daß auch Männer sexuell begehrenswert werden. Denn da sie sehen, wie attraktive Frauen in der Regel nicht den männlichsten Mann nehmen, sondern den erfolgreichsten, eifern sie natürlich nicht dem Virilen nach, sondern dem Karrieristen. Und weil der Berufserfolg eines Mannes nur dann möglich ist, wenn er sich entmannt, bieten Männer mit Karriere die geringsten Aussichten auf erotische Ausstrahlung. Um wie ein Mann zu leben – um zu machen, was er eigentlich will –, fehlt es ihm an Zeit. Um sich wie ein Mann zu benehmen – um zu sagen, was er will –, fehlt es ihm an Unabhängigkeit. Um wie ein Mann zu handeln – um sich sexuell zu betätigen –, fehlt es ihm an Kraft. Da er sich aber dank seiner attraktiven Partnerin jederzeit wie ein Mann fühlen darf, hat er davon keine Ahnung und kann sich auch nicht ändern. Und da die anderen Männer glauben, daß man so der weiblichen Idealvorstellung von einem Mann entspricht, bemühen sie sich, es ihm gleichzutun.

Dadurch werden sie vielleicht hochbezahlte Arbeitskräfte,

begehrenswerte Liebhaber aber werden sie nicht. Der Eindruck physischer Stärke, den Männer durch ihre Konstitution signalisieren und der einen großen Teil ihrer erotischen Anziehung ausmacht, müßte ja durch eine entsprechende intellektuelle Haltung ergänzt werden. Damit die männliche Robustheit glaubhaft wirkt, müßten auch noch Integrität, Originalität und geistige Unabhängigkeit dazukommen. Das ist, wie wir später sehen werden, sogar so wichtig, daß ein Mangel an körperlicher Robustheit durch ein hohes Maß an intellektueller Haltung vollkommen ausgeglichen werden kann.

Aber ausgerechnet diese Eigenschaft fehlt häufig, und deshalb hinterlassen auch wenig Männer einen Eindruck von Virilität. Unabhängigkeit des Urteils, integres Verhalten und originelle Gedanken sind einer Berufskarriere im Grunde nur abträglich. Letzten Endes entscheidet ja die Zufriedenheit von Vorgesetzten und Kunden darüber, ob ein bestimmter Mann eine bestimmte Stufe der sozialen Leiter erklimmt. Und diese Leute werden nur dann zu seinen Gunsten stimmen, wenn er ihre Wünsche weitgehend berücksichtigt und mehr für sie tut als all die anderen Männer, die sich ebenfalls um die Position bemühen. Die Eigenschaft, die man braucht, um in seinem Beruf Karriere zu machen, wird daher zu Unrecht als Aggressivität bezeichnet. Eine Haltung, die dazu dient, anderen die Kundschaft wegzulokken und sich bei seiner Firmenleitung lieb Kind zu machen, hat mit Draufgängertum nicht das mindeste zu tun. Es handelt sich hier nicht um Aggressivität, sondern um besonders große Anpassungsfähigkeit. Nicht Charakterstärke ist gefragt, sondern die richtige Art Schwäche.

Wer sich übermäßig stark um beruflichen Erfolg bemüht, vermittelt deshalb trotz seiner Siege den Eindruck einer permanenten Niederlage. Und wie ein Mann in Frauenkleidern auf Frauen nicht erotisch wirkt, kann einer, der alle seine Energie auf Karriere und Sozialprestige verschwendet, keine erotische Ausstrahlung haben. Wer so offensichtlich den Beifall anderer Leute braucht – wer für einen Titel oder eine Beförderung jede Strapaze auf sich nimmt, sich nach einer öffentlichen Erwähnung für bedeutend und einer öffentlichen Niederlage für unbedeutend hält –, der wirkt auf seine Umgebung nicht stark, sondern schwach. Selbst wenn ein solcher Mann für Erotik noch Zeit, Kraft und Interesse hätte, wäre er für Frauen im eigentlichen Sinn kaum begehrenswert.

Die körperliche Stärke des Mannes wird daher durch sein Verhalten nicht nur neutralisiert, sondern auch ad absurdum geführt. Denn es ist ja nicht nur so, daß Männer anders sind, als sie sich geben – sie halten sich auch noch für das, was sie gerne wären. Es ist nicht nur so, daß sie ihre eigentliche Bestimmung verfehlen – sie machen sich auch noch vor, sie hätten sie erreicht. Und auch wenn all das letzten Endes weiblicher Manipulation zu verdanken ist, so wirkt es doch auf die wenigen Frauen, denen es ausschließlich auf die Liebe ankommt, mehr als ernüchternd. Denn die Diskrepanz zwischen dem, was Männer zu sein vorgeben – aggressiv, kompromißlos, eigenwillig und selbstherrlich –, und dem, was sie dann wirklich sind – nachgiebig, selbstgefällig, streberhaft und servil –, ist so enorm, daß sie sie beim besten Willen nicht übersehen können. Daß ein Mann seiner Umwelt etwas vorspielt, ist noch einigermaßen verständlich, denn dies entspringt schließlich seinem Willen zu überleben. Doch daß er sich auch noch selbst belügt, daß er sich nicht nur während der Geschäftszeit von seinem Chef, sondern auch noch nach Feierabend von seinen Freundinnen loben läßt, verdirbt auch der gutwilligsten Frau die Freude an seiner Gesellschaft. Wenn sie einem Mann erst sagen muß, wie männlich er ist, damit er sich wie ein Mann benimmt – wenn sie sich den Menschen, mit dem sie schlafen möchte, immer erst vorher machen muß –, dann steht der Aufwand in keinem vernünftigen Verhältnis zum Vergnügen.

Mit anderen Worten: Die vielen Frauen, die sich bei der Partnerwahl nach nichtsexuellen Maßstäben entscheiden und damit die Verwertbarkeit eines Mannes unmißverständlich über die Erotik stellen, haben die wenigen anderen ihrer sexuellen Möglichkeiten beraubt. Denn da die Männer den Frauen gefallen wollen, kam es als Folge dieses weiblichen Auslesekriteriums zu einem Überschuß an nützlichen und einem Defizit an männlichen Männern – und deshalb gibt es nun eine große Anzahl Männer, die sich hervorragend zur Arbeit eignen, doch solche, die auch zur Liebe taugen, finden sich nur dann und wann.

Frauen, die Männer für die Liebe suchen, tun sich daher schwer. Möglichkeiten zu lieben – und hier ist nun endlich einmal ein echtes männliches Privileg – haben heute bestenfalls Männer. Es ist wohl kein Zufall, daß immer mehr Frauen Schwierigkeiten mit ihrer Libido haben. Denn von diesem »starken« Geschlecht, das sie sich da herangezüchtet haben, können sie sich vielleicht begehren lassen – wenn sie es auch selbst begehrten, wäre das ein Wunder.

Revolution durch Unterwanderung

Nehmen wir nun einmal an, es gäbe Frauen, die sich mit diesem Zustand nicht abfinden können. Stellen wir uns vor – und eigentlich ist diese Vorstellung gar nicht so absurd –, es gäbe Frauen, denen es schwerfällt, auf die Liebe zu verzichten, und die deshalb ein ganz konkretes Interesse daran haben, daß der Mann sich ändert. Könnten solche Frauen –

angenommen, es gäbe sie – irgendwie dazu beitragen, daß Männer auf eine etwas männlichere Art männlich werden? Könnten sie verhindern, daß man Männlichkeit bis in alle Ewigkeit mit Nützlichkeit gleichsetzt und daß auch künftige Frauengenerationen ihre Partner zu Versorgern degradieren?

Eines ist klar: Wer in unserer westlichen Industriegesellschaft ein Modell für eine neue Männlichkeit einführen wollte, dürfte auf die Unterstützung der Betroffenen selbst nicht rechnen. Denn erstens wissen die Männer nicht, was man aus ihnen gemacht hat, und zweitens könnten sie auch dann, wenn sie es wüßten, nichts ändern. Man hat sie gelehrt, Forderungen immer nur an Männer zu stellen – sich um ihr eigenes Geschlecht zu kümmern empfänden sie als unmännlich, und sich gegen Frauen aufzulehnen erschiene ihnen absurd, denn man sagt ihnen ja, daß sie diese unterdrücken. Man kann deshalb bei Männern gegen die Vergünstigungen einer Klasse, Rasse oder Nation agitieren, aber nicht gegen die der Frauen. Man darf erwarten, daß sie gegen weibliche Benachteiligungen kämpfen, aber nicht gegen ihre eigenen. Denn Männer empfinden sich nicht als Gruppe, und ihr einziges gemeinsames Interesse – Frauen – ist wie zufällig auch das der Frauen. Man kann die Folgen einer jahrzehntelangen Gehirnwäsche nicht einfach durch eine Aufklärungskampagne aus der Welt schaffen: Falls man den Männern ihre Freiheit nicht gibt, werden sie bis ans Ende aller Zeiten die treuen Diener ihrer Sklavinnen bleiben und sich immer nur dann so richtig männlich fühlen, wenn sie einer Frau so richtig von Nutzen sind.

Wer also wollte, daß Männer auf eine neue Art männlich werden, müßte sich demnach an die Frauen halten, denn nur sie wissen, was gespielt wird. Wenn das weibliche Prinzip der Partnerwahl daran schuld ist, daß Männer so werden, wie sie heute sind, dann liegt die einzige Möglichkeit einer Änderung darin, daß man dieses Kriterium grundlegend revolutioniert. Denn erst wenn die Frauen virile Männer wollen, wird es sie auch geben, und erst wenn der Versorger nicht mehr gefragt ist, wird er aus dem täglichen Leben verschwinden. Mit anderen Worten: Erst wenn die Frauen sich selbst versorgen, werden die Männer sich zur Liebe eignen.

Doch wie könnte man erreichen, daß die Frauen sich versorgen? Gesetzgeberische Mittel, soviel haben wir gesehen, scheiden aus. Die Frauen haben zuviel Macht, als daß man sie durch Gesetze zwingen könnte, ihre Pflichten wahrzunehmen. Man konnte auf legalem Weg die weibliche Gleichberechtigung einführen, an einer Gleichverpflichtung müßte man scheitern. Freiwilliger Verzicht kommt ebenfalls nicht in Frage: Es gibt in der Geschichte kein einziges Beispiel dafür, daß eine herrschende Kaste ohne Zwang und Gegenleistung auf Privilegien verzichtet hat. Wer an das Mitgefühl oder an die Ehre der Frauen appellieren wollte, verschwendete nur seine Zeit. Wenn die Frauen dazu imstande wären, den Männern etwas zu schenken, hätten sie es getan, und dann wäre deren jetzige Situation von vornherein nicht möglich gewesen. Wenn es so etwas wie eine weibliche Ehre überhaupt gäbe, würde man sich nicht mit soviel Bravour von Männern aushalten lassen.

Wo Zwang oder Einsicht ausscheiden, bleibt nur der Verhandlungsweg. Wenn sich gesellschaftliche Veränderungen nur dadurch erreichen lassen, daß Frauen sie sich wünschen, und wenn Frauen nur etwas wünschen, was ihnen Vorteile bringt, dann kommt nur ein Tauschgeschäft in Frage. Wenn Männer nur dadurch frei werden, daß Frauen auf die Verwertung ihrer Arbeitskraft verzichten, und wenn dies nur dann der Fall ist, wenn diese aus einem solchen

Verzicht profitieren, dann muß man die Männer bei den Frauen freikaufen.

Doch was könnte man als Gegenleistung bieten? Was fehlt der Frau zu ihrem Glück? Durch welchen Köder könnte man erreichen, daß sie ihre Privilegien aufgibt? Gibt es etwas, wovon sie sich überzeugen ließe, daß sie »als Frau« ein Anrecht darauf habe, »denn alle Menschen sind ja gleich«? Auf diesen Punkt konzentriert sich zunächst das ganze Problem. Wer den Männern etwas geben wollte, müßte zunächst einmal feststellen, ob den Frauen etwas fehlt. Er müßte herausfinden, ob es irgendwo ein unbefriedigtes weibliches Bedürfnis gibt oder ob sich gegebenenfalls ein solches wecken ließe. Denn nur unter dieser Voraussetzung könnte man versuchen, die weibliche Vormachtstellung zu unterwandern. Erst wenn man einen weiblichen Wunsch entdeckte und auch wüßte, wie man ihn befriedigen könnte, dürfte man daran denken, mit den Frauen über eine neue Männlichkeit zu verhandeln.

Die Hausfrau langweilt sich

Die Voraussetzungen für solche zwischengeschlechtlichen Verhandlungen sind günstiger als je zuvor, denn der begehrteste Frauenberuf – Hausfrau – hat in den letzten Jahrzehnten zusehends an Attraktivität verloren. Durch die jüngsten Entwicklungen auf wirtschaftlichem und sozialem Sektor hat in westlichen Industrieländern der Hausfrauenstatus neuerdings folgende Nachteile:

Langeweile: Hausarbeit, sofern man die wirklich notwendigen Verrichtungen dazu zählt und nicht Amüsements wie Kuchenbacken, Handarbeiten oder gar die Unterhaltung mit den eigenen Kindern, erledigt sich heute in einem Bruchteil der Zeit, die man noch vor dreißig Jahren dazu brauchte. Wenn man bedenkt, daß die Durchschnittsfamilie damals doppelt so viele Kinder hatte wie heute, daß man Wäsche mit der Hand wusch, daß man Brennmaterial von weit heranschleppte und mühsam ein Herdfeuer in Gang setzte, daß man kehrte und putzte, während man jetzt einen Staubsauger nimmt, daß man vor der Kühlschrankära täglich einkaufen ging, vor der Kantinenzeit doppelt so viele Mahlzeiten kochte und vor der billigen Massenkonfektion Kleidung häufig selber nähte – dann kann man sich ungefähr vorstellen, wieviel Zeit die heutige Hausfrau übrig hat.

Einsamkeit: Der Mann ist einschließlich Mittagspause und Arbeitsweg zehn Stunden von zu Hause fort, mit Überstunden und geschäftlichen Verpflichtungen oft sogar noch länger. Die Kinder kommen mit fünf Jahren zur Schule, und in den meisten Ländern sind sie täglich bis zum späten Nachmittag dort. Die Kontakte zu den Nachbarn nehmen in dem Maß ab, wie man durch steigenden Komfort – größere Wohnungen, größere Gärten – die Entfernung zu ihnen wachsen läßt.

Schuldgefühle: Eine einigermaßen sensible Hausfrau müßte wenigstens theoretisch Männern gegenüber ein schlechtes Gewissen haben. Denn der Mann an ihrer Seite kämpft für den Lebensunterhalt einer ganzen Familie, und der Mann im allgemeinen – der Steuerzahler –, der sie unter großem Kostenaufwand auf den gleichen Kampf vorbereiten ließ, hat umsonst in ihre Ausbildung investiert. Selbst Abiturientinnen haben oft von ihrer teuren Erziehung nicht einmal so viel behalten, daß sie ihren Kindern bei den Schularbeiten helfen könnten. Mit der Lösung schwieriger Mathematikaufgaben müssen sie nicht selten auf die Rückkehr des Vaters warten.

Unehrlichkeit: Um ihre Untätigkeit zu kaschieren, muß die Hausfrau ihre mehr oder weniger banalen Aktivitäten vor den anderen zu einer anstrengenden Ganztagsbeschäftigung dramatisieren. Durch die Existenz der »berufstätigen Hausfrau« wird sie jedoch immer wieder überführt. Wenn Hausarbeit den ganzen Tag dauern würde, könnte es diese gar nicht geben, denn es gibt ja auch keine »berufstätige Verkäuferin«.

Geistige Frustration: Der Hausfrau fehlt es an Anregung. Da sie niemand zum Denken zwingt, denkt sie nicht. Ihren Freundinnen geht es nicht besser, sie können ihr daher nicht weiterhelfen.

Sexuelle Frustration: Einem Mann, der den ganzen Tag dem Berufsstreß ausgeliefert ist, bleibt nicht viel Energie für sexuelle Aktivitäten. Eine Hausfrau kann daher in dieser Beziehung nur dann glücklich sein, wenn sie bis zu einem gewissen Grad frigide ist.

Ökonomische Abhängigkeit: Frauen westlicher Länder sind zwar nicht unmittelbar abhängig, denn laut Statistik verwalten sie selbständig den größeren Teil der Gehälter ihrer Partner, doch im Fall einer Scheidung wäre ihr Lebensstandard empfindlich getroffen. Da Frauen häufig »Vernunftehen« eingehen und den Partner nicht nach seiner Eignung als Liebhaber, sondern als Versorger wählen, müssen sie später oft mit Männern leben, für die sie im Grunde wenig empfinden. Eine Trennung von diesen Männern würde jedoch eine drastische Beschränkung ihres Komforts mit sich bringen.

Gesellschaftliche Abhängigkeit: Daß in der Presse Artikel über den Wert des Hausfrauenstatus immer mehr Platz einnehmen, ist der beste Beweis dafür, daß das Prestige dieses einst wichtigen Berufs in dem Maß schwindet, wie die Anforderungen geringer werden, die man an ihn stellt. Die heutige Hausfrau hat das Sozialprestige ihres Mannes, ohne ihn ist sie nichts. Denn sie muß in ihrem Job eigentlich nichts können, was ein zehnjähriges Kind nicht in vier Wochen lernen könnte.

Hausfrauenneurose: Einerseits weiß die Hausfrau aus eigener Beobachtung, daß es ihr hundertmal besser geht als ihrem Mann. Andererseits sagt man ihr, dies sei eine Täuschung: Ihm ginge es gut, nicht ihr. Der Mann propagiert diese Meinung, um sein Sklavendasein zu rechtfertigen. Die über Werbung finanzierten Massenmedien propagieren sie, um ihr als Konsumentin zu schmeicheln. Die Politiker propagieren sie, um von ihr gewählt zu werden. Wenn sie dieses Spiel nicht durchschaut, kann sie den wirklichen Sachverhalt nicht mehr unter einen Hut bringen mit der Interpretation dieses Sachverhalts durch die anderen. Sie wird neurotisch.

Die Berufstätige fühlt sich diskriminiert

Um den Nachteilen des Hausfrauenlebens zu entgehen, verfallen manche Frauen auf einen Ausweg, der zunächst absolut vernünftig erscheint: Sie suchen sich Arbeit außerhalb des Hauses. Weil sie jedoch unter ganz anderen Voraussetzungen antreten als Männer – *sie müssen nicht arbeiten* –, kommen damit nur neue Nachteile auf sie zu:

Diskriminierung: Da die wenigsten Frauen bereit sind, ein ganzes Leben lang einen gesunden Mann und seine Kinder zu ernähren, und da laut Statistik die wenigsten verheirateten Frauen mehrere Jahre hintereinander ganztags arbeiten, werden Arbeitgeber bei gleicher Qualifikation immer den männlichen Bewerber bevorzugen:

a) Aus Gründen der Rentabilität: Männer sind zuverlässiger als Frauen, weil sie zuverlässiger sein müssen. Die wenigsten Männer könnten es sich leisten, ihren Beruf aufzugeben, um sich »nur noch der Familie zu widmen«, denn die wenigsten Frauen würden es ihnen erlauben.

b) Aus Gründen der Humanität: Berufstätige Männer ernähren im allgemeinen mit ihrem Gehalt mehrere Personen, berufstätige Frauen in der Regel nur sich selbst. Nach dem Gesetz der Wahrscheinlichkeit trifft ein Arbeitgeber die humanere Entscheidung, wenn er einen Job einem Mann zukommen läßt.

c) Aus Gründen der sexuellen Rivalität: Solange der Mann Männlichkeit mit Berufserfolg identifiziert, bringt jeder erfolgreiche weibliche Kollege sein Selbstbewußtsein in Gefahr. Ein Mann, der etwas tut, was auch Frauen können, ist nach dem heutigen Männlichkeitskriterium automatisch unmännlich. Je weniger er Frauen fördert, desto besser schützt er sich und seine Kollegen vor einem Verlust an »Männlichkeit«.

Streß: Mit Mittagspause und Arbeitsweg bedeutet der Acht-Stunden-Tag eine Abwesenheit von zehn bis elf Stunden. Außerdem bedeutet er für die Frau mit Familie – und für deren Mann, doch darum handelt es sich hier nicht – zusätzliche Arbeit nach Feierabend.

Schlechtes Gewissen: Ganztags berufstätige Frauen, die ihre Männer nicht ernähren wollen oder deren Männer sich nicht ernähren lassen wollen und die dennoch nicht auf Kinder verzichten, sind gezwungen, diese Kinder zehn bis elf Stunden am Tag Fremden zu überlassen oder in geschlossene Anstalten zu stecken. Sie haben daher zu Recht ihren Kindern gegenüber ein schlechtes Gewissen. Die Frau, die zu Hause bleibt, tut ein übriges, die Berufstätige als Mutter zu diffamieren. Nur-Hausfrau und berufstätige Hausfrau sind erbitterte Feinde: Die Berufstätige beweist der Nur-Hausfrau, wie wenig im Haus zu tun ist, während letztere gerade dadurch, daß sie sich so beschäftigt gibt, der Berufstätigen die Vernachlässigung wichtiger Pflichten suggeriert. So treiben sie sich gegenseitig in die Enge.

Weil sie nicht wirklich arbeiten muß, gibt die berufstätige Hausfrau wegen all dieser Schwierigkeiten ihren Job meist wieder auf. Und gerade dadurch verstärkt sie dann die Vorurteile gegen weibliche Arbeitnehmer. Jede Frau, die durch eine Kündigung ihrer eigenen Diskriminierung aus dem Weg geht, verschärft die Diskriminierung gegen jene, die bleiben, weil sie sie durch ihre Kapitulation noch mehr in den Ruf der Unzuverlässigkeit bringt. So befinden sie sich allesamt in einem Teufelskreis.

Die Teilzeitbeschäftigte diskriminiert sich selbst

Angesichts der Nachteile der Ganztagsarbeit glauben viele, daß gelangweilte Hausfrauen ihr Heil in einer Teilzeitbeschäftigung suchen sollten. Hier müßten sie weder Haushalt noch Kinder vernachlässigen und hätten doch genug Abwechslung. Aber diese Rechnung geht nicht auf, denn Teilzeitarbeit hat zwar nicht die Nachteile der Ganztagsbeschäftigung, aber dafür hat sie andere. Teilzeitarbeit ist:

a) *schwer zu finden:* In unserer westlichen Welt, die nach den Gesetzen der freien Marktwirtschaft funktioniert, werden Arbeitgeber, falls sie nicht absichtlich karitativ handeln wollen, Teilzeitjobs nur in Zeiten von Überbeschäftigung zur Verfügung stellen. Das heißt, wenn niemand zu finden ist, der eine Vierzig- oder Fünfundvier-zig-Stunden-Woche akzeptiert. In der Praxis bedeutet dies, daß der Ganztags-Arbeitnehmer immer eine Vor-auswahl unter den offenen Stellen trifft und daß er dabei selbstverständlich den besser bezahlten und interessante-ren Arbeiten den Vorzug gibt. Der Teilzeitarbeiter muß das nehmen, was die anderen für ihn übriglassen, und sich mit den schlecht bezahlten und monotonen Jobs zu-friedengeben.

b) *schwer zu halten:* Eine Firma, die nach dem Prinzip der Gewinnmaximierung arbeitet, wird in Krisenzeiten selbstverständlich zunächst Teilzeit- und Saisonkräfte entlassen. Zum einen kann sie am leichtesten auf sie ver-zichten, und zum anderen darf sie es sich am ehesten mit ihnen verderben, weil bei einer Neubelebung der Kon-junktur für sie am schnellsten Ersatz zu finden ist. Da ge-rade die monotonsten Arbeiten am leichtesten von Maschinen erledigt werden können, sind Teilzeitjobs außerdem immer die ersten, die einer Automation zum Opfer fallen.

c) *schwer auszubauen:* Teilzeitbeschäftigte haben logi-scherweise innerhalb der Firmenhierarchie die geringsten Aufstiegschancen. Da man für wichtige Arbeiten Leute bevorzugt, die während der gesamten Arbeitszeit zur Verfügung stehen, sind Teilzeitjobs kaum ausbaufähig. Halbtagskräfte werden in ihrem Beruf niemals Karriere machen.

Obwohl alle diese Nachteile der Teilzeit- und Saisonarbei-ter in der Öffentlichkeit ebenfalls unter dem Schlagwort »weibliche Diskriminierung« diskutiert werden, handelt es sich hier um etwas anderes. Teilzeitbeschäftigte, seien es Männer oder Frauen, sind immer am schlechtesten bezahlt, müssen die langweiligsten Arbeiten übernehmen, haben die geringsten Aufstiegschancen und werden in Krisenzeiten als erste entlassen. Nur weil so wenig Männer und so viele Frauen Teilzeitbeschäftigungen suchen – weil eben Frauen niemals Haupternährer sein müssen –, lassen sich hier Folgen der freien Marktwirtschaft als Diskriminierung eines Geschlechts auslegen.

Doch wie dem auch sei: Was sich Frauen von einer Teilzeitbeschäftigung erhoffen – Abwechslung, Unabhängigkeit, Bestätigung, Sozialprestige –, finden sie meist gerade nicht. Auch die Teilzeitbeschäftigte gibt daher früher oder später wieder auf. Sofern sie das Geld nicht wirklich braucht – in Westdeutschland arbeiten zum Beispiel nur 38 Prozent der verheirateten Frauen wegen des Verdienstes (vgl. BEVÖLKERUNG UND KULTUR, Stat. Bundesamt Wiesbaden, 1974) –, findet sie es angenehmer, sich zu Hause zu langweilen, als anderswo stumpfsinnige und schlecht bezahlte Arbeiten zu erledigen. Im Gegensatz zur Ganztagsbeschäftigten schadet sie mit ihrer Kündigung jedoch den anderen Frauen nicht. Da erwachsene Männer immer soviel Arbeit wie möglich suchen, ist der Markt für Teilzeitarbeit ohnehin eine Domäne von Frauen und Studenten.

Zusammenfassend läßt sich also sagen, daß weder Hausfrauen noch berufstätige Frauen vollkommen zufrieden sind. Beide Möglichkeiten lassen Wünsche offen, und die meisten Frauen sind nun einmal der Ansicht, daß sie ein Recht darauf haben, wunschlos glücklich zu sein. Um dem abzuhelfen, hat man ihnen bisher folgende Vorschläge unterbreitet: *Abschaffung der Ehe, Kinderlosigkeit, Kindergefängnisse, Rollentausch, Partnerehe.* Alle diese Modelle haben jedoch zwei wichtige Nachteile: Sie gefallen den Frauen nicht, und – obwohl es darauf nicht wirklich ankommt – sie gefallen auch den Männern nicht.

Mit Abschaffung der Ehe kann man niemand reizen

Jede Eheschließung ist eine öffentliche Verzichterklärung und somit ein wichtiges Moment der Liebe. Die Welt ist ja voll von Menschen, in die man sich verlieben könnte – die Tatsache, daß man sich nach einer unglücklichen Liebe fast immer mit einem anderen Partner tröstet, ist dafür Beweis genug. Daß man unter allen seinen potentiellen Liebhabern einen ganz bestimmten wählt und durch diese Entscheidung auf alle anderen verzichtet, ist daher für den, den es betrifft, eine echte Sensation. Und weil man Sensationelles nicht für sich behalten kann, haben Liebespaare, die sich einig sind, immer ein enormes Mitteilungsbedürfnis. Zunächst gehen sie mit ihrer Neuigkeit nur zu Freunden und Verwandten, doch bald ist ihnen das nicht mehr genug. Sie geben Zeitungsinserate auf, in denen sie ihren Verzicht auf alle anderen Partner proklamieren, verschicken vorgedruckte Informationen über ihre Intimsphäre an Leute, die sie kaum kennen, schwören sich in der Gegenwart von Zeugen Loyalität, Einigkeit und Treue, organisieren kleinere und größere öffentliche Versammlungen, zu denen alle in aufwendiger Kostümierung erscheinen müssen, usw.
Alle diese Zeremonien sind absolut unumgänglich, und sie sind für Liebende eines bestimmten sozialen Milieus immer konstant. Wenn die Liebe eines Paares vor seiner Umwelt nicht auf genau die gleiche Art als Liebe deklariert ist wie die der anderen, empfindet es diese früher oder später als minderwertig. In einem sizilianischen Dorf kann man nicht in »wilder Ehe« hausen – damit die eigene Liebe soviel wert ist wie die der anderen Dorfbewohner, muß man vor den Altar. Fortschrittliche Paare anderer Regionen gehen aufs Standesamt und verschicken anschließend saloppe Mitteilungen, denn genauso haben es vor ihnen ihre fortschrittlichen

Freunde getan. Wer in linksorientierten Intellektuellenzirkeln oder im Popmilieu verkehrt, wird eher zur »Ehe ohne Trauschein« tendieren, denn eine Liebe, die vom Establishment sanktioniert ist, wäre hier keine »richtige« Liebe. Das bürgerliche Hochzeitszeremoniell wird dabei zur Antizeremonie umfunktioniert: Während der Spießer seinen Bekannten pauschal mitteilt, daß er seine große Liebe gefunden hat, wird sein unbürgerlicher Gegenspieler jedem einzeln sagen, daß seine Liebe zu dem Partner, mit dem er »einfach so« zusammenlebt, überwältigend genug ist, um auch ohne »das Papier« zu überdauern.

Um das Überdauern geht es aber auf jeden Fall. Wer liebt, will für alle Ewigkeit lieben. Er will schwören dürfen, daß er seinen Entschluß niemals ändern wird. Gerade weil eine Liebe immer etwas mehr oder weniger Zufälliges ist – gerade weil man weiß, daß unter den vier Milliarden Erdbewohnern zumindest ein paar Hunderttausend wären, in die man sich mit ähnlicher Intensität verlieben könnte –, muß man sie zu etwas Einmaligem erklären. Die anderen müssen bestätigen, daß man wirklich zusammengehört. Und weil sie das nur können, wenn sie wissen, daß man zusammengehören will, muß man es ihnen sagen. Wer ohne solche Erklärungen auskommt – wer seinen Geliebten nicht nach den Regeln seines Milieus heiratet oder »nicht heiratet« –, ist entweder schon mit einem anderen verheiratet oder trotz allen Anscheins nicht verliebt.

Eine Liebe braucht aber nicht nur Zeremonien, sondern auch Symbole. Die Welt muß nicht nur erfahren, daß man ein Paar geworden ist, sie muß auch immer wieder daran erinnert werden. Deshalb schmücken sich Liebespaare mit »Zusammengehörigkeits-Abzeichen«, schreiben ihren gemeinsamen Namen an die gemeinsame Wohnungstür, zeugen gemeinsam Kinder. Der Entschluß muß so unwiderruflich wie nur möglich wirken, denn da es zu jeder Liebe Alternativen gibt, fürchtet der Liebende nicht die Bindung, die seine Liebe mit sich bringt, sondern die Freiheit, die sie ihm noch immer läßt. Um diese Angst zu überwinden, gibt es kein geeigneteres Mittel als ein Kind. Erst ein Kind macht die Gemeinschaft von zwei beliebigen Personen wirklich einmalig. Man ist jetzt Vater und Mutter eines bestimmten Menschen, man wird von einem bestimmten Menschen gebraucht, man gehört zusammen. Kein anderes Liebessymbol ist daher so begehrt wie das Kind. Es bewirkt mehr als Ringe, Namensschilder und Ausweise, denn es gibt dem Zusammenleben eines Mannes und einer Frau, von denen jeder ebensogut mit einem anderen zusammenleben könnte, das, was ihm bisher fehlte: einen wirklichen Sinn.

Mit anderen Worten: Wer die Ehe abschaffen will, muß auch die Liebe abschaffen wollen, und wer Kinderlosigkeit propagiert, sollte zunächst Einsamkeit propagieren. Erfolg hätte er damit nicht. Es wird wohl immer Leute geben, die für ihre Freiheit gern mit Einsamkeit bezahlen, doch bei der Mehrzahl käme diese Propaganda nicht an. Das Verlangen nach institutionalisierten Zweiergemeinschaften ist durch so viele biologische und psychologische Mechanismen abgesichert, daß jedes Reformbestreben auf diesem Terrain scheitern muß. Wer liebt, will im allgemeinen auch heiraten, und wer heiratet, will im allgemeinen auch Kinder. Ob das richtig ist oder falsch, ist eine überflüssige Frage, und daran etwas ändern zu wollen, wäre verlorene Mühe.

Das Makabre an der Liebe sind daher nicht ihre Symbole, sondern der Mißbrauch, der damit getrieben wird. Man kann anstelle des Gefühls, für das ein Symbol steht, gleich das Symbol selbst nehmen und einen anderen zum Beispiel durch ein Kind in eine schwer lösbare Gemeinschaft locken. Der Mißbrauch mit Symbolen ist sowohl das populärste als auch das ungefährlichste aller Vergehen, denn kriminelle Handlungen dieser Art sind leicht zu organisieren und kaum zu beweisen. Kriege zum Zweck der Eroberung gelten als brutal, im Namen des Kreuzes werden sie entschuldigt, gewöhnliche Mörder werden geächtet, politische Überzeugungstäter oft sogar gefeiert, Erpresser kommen hinter Schloß und Riegel, kriminelle Ehepartner – sie betreiben zweifachen Menschenhandel: mit dem Leben eines Erwachsenen und dem eines Kindes – laufen frei herum und werden vom Gesetz noch protegiert.

Da eine Heirat im Normalfall zur Folge hat, daß der Mann die Frau versorgt, ist es verständlich, daß vor allem Frauen in Versuchung geraten, die Liebessymbole zu mißbrauchen, und daß vor allem Männer sich vor der Ehe fürchten müssen. Frauen, die materieller Vorteile wegen Ehen eingehen und dann zur Absicherung dieser Vorteile auch noch Kinder gebären, sind wie Kriegsschiffe, die sich als Lazarette tarnen, oder wie Soldaten, die die weiße Flagge hissen, bevor sie ihren Gegner in den Rücken schießen. Welches der vielen jungen Mädchen, die sich einem heiratsfähigen Mann anbieten, hat nun wirklich kapituliert, und welches benutzt die weiße Fahne nur als Köder? Daß Männer dennoch heiraten, spricht nicht für die Frauen, sondern für die Unverwüstlichkeit der Institution. Denn ein verliebter Mann braucht die Ehe genauso dringend wie eine verliebte Frau. Mit einer Abschaffung der Ehe könnte man also weder die Männer noch die Frauen reizen. Der Mann braucht die Ehe als Ventil für seine Liebe, die Frau braucht sie doppelt: Sowohl wenn sie liebt, als auch wenn sie nicht liebt. Im Interesse der Frauen braucht man also die Ehe nicht abzuschaffen, denn sie können ja auf jeden Fall nur profitieren. Und weil das so ist, kann man sie im Interesse der Männer nicht abschaffen wollen.

Die Institution Ehe aufheben, damit die Frauen sich selbst versorgen, hieße also das Pferd vom Schwanz her aufzäumen. Die Ehe ließe sich in ihrer jetzigen Form erst dann aufheben, wenn Frauen sich selbst versorgen – und dann wäre es auch schon nicht mehr notwendig. Wenn Frauen in der Ehe keine Vorteile mehr suchen, werden sie sie auch nicht länger zweckentfremden – sie werden entweder gar nicht heiraten oder aus dem gleichen Grund wie Männer: aus Liebe.

Natürlich sollte man ein Symbol wieder entfernen dürfen, sobald es nichts mehr symbolisiert. Auch wenn man sich bei der Hochzeit schwört, daß man nun bis in alle Ewigkeit auf jede andere Liebe verzichten wird, so muß man diesen Entschluß später doch revidieren können. Wer einem anderen mit zwanzig Jahren ewige Treue verspricht, handelt so eindeutig im Zustand verminderter Zurechnungsfähigkeit, daß es unfair wäre, ihn länger beim Wort zu nehmen, als er das selber wünscht. Die Umwelt muß daher eine Verzichterklärung nicht nur wohlwollend zur Kenntnis nehmen, sie muß sie auch wohlwollend vergessen können. Gegebenenfalls muß man immer wieder von neuem schwören dürfen, daß man bis in alle Ewigkeit auf jede andere Liebe verzichten wird, und zwar immer wieder zugunsten eines anderen.

Die berufstätige Frau braucht Gefängnisse für ihre Kinder

Es gibt auch in den hochindustrialisierten Ländern des Westens noch Familien, die so arm sind, daß Mann und Frau nach der Geburt ihrer Kinder außerhalb des Hauses arbeiten müssen. Von diesen ist hier nicht die Rede. In der Regel kann in solchen Ländern ein Erwachsener mit seinem Gehalt seine im Durchschnitt nur noch aus drei bis vier Personen bestehende Familie ernähren, wenn diese bereit ist, ihren Konsum vorübergehend einzuschränken. Meist hört daher auch nach der Geburt des ersten Kindes die Frau auf zu arbeiten, und meist sogar, ohne daß die Familie deshalb auf einen gewissen Komfort – Auto, Kühlschrank, Waschmaschine, Fernsehgerät – verzichten müßte.

Unter all den eintönigen, ermüdenden und demütigenden Arbeiten, die heutzutage angeboten werden, sind jedoch auch einige wenige, die Freude machen. Vor allem, wenn der andere Partner die Verantwortung für das Existenzminimum übernommen hat, kann eine bezahlte Beschäftigung durchaus zum Hobby werden: Die Sache ist unterhaltsam, bringt Prestige, man wird nicht dazu gezwungen und könnte bei eventuellen Schwierigkeiten ohne weiteres kündigen. Frauen, die sich in ihrem Beruf amüsieren, werden ihn daher selten ihrer Kinder wegen aufgeben. Sie werden auch nicht von ihrem Partner fordern, daß er bei den Kindern bleibt – das wäre das Ende des Amüsements –, oder gar auf Kinder verzichten. Kinder wollen sie schon, nur soll man sie ihnen um Himmels willen vom Leibe halten. Manche geben sie zu Müttern und Schwiegermüttern, Hausmädchen und Gouvernanten. Doch da ein Kind sich wenig um Verwandtschaftsgrade kümmert und immer den mag, der es umsorgt, wird die Mutter in solchen Fällen eifersüchtig: Obwohl sie ihr Kind nicht eigentlich um sich haben will, möchte sie doch als einzige Frau von ihm geliebt werden. Für die Aufzucht ihres Nachwuchses haben sich emanzipierte Frauen daher etwas ganz Besonderes einfallen lassen: Sie stecken ihre Kinder in geschlossene Anstalten. Dort lieben sie keine andere Frau und werden auch von keiner anderen geliebt.

Denn Kinderkrippen, Kinderhorte, Ganztagsschulen – all diese hochgepriesenen Institute, in denen Minderjährige ihre Zeit verbringen müssen – sind im Grunde nichts anderes als Gefängnisse. Ein Kind, das im Morgengrauen dort abgeliefert und erst abends wieder entlassen wird, ist seiner Freiheit beraubt. Ein Erwachsener, der seinem Kind ohne zwingenden Grund ein solches Leben zumutet, betreibt brutalen Machtmißbrauch an jemand, der ihm vertraut und der noch zu jung ist, um seine Rechte selbst wahrzunehmen. Doch da auch dieses Delikt in keinem Gesetzbuch aufgeführt wird, hat man sich darauf geeinigt, es als absolut harmlos anzusehen.

Wo größere Menschenmengen auf kleinem Raum zusammenleben, kommt es automatisch zu Hierarchien, das heißt, es entstehen Machtstrukturen, denen sich keiner entziehen kann. Auch in den vorbildlichsten Einrichtungen für Kinderaufbewahrung, etwa den skandinavischen, kommt es zu Leistungszwang, Rivalität, Unterdrückung individueller Eigenschaften, Vergewaltigung der Intimsphäre und Terrorisierung von Außenseitern. Es ist notwendig, diese Mechanismen frühzeitig kennenzulernen und von klein an eine gewisse Anpassung zu üben, denn die Beziehung zu anderen ist ein wichtiger Teil des Lebens. Doch sie ist nicht alles. Das Leben besteht nicht nur aus Abhängigkeiten, sondern auch aus Unabhängigkeit. Wie man die Anpassung an Gruppen lernen muß, muß man auch die Möglichkeit haben, den Umgang mit seiner eigenen Freiheit zu üben und diese zu genießen. Ein Mensch, der gezwungen wird, von früh bis spät mit vielen anderen auf begrenztem Raum zu leben, lernt Selbstbeherrschung und Machtausübung, Gehorchen und Befehlen, doch den Umgang mit seiner Freiheit, seiner Sensibilität, seiner Individualität – den Umgang mit sich selbst –, den lernt er dabei nicht.

Daß viele Kinder den Eindruck erwecken, als würden sie sich »nach einer Übergangsphase«, wie es die Pädagogen nennen, in ihren Gefängnissen durchaus wohl fühlen, beweist leider gar nichts. Es kann zum einen bedeuten, daß ihr Zuhause noch trostloser ist als die Anstalt, und zum andern, daß sie sich abgefunden haben. Wie man weiß, gewöhnen Kinder sich an alles, auch an Krieg, Mißhandlung und Terror. Gerade diese Unschuld, diese grenzenlose Anpassungsfähigkeit selbst an das unmenschlichste Milieu, ist es wohl, was in bezug auf Kinder am meisten berührt. Daß Frauen Männer zwingen, ihr Leben in Anstalten zu verbringen, sind wir bereits gewöhnt – daß viele jetzt auch noch das gleiche Schicksal für ihre Kinder fordern, ist ein relativ junger Beweis weiblicher Kaltblütigkeit.

Die Forderung ist vielerorts teilweise schon erfüllt. In den meisten westlichen Industrieländern gibt es zwar noch immer weniger Kinderkrippen, als Frauen verlangen, doch der Beginn der Schulzeit kommt dort bereits einer Einweisung in Haftanstalten gleich: Der Unterricht dauert durchschnittlich von acht Uhr morgens bis vier, fünf oder gar sechs Uhr abends. Obwohl zumindest in einigen dieser Länder – etwa in Spanien, Italien und in den Niederlanden – Mütter selten berufstätig sind, fällt es diesen nicht im Traum ein, gegen die Inhaftierung ihrer Schützlinge in die meist trostlosen Schulkasernen zu intervenieren. Obgleich sie sich selbst niemals in so drastischer Weise ihrer Freiheit berauben ließen, finden sie für ihre Kinder ein solches Schicksal durchaus gerechtfertigt.

In England werden Kinder oft sogar völlig von ihren Eltern getrennt und in die mit Internat umschriebenen geschlossenen Anstalten eingewiesen, die sie nur hie und da am Wochenende und während der Ferienzeit verlassen dürfen. Die Konsequenzen sind katastrophal. Das sprichwörtliche Understatement der englischen Oberschicht, deren Mitglieder besonders häufig in solchen Anstalten erzogen werden, ist wohl in den wenigsten Fällen auf eine besondere Charakterstärke zurückzuführen: Vermutlich handelt es sich hier ganz schlicht um die Auswirkung von Heimschäden. Wie man weiß, werden Kinder, die viele Jahre in Heimen verbringen müssen, abgestumpft, gleichgültig und unfähig, emotional zu reagieren. Sie könnten sich nicht mehr aufregen, selbst wenn sie es wollten, Geduld und diszipliniertes Verhalten sind ihnen durch die lange Inhaftierung zur zweiten Natur geworden.

An einem Hausmann ist nichts erotisch

Aus allen diesen Gründen sind Paare, denen es um das Wohl ihres Nachwuchses geht, absolute Gegner von Kinderkrippen und Ganztagsschulen. Sie finden es selbstverständlich, daß in einer Familie mit Kindern einer der Erwachsenen zu Hause bleibt, und sie finden es manchmal sogar selbstverständlich, daß dieser Erwachsene der Mann ist.
Weshalb ist dann der Rollentausch trotzdem so selten? Warum werden die wenigen Männer, die sich darauf einlassen, von Journalisten bestürmt und von Fotografen und Fernsehteams bei ihren ganz einfachen Aktivitäten belauert, als handle es sich um gewagte wissenschaftliche Experimente? Warum werden die wenigen Paare, die den Rollentausch – zumindest vorübergehend – mit allen Konsequenzen praktizieren, mit der gleichen Neugier verfolgt wie Transvestiten, Filmstars oder Massenmörder? Dafür zwei Gründe:

a) Derjenige, der bei den Kindern bleibt, hat meist das leichtere Leben. Es ist daher kurios, wenn eine Frau – die ja die Macht hat zu wählen – freiwillig den schwereren Part übernimmt.

b) Männer, die sich und ihre Kinder von ihren Frauen ernähren lassen, sind Menschen, die sich wenig um anderer
Leute Meinung kümmern. Soviel Unabhängigkeit beeindruckt wieder jene, die ständig um ihr Image besorgt sind
und sich nur dann » männlich « oder » weiblich « fühlen,
wenn sie sich so verhalten, wie es die Norm – die von
Frauen gemachte Norm – befiehlt.

Doch genügen diese Gründe schon, um die extreme Selten-
heit des echten Rollentausches – echt ist ein Tausch, wenn
ein *gesunder* Mann *ein Leben lang* so lebt wie eine Hausfrau
und seine Frau den Unterhalt verdienen läßt – hinreichend
zu erklären? Spielen da nicht noch andere Motive mit? Ist
der Rollentausch wirklich wünschenswert, und brächte er
der Gesellschaft wirklich Vorteile?
Eigentlich sind alle diese Fragen überflüssig. Wegen der
immensen weiblichen Macht ist die Prämisse absurd. Der
Rollentausch ist nicht praktikabel, weil die große Mehrheit
der Frauen niemals freiwillig dazu bereit wäre, über Jahrzehnte hinweg allein für den Unterhalt von Mann und Kindern aufzukommen. Doch da dieses Schema in der Öffentlichkeit immer wieder diskutiert wird, lohnt es sich vielleicht, von der weiblichen Vormachtstellung einmal abzusehen und so zu tun, als sei der Vorschlag wirklich durchführbar. Es kämen dann zwei Tauschvarianten in Frage:

1. Der totale Tausch – alle Frauen übernehmen die Rollen
   aller Männer und umgekehrt.
2. Der partielle Tausch – ein Teil der Frauen übernimmt die
   Rolle eines Teils der Männer und umgekehrt.

Welche Vor- und Nachteile hätte jedes dieser beiden Modelle?

Der *totale Rollentausch* brächte überhaupt keine Vorteile. Die Situation wäre genau wie jetzt, nur spiegelverkehrt: Die Lebenslänglichen wären nicht mehr Männer, sondern Frauen, die Vermarkteten wären nicht mehr Männer, sondern Frauen, die Mißbrauchten, Gedemütigten, Erpreßten und Entmündigten wären nicht mehr Männer, sondern Frauen. Wegen der dann höheren Lebenserwartung der Männer würde die Politik nicht mehr von der weiblichen, sondern von der männlichen Mehrheit bestimmt. Der Mann, und nicht die Frau, hätte als Großkonsument die Macht über Wirtschaft und Meinungsbildung. Der Mann, und nicht die Frau, würde die nachfolgenden Generationen nach seinen Maßstäben erziehen und sein eigenes Geschlecht auf die Parasitenrolle vorbereiten. Der Mann, und nicht die Frau, würde wegen fehlenden intellektuellen Wettbewerbs verdummen und wäre innerhalb weniger Jahrzehnte dort, wo jetzt seine Partnerin ist: Er würde sich nicht mehr für politische und wirtschaftliche Zusammenhänge interessieren, er wüßte nicht mehr, wie ein Auto funktioniert, und würde mit der Montage einer Steckdose oder einem Brief an die Hausverwaltung auf die Rückkehr des »Familienoberhauptes« warten.

Mit anderen Worten: Totaler Rollentausch, selbst wenn er im Bereich des Möglichen läge, wäre vollkommen sinnlos. Denn ob nun Männer oder Frauen die Macht haben, ist im Grunde gleichgültig: Die Situation wäre so unfair wie heute, nur einem anderen Geschlecht gegenüber. Man würde die Frau und nicht den Mann nach ihrer Verwertbarkeit beurteilen: Schöne junge Männer würden leidenschaftliche Liebe zu gutverdienenden älteren Damen heucheln, würden Champagner auf Eis legen, um deren Gehaltserhöhungen zu feiern, würden sich abends bei ihren abgespannten Gefährtinnen über die Eintönigkeit der Hausarbeit, die Aufsässigkeit der Kinder und die Einfältigkeit ihrer Freunde beklagen˙ . . . Kurz und gut: Beim totalen Rollentausch wäre wieder einer ausgenutzt, wenn auch ein anderer, und das Ziel, um das es hier geht – ein besseres Leben für alle –, wäre wieder nicht erreicht.

Weit interessanter sind die Perspektiven des *partiellen Rollentausches:* Eine Welt, in der ein Teil der Frauen die Aufgaben eines Teils der Männer übernähme. Ein solcher Tausch hätte folgende Vorteile:

1. Kinder würden nicht mehr nur von einem Geschlecht erzogen. In der einen Familie wäre der Erzieher eine Frau, in der anderen ein Mann. Die gesellschaftlichen Normen würden damit nicht mehr ausschließlich von Frauen diktiert.
2. Nicht mehr nur Männer müßten ihr Leben in Anstalten verbringen. In der einen Familie wäre der Inhaftierte ein Mann, in der anderen eine Frau.
3. Die politische Macht wäre gerechter verteilt. Da – wie neuere Untersuchungen zeigen – *unter Streß arbeitende Frauen* so früh sterben wie unter Streß arbeitende Männer, hielte sich einige Jahrzehnte nach der Reform die männliche und weibliche Bevölkerung annähernd die Waage.
4. Die öffentliche Meinung wäre nicht mehr vom weiblichen Großkonsumenten bestimmt. Da der Haupteinkäufer einer Familie männlich oder weiblich wäre, müßten Anzeigenkampagnen für Konsumgüter an beide Geschlechter adressiert werden. Dadurch würde sich automatisch der weibliche Einfluß auf die durch Werbung finanzierten Massenmedien verringern.
5. Wissen und Unwissenheit wären nicht mehr Kennzeichen

eines bestimmten Geschlechts. Jeweils der Partner, der dem Wettbewerb ausgesetzt ist, wäre gezwungen, seine geistigen Fähigkeiten zu kultivieren, und der, dem dieser Wettbewerb erspart bleibt – in einem Fall die Frau, im anderen der Mann –, könnte sich den Luxus der Dummheit leisten.

Ein partieller Rollentausch hätte also viele Vorteile. Weshalb erscheint er dann den meisten Leuten trotzdem nicht verlockend? Weshalb möchten auch faire Frauen (solche, die nicht einsehen, warum immer nur der Mann das Geld verdienen soll), privilegierte Frauen (reiche Töchter, reiche Geschiedene, reiche Witwen) und Frauen, die sich in ihrem Beruf amüsieren (Künstlerinnen, Journalistinnen, Stewardessen, Fotomodelle, Boutiquenbesitzerinnen usw.), lieber gar keinen Mann, als einen, der auf ihre Kosten zu Hause bleibt?
Der Grund liegt in den Bedingungen für das Entstehen sexuellen Verlangens. Ein Mann, der mit allen Konsequenzen die Rolle der Hausfrau spielt, wäre solchen Frauen einfach nicht geschlechtstypisch genug, das heißt, er würde nicht mehr erotisch auf sie wirken. Denn mit der Rolle der Hausfrau würde er ja nicht nur deren Aktivitäten, sondern auch ihr Verhalten übernehmen. Zunächst würde er sich zwar bei allem noch etwas ungeschickt anstellen – anders als eine Frau – und gerade dadurch maskulin wirken. Ein Mann, der nur zuweilen sein Baby füttert, Geschirr spült, Staub saugt, Mahlzeiten kocht, kann gerade dadurch, daß er es ganz anders macht, für seine Partnerin anziehend sein. Doch als Hausmann hätte er spätestens nach einem Jahr bei all dem eine Routine entwickelt, die auf die meisten Frauen nicht mehr als besonders männlich, sondern als besonders weiblich und daher als besonders unerotisch wirken würde. Je-

des Problem bedingt ja von sich aus eine optimale Lösung, und jede manuelle Tätigkeit bedingt bestimmte Bewegungen, die dieser optimalen Lösung entsprechen. Es gibt nur eine Art, einen Säugling richtig zu füttern, Wäsche richtig aufzuhängen, einen Kochlöffel richtig zu halten, Staub richtig zu saugen oder Geschirr richtig zu spülen. Die Art nämlich, wie die Sache am schnellsten und reibungslosesten erledigt wird – im Fall der Hausarbeit ist es die Art, wie geübte Hausfrauen es praktizieren.

Früher oder später würde also jeder Hausmann damit anfangen, nicht nur die Arbeit, sondern auch das Benehmen und die Gebärden einer Hausfrau zu übernehmen. Er würde beim Auftragen einer Mahlzeit triumphierend lächeln (die Mahlzeit wäre ja seine Leistung), mit Sorge beobachten, wenn jemand mit schmutzigem Schuhwerk über den Teppich geht (er wäre ja für die Sauberkeit verantwortlich), Fenster aufreißen, wenn zuviel geraucht wird (die frische Luft im Haus wäre sein Ressort), sich bei bestimmten Tätigkeiten eine Schürze umbinden und bei bestimmten anderen fröhlich vor sich hinträllern. Das heißt, er würde Frauen nicht nur nachahmen, er würde auch wie eine Frau werden. Er würde wie eine Frau lächeln, wie eine Frau reagieren und sich nur noch für Themen interessieren, die heutzutage Frauen vorbehalten sind. Käme ein Paar mit traditioneller Rollenverteilung zu Besuch, so würde der Hausmann nach dem Essen dem weiblichen Gast Küche und Kinderzimmer zeigen, während seine berufstätige Frau mit deren Ehemann im Wohnzimmer die Tagespolitik diskutieren würde.

Aus all diesen Gründen ist auch der Hausmann keine brauchbare Lösung. An ihm ist, jedenfalls im Augenblick, nichts erotisch. Man fragt sich immer wieder, weshalb viele berufstätige Frauen sich bestimmte Tätigkeiten von ihren

Männern partout nicht abnehmen lassen. Wenn die Frau so viel Macht hat, wie kommt es dann, daß meist sie es ist, die nach einem langen Arbeitstag das Abendessen bereitet, und daß sie, die berufstätige Mutter, und nicht der berufstätige Vater die Kinder zu Bett bringt? Die Erklärung ist einfach: Frauen, die auf Sex Wert legen, werden sich immer instinktiv gegen die Verweiblichung ihrer Partner schützen wollen und sie deshalb von wirklich geschlechtstypischer Tätigkeit fernzuhalten suchen. Sie wollen mit dem Mann, mit dem sie schlafen, nicht allzu häufig über Kochrezepte reden, und sie möchten auch nicht, daß er beim Wickeln eines Säuglings die gleiche Routine entwickelt wie ihre Freundinnen. Mag sein, daß sie sich daran gewöhnen könnten und daß sie später, wenn sich ihr Konzept von den geschlechtsspezifischen Eigenschaften gewandelt hätte, einen Hausmann sogar besonders viril finden könnten. Doch noch ist es nicht soweit, und die Übergangszeit wäre für alle Teile dermaßen frustrierend, daß man sie sich unbedingt ersparen sollte.

Die Gefahr ist sowieso nur hypothetisch. Die meisten Frauen würden dem Rollentausch schon aus praktischen Erwägungen nicht zustimmen. Und auch ihre zu Versorgern abgerichteten Ehemänner wären nur unter ganz bestimmten Voraussetzungen zu einem solchen Kompromiß bereit: Wenn sie gleichzeitig ein Studium absolvieren können, mit dem sie später viel Geld verdienen werden, wenn sie an einem Buch schreiben, mit dem sie die Literatur revolutionieren wollen, oder wenn sie an einer Erfindung basteln, die die ganze Familie reich machen soll. Die wenigen »echten« Hausmänner, die Pioniere, sind derzeit noch so sehr mit Presseinterviews und Fernsehdiskussionen ausgelastet, daß man ihren Status nur mit sehr viel gutem Willen mit dem der Hausfrauen vergleichen kann.

Zuviel Partnerschaft ist tödlich

Manche Leute machen nun angesichts aller dieser Schwierigkeiten einen letzten Vorschlag: die Partnerehe. Hier lebt
die Familie von einem einzigen Gehalt, das jedoch von zwei
Personen verdient wird – das heißt, jeder Partner arbeitet
außerhalb des Hauses, aber nur die Hälfte der üblichen
Stundenzahl. Er tut dies entweder bei *Teilzeitarbeit* – jeder
übernimmt eine Halbtagsbeschäftigung oder arbeitet nur
an zwei bis drei Wochentagen – oder bei *Saisonarbeit* – über
eine gewisse Zeitspanne arbeitet nur der eine, dann wieder
nur der andere Partner.
Ein solches Modell der Partnerehe hat anderen gegenüber
zwei Vorteile:

a) Beide Erwachsene arbeiten gleich viel – sie haben demzufolge gleich viel Verantwortung, gleich viel intellektuelles
Training und gleich viel Unabhängigkeit.
b) Die Kinder des Paares werden weder in Anstalten inhaf-
tiert, noch einseitig nach weiblichen Maßstäben erzogen:
Entweder ist der Vater oder die Mutter bei ihnen und
paßt auf sie auf.

Doch vorausgesetzt, das Modell wäre überhaupt zu verwirklichen – vorausgesetzt, es gäbe genug Paare, die dazu
bereit wären –, so hätte es doch noch immer zu viele Nachteile, als daß es sich ernsthaft vertreten ließe. Denn diese
Form des Zusammenlebens bedeutet für die Beteiligten
wirtschaftliche Misere, Außenseiterstatus und unabsehbare
Schwierigkeiten in der persönlichen Beziehung.

Da Teilzeit- und Saisonarbeiten, wie bereits an anderer
Stelle ausgeführt, schwer zu finden, schwer zu halten und

schwer auszubauen sind, werden folgende Schwierigkeiten auf ein Partner-Ehepaar zukommen:

1. Es muß nicht nur von einem einzigen Gehalt leben, sondern auch noch von einem besonders geringen, denn Teilzeitarbeit wird überall am schlechtesten bezahlt.
2. Es hängt mehr als andere Arbeitnehmer vom Wohlwollen der Bosse ab, denn es kann nicht so leicht anderswo ähnliche Beschäftigungen finden.
3. Es muß sich mehr als andere Arbeitnehmer vor Wirtschaftskrisen und Rationalisierungsmaßnahmen fürchten, denn Teilzeitarbeiter werden am frühesten entlassen und – wegen ihrer meist einfachen Tätigkeiten – am leichtesten durch Maschinen ersetzt.
4. Es muß damit rechnen, daß sich im Laufe der Jahre wohl seine Familie vergrößern wird, nicht aber sein Einkommen. Da man für wichtige Arbeiten Leute bevorzugt, die den ganzen Tag zur Verfügung stehen, sind Teilzeitjobs nicht ausbaufähig, und ein beruflicher Aufstieg ist ausgeschlossen.

Doch das Partnerschaftsmodell bedeutet für ein Paar nicht nur eine wirtschaftliche, sondern auch eine moralische Zerreißprobe. Der Teilzeitbeschäftigte wird innerhalb seiner Firma zum Außenseiter abgestempelt: Seine Kollegen werden ihn zwar einerseits um seine größere Freiheit beneiden, andererseits werden sie ihn jedoch als Versager betrachten, weil er nicht weiterkommt. Da Frauen von der Gesellschaft nicht nach ihrer beruflichen Leistung beurteilt werden – man wundert sich schon, wenn sie überhaupt etwas tun –, wird der weibliche Partner unter dieser psychischen Belastung weniger leiden als der männliche. Ein Mann, der in beruflicher Hinsicht zu absolutem Stillstand verurteilt ist, braucht sehr viel mehr Selbstbewußtsein als eine Frau in der gleichen Lage.

Die größte Gefahr des Partnerschaftsmodells liegt jedoch vermutlich in seiner Auswirkung auf die Liebe. Denn die Partner werden notgedrungen zu siamesischen Zwillingen: Ihr Lebensstil ist nur dann durchführbar, wenn sie eisern zusammenhalten. Doch sie sind nicht nur in Äußerlichkeiten abhängiger voneinander als andere Paare, sondern auch in bezug auf ihr Selbstwertgefühl, denn sie leben ja in einer Gesellschaft, in der die meisten Menschen andere Maßstäbe haben. Dies ist wieder für den Mann schwerer zu ertragen. Denn nur für seine eigene Frau ist er eine positive Figur – ein Mann, der den Sinn seines Daseins nicht allein in der Arbeit sieht. Für die anderen Frauen – für all die, die Männer mit Karriere wollen – ist er kein Mann, sondern ein arbeitsscheues Individuum ohne Status und Ambition, für das man sich nicht weiter interessiert.

So viel Abhängigkeit vom Wohlwollen des Liebespartners muß auf die Dauer Angstgefühle und Aggressionen auslösen, denen auch die größte Leidenschaft nicht standhält. Denn nur solange man vom anderen geliebt wird, ist man in Sicherheit – mit dem Verlust seiner Liebe verliert man nicht nur den Partner, sondern auch seinen Platz in der Gesellschaft. Andererseits ist man praktisch auch selbst dazu verpflichtet, den anderen immer zu lieben, denn er hat ja sein ganzes Leben auf dieser Liebe aufgebaut. Was als Partnerschaft geplant war, wird daher noch leichter als in anderen Beziehungen zwischen Mann und Frau irgendwann als Zwangsgemeinschaft empfunden. Unter Zwang kann niemand lieben. Liebe gewährt man freiwillig oder gar nicht.

Alle bisher beschriebenen Lösungsmodelle sind somit wenig geeignet, einen erotischen Maßstab für Männlichkeit zu setzen. Da man Frauen mit keinem dieser Angebote dazu verlocken könnte, sich selbst zu versorgen, könnte man auch mit keinem erreichen, daß sie ihr Partnerwahlverfahren ändern und Männer nach ihrer Eignung als Liebhaber beurteilen.

Wie könnte daher eine echte Lösung des Problems aussehen? Wodurch könnte man wirklich erreichen, daß Männer auf eine neue Art männlich werden?

3. Voraussetzungen für eine neue Männlichkeit

Der Mann muß nutzlos werden

Solange man Männlichkeit mit Nützlichkeit gleichsetzt, werden »richtige« Männer immer solche sein, die sich nützlich machen. Die Einführung eines neuen Bewertungssystems für Männlichkeit würde daher voraussetzen, daß Männer für Frauen nicht nützlicher sind, als es umgekehrt der Fall ist. Erst wenn Ehe etwas anderes bedeutet, als daß der Mann für die Frau fast alles macht und die Frau für den Mann fast gar nichts, könnten Männer auf eine neue Art männlich werden. Auf eine Art, die mit ihrem Geschlecht und nicht wie bisher mit ihrer Verwertbarkeit zu tun hat. Wer also Männern eine weniger blamable Existenz oder sich selbst andere Männer wünschte, müßte am bisherigen sozialen Gefüge etwas ändern. Wie bereits gesagt, sollte man solche Änderungen weder gegen den Willen der Mächtigen noch gegen die Bedürfnisse der menschlichen Psyche durchsetzen wollen. Man müßte also bei der Suche nach einer brauchbaren Alternative zum einen berücksichtigen, daß unsere westliche Industriegesellschaft ein Matriarchat ist, und zum anderen, daß Paare in Gemeinschaften leben und Kinder zeugen wollen. Reformbestrebungen, die weder die weibliche Macht noch das menschliche Bedürfnis nach dauerhaften Bindungen – Ehe, Familie – berücksichtigen, sind von vornherein zum Scheitern verurteilt.

Eine Lösung des bisher beschriebenen Problems müßte daher folgende Vorzüge haben:

1. Sie müßte den Mann als ökonomischen Faktor für die Frau uninteressant machen (ohne jedoch das Wirtschaftsgefüge zu gefährden).
2. Es müßte sich um eine kollektive Maßnahme handeln. (Männer, die ihre Situation in Einzelaktionen verändern wollen, vereinsamen rasch und machen sich daher bald wieder nützlich.)
3. Sie müßte nicht nur die Interessen der Männer, sondern auch die der Kinder und der älteren Menschen gegen die Frauen verteidigen. (Man kann die Situation eines Schwachen nicht auf dem Rücken anderer Schwacher lösen.)
4. Sie müßte die Beibehaltung geschlechtstypischer Verhaltensweisen garantieren. (Ohne männliches und weibliches Rollenverhalten wäre den meisten Menschen die Welt zu langweilig.)
5. Sie müßte den Frauen gefallen. (Der für sie vorgesehene Status müßte ihnen zumindest gleichwertig erscheinen.)

Eine Lösung, die diese Voraussetzungen erfüllen würde, wäre *eine allgemeine Arbeitszeitkürzung auf fünf Stunden täglich* (Einführung der Fünfundzwanzig-Stunden-Woche), begleitet von folgenden Maßnahmen:

a) Gehaltskürzung, die der Kürzung der Arbeitszeit entspricht.
b) Erhöhung der Sozialabgaben.
c) Schülergehalt, das unabhängig vom Einkommen der El-

tern und Verwandten alle materiellen Grundbedürfnisse
derer deckt, die sich auf einen Beruf vorbereiten. (Davon
betroffen wären Kleinkinder, Schüler, Studenten, Lehr-
linge und alle, die ihren Beruf wechseln wollen.)
d) Einjähriger Urlaub für Mutter oder Vater nach der Geburt eines Kindes, Sonderurlaub bei Erkrankung eines
Kindes.
e) Abschaffung von Kinderkrippen, Horten und Ganztagsschulen zugunsten von Fünf-Stunden-Kindergärten für
Kinder ab einem Jahr und Fünf-Stunden-Unterricht in
sämtlichen Schulen und Universitäten.
f) Abschaffung des Pensionierungszwangs zugunsten
selbstgewählter Pensionsgrenzen.
g) Abschaffung des Rechts auf gleichwertige Arbeit zugunsten eines Rechts auf Umschulung.
h) Verbot von Überstunden.

Durch dieses Modell wäre die wichtigste Voraussetzung für
eine neue Männlichkeit gegeben, denn wie wir noch sehen
werden, würden nach einer solchen Reform auch die Frauen
arbeiten. Und sobald sie das täten, würden sie ihre Partner
nach ganz anderen Gesichtspunkten auswählen als heute.
Sie würden sie nicht mehr nach ihrer Nützlichkeit beurteilen, sondern nach ihrer Eignung für die Liebe.
Doch prüfen wir zunächst die wirtschaftliche Realisierbar-
keit all dieser Vorschläge, denn davon hängt alles weitere ab.

Das Arbeitskräftepotential hat sich verdoppelt

Voraussetzung für jede Arbeitszeitkürzung ist die Sicherung
der wirtschaftlichen Stabilität. Alle historischen Arbeitszeitkürzungen waren daher stets mehr die Folge ökonomi-

schen Kalküls als humanitärer Überlegungen. Ein Faktor blieb dabei praktisch konstant: das Arbeitskräftepotential. Denn man konnte eigentlich nur mit der einen Hälfte der erwachsenen Bevölkerung rechnen, den Männern. Die Frauen waren häufig schwanger, mußten lange stillen, hatten viele Kinder und mußten einen komplizierten Haushalt versorgen. Arbeitszeitkürzungen waren daher entweder durch den Einsatz von Maschinen oder durch die Verbesserung der Leistungsfähigkeit der zur Verfügung stehenden Arbeitskräfte erreichbar. Wenn man Männer, wo immer möglich, durch Automaten ersetzte und ihnen außerdem längere Erholungspausen einräumte, verbrauchten sie sich langsamer. Ihre Gesamtleistung blieb dabei jedoch konstant oder konnte sogar gesteigert werden, das Wirtschaftsgefüge blieb intakt.

Seit der Erfindung der künstlichen Muttermilch, seit der Geburtenregelung durch Pille und Schwangerschaftsabbruch und seit der Teilautomatisierung der Hausarbeit befinden wir uns jedoch in einem neuen Zeitalter: Es gibt doppelt soviel Arbeitskräfte wie früher, denn auch Frauen können jetzt arbeiten. Dadurch ergeben sich für die Volkswirtschaft drei neue Möglichkeiten:

a) Man kann Frauen anstelle von Männern arbeiten lassen.
b) Man kann einen Teil der Frauen arbeiten lassen und dadurch die allgemeine Arbeitszeit etwas kürzen.
c) Man kann beide Geschlechter gleich viel arbeiten lassen und dadurch die allgemeine Arbeitszeit erheblich kürzen.

Weshalb die erste Alternative utopisch ist, wurde bereits erörtert. Die zweite ist bereits verwirklicht, ihr und der Automatisierung verdanken wir die Vierzig- beziehungsweise Fünfundvierzig-Stunden-Woche und die Verlängerung des

Jahresurlaubs. Die dritte und wirklich sensationelle Möglichkeit jedoch – drastische Arbeitszeitkürzung durch paritätische Beteiligung beider Geschlechter am Arbeitsprozeß – wird bisher nicht einmal ernsthaft diskutiert. Dabei wäre sie in hochindustrialisierten Ländern seit mindestens zehn Jahren zu verwirklichen. Doch offenbar wagt niemand, aus der Verdoppelung des Arbeitskräftepotentials – der wohl größten sozialen Veränderung unserer Geschichte – die praktischen Konsequenzen zu ziehen.

Das Fünf-Stunden-Modell ist realistisch

Gehen wir bei unseren Berechnungen einfachheitshalber davon aus, daß die westlichen Industrieländer mit ihrer wirtschaftlichen Leistung zufrieden sind. Gehen wir weiter davon aus, daß in diesen Ländern Vollbeschäftigung herrscht, daß also die Gesamtzahl der geleisteten Arbeitsstunden den Bedarf der Wirtschaft deckt und daß die Zahl der Arbeitslosen zu den offenen Stellen in der gewünschten Relation steht. Das entspricht natürlich nicht der Wirklichkeit, denn in jedem Land gibt es Rezession und Hochkonjunktur, Phasen der Arbeitslosigkeit und der Überbeschäftigung. Doch für unsere Kalkulation sind diese volkswirtschaftlichen Aspekte zumindest im Augenblick nicht von Belang.

Bedingung für die hier vorgeschlagene Reform wäre die Erhaltung des wirtschaftlichen Status quo des Landes, in dem sie durchgeführt wird. Denn obwohl es sich um eine Arbeitszeitkürzung aus humanitären Überlegungen handelt, darf das Funktionieren der Wirtschaft nicht zur Diskussion stehen. Reformen, die die Erhaltung beziehungsweise Steigerung der wirtschaftlichen Leistung eines Landes nicht als eine ihrer wichtigsten Grundbedingungen ansehen, gehen letzten Endes immer zu Lasten jener, deren Lage sie ursprünglich verbessern sollten. Die Frage lautet daher: Um wieviel ließe sich die Arbeitszeit in Industriestaaten reduzieren beziehungsweise wie ließen sich die Lebensbedingungen ihrer Bewohner humanisieren, ohne daß durch eine solche Maßnahme die Wirtschaft gefährdet würde?

Stützen wir uns bei unserer Kalkulation auf Daten aus jenen westlichen Industrieländern – USA, Kanada, Australien, Westdeutschland, Frankreich, Großbritannien, Belgien, Schweden, Dänemark, Finnland, Norwegen, Österreich, Schweiz –, in denen die Vierzig-Stunden-Woche mehr oder weniger verwirklicht ist und in denen etwa jede zweite erwerbsfähige Frau bereits einen Beruf ausübt. Wenn nun in diesen Ländern statt jeder zweiten alle erwerbsfähigen Frauen arbeiten würden – und damit nicht nur ein Drittel, sondern die Hälfte der aktiven Erwerbspersonen weiblichen Geschlechts wären –, so würde sich die Gesamtzahl der aktiven Arbeitskräfte um ein Drittel erhöhen und in der Folge die Gesamtzahl der vom einzelnen Arbeitnehmer zu leistenden Arbeitsstunden um ein Viertel reduzieren. Wenn man in diesen Ländern also heute acht Stunden am Tag arbeiten muß, so müßte man nach einer optimalen Ausschöpfung des weiblichen Arbeitskräftepotentials nur noch sechs Stunden am Tag arbeiten.

Diese Zahl ist natürlich ungenau und außerdem zu optimistisch: Sie berücksichtigt nicht, daß in den angeführten Ländern von den berufstätigen Frauen etwa ein Drittel nur stundenweise arbeitet, sie berücksichtigt nicht, daß in den meisten dieser Länder Frauen durchschnittlich zwei bis fünf Jahre früher pensioniert werden als Männer, sie berücksichtigt nicht die ein bis drei Jahre, die Männer wegen ihres Wehrdienstes als Arbeitskräfte ausfallen, sie berücksichtigt nicht die Branchen, in denen die Vierzig-Stunden-Woche noch in den Bereich der Utopie gehört (Freiberufliche, Landwirte), sie berücksichtigt nicht die Überstunden und die »Schwarzarbeit« der Männer, sie berücksichtigt nicht die Dunkelziffer der nur aus steuerlichen Gründen in Familienbetrieben als erwerbstätig deklarierten Frauen und nicht die der aus den gleichen Gründen in Privathaushalten nicht deklarierten »Zugehfrauen«. Wenn man alle diese Daten, soweit sie in den Statistiken der diversen Länder in Erscheinung treten, in die Kalkulation einbezieht, so kommt man auf eine durchschnittliche tägliche Arbeitszeit, die über sechs Stunden liegt.

Zur Debatte steht hier jedoch nicht der Sechs- oder Sieben-, sondern der Fünf-Stunden-Tag. Dieser wäre möglich, weil eine drastische Herabsetzung des täglichen Arbeitspensums Auswirkungen auf Quantität und Qualität der Leistung hätte, die mit Sicherheit weitere Arbeitszeitkürzungen erlauben würden:

1. Steigerung der Quantität der Arbeitsleistung

a) *Weniger Arbeitsausfall durch Krankheit:* Sowohl die echten als auch die vorgetäuschten Erkrankungen würden zurückgehen. Durch längere Erholungspausen blieben Arbeitnehmer gesünder, durch eine Verkürzung der Arbeitszeit würden sie eventuell sogar lieber arbeiten und sich daher seltener krank melden.

b) *Weniger Arbeitsausfall durch Pensionierung:* Der Acht-Stunden-Tag ist für die meisten älteren Menschen zu anstrengend. Bei fünf Stunden Arbeitszeit würden viele von ihnen praktisch bis an ihr Lebensende arbeiten wollen, denn sie würden sich dadurch als vollwertige Mitglieder

der Gesellschaft fühlen. Die vorgeschlagene Reform würde also nicht nur das weibliche Arbeitskräftepotential mobilisieren, sondern auch die Rentner. (Welche positiven Folgen eine Einführung selbstgewählter Pensionsgrenzen für die Altenfürsorge hätte, wird in einem späteren Kapitel erläutert.)

c) Weniger Arbeitsausfall durch frühzeitigen Tod: Durch eine Verminderung des Leistungsdrucks käme es bei Männern zu einer Erhöhung der Lebenserwartung, die sich früher oder später der weiblichen anpassen würde, die sich ihrerseits nur leicht oder gar nicht verringern würde.

2. Steigerung der Qualität der Arbeitsleistung

a) Da die Qualität der Arbeit bei ausgeruhten Menschen entsprechend größer ist, würde sich durch größere Erholungspausen die Effektivität der Arbeit, das Arbeitsangebot (= Angebot von Arbeitsstunden pro Zeiteinheit) erheblich verbessern. Gerade das war ja stets das wichtigste Argument für die bisherigen Arbeitszeitkürzungen. Das Leistungstief nach der Mittagspause würde ebenso entfallen wie das der letzten Stunden.

b) Die Qualität der weiblichen Arbeitsleistung würde sich der männlichen anpassen, denn Frauen würden ehrgeiziger werden und sich stärker als bisher am Wettbewerb beteiligen. Da sie ihr Leben lang arbeiten müßten, würde sich ein beruflicher Aufstieg für Frauen genauso lohnen wie für Männer. Diese Erhöhung des weiblichen Arbeitsangebots käme wiederum der Gesamtwirtschaft zugute.

Nur in Zusammenarbeit mit Volkswirtschaftlern, Rationalisierungstechnikern, Soziologen und Verhaltensforschern ließe sich exakt berechnen, wie stark sich die genannten Faktoren auf die Arbeitsleistung auswirken würden und wieviel Arbeitszeit sich dadurch zusätzlich einsparen ließe. Bereits nach einer ersten vorläufigen Kalkulation darf man aber sagen, daß der Fünf-Stunden-Arbeitstag im Bereich des Möglichen liegt und daß die Voraussetzungen für die hier vorgeschlagene Reform durchaus realistisch sind.

Ein halber Tag Freiheit

Noch günstiger sieht die Situation aus, wenn man der Berechnung nicht die Arbeitszeit, sondern die Zeit der Abwesenheit von zu Hause zugrunde legt. Die meisten Berufstätigen haben eine Mittagspause von ein bis zwei Stunden, sind also, wenn man von einer Stunde Arbeitsweg ausgeht, durchschnittlich zehn bis elf Stunden von ihren Familien getrennt. Bei dem vorgeschlagenen Modell entfiele die Mittagspause. Erholungspausen von fünfzehn bis dreißig Minuten würden bei einer fünfstündigen Arbeitszeit genügen, bei leichteren Tätigkeiten könnte man eventuell ganz darauf verzichten.

Der Arbeitnehmer wäre also, mit Pausen und Arbeitsweg, durchschnittlich nur sechs bis sechseinhalb statt zehn bis elf Stunden von zu Hause fort. Das heißt, er gewänne durch den Fünf-Stunden-Rhythmus praktisch einen halben Tag. Ein anderer als der Fünf-Stunden-Rhythmus, z. B. ein Wochen-, Monats- oder Jahresrhythmus (drei Tage Arbeit, vier Tage Freizeit, sieben Monate Arbeit, fünf Monate Freizeit, etc.), wäre – mit Ausnahme jener Berufe, die eine größere Entfernung vom Wohnort mit sich bringen (Flug-, Schifffahrt- und Bahnpersonal, Fernfahrer, Vertreter) – aus folgenden Gründen nicht empfehlenswert.

1. Alle eben erwähnten Vorteile, die die Arbeitszeit von sechs auf fünf Stunden schrumpfen ließen, müßten dadurch entfallen.

2. Und weil dann keiner allein für eine bestimmte Aufgabe verantwortlich wäre, entstünde ein wirtschaftliches Chaos, denn der für eine florierende Wirtschaft unerläßliche Wettbewerb zwischen den Arbeitnehmern wäre gestört.

3. Kinder wären etwa drei Tage in Anstalten, vier Tage bei ihren Eltern beziehungsweise sieben Monate in Anstalten und fünf Monate bei ihren Eltern . . . Erwiesenermaßen brauchen Kinder jedoch eine gewisse Regelmäßigkeit und Kontinuität hinsichtlich der Bezugsperson, wenn sie sich optimal entwickeln sollen. Zudem wären Horte und Schulen, die für ganztägige Kinderbetreuung eingerichtet sein müßten, obwohl sie nur zeitweise gebraucht würden, wirtschaftlich nicht rentabel.

4. Praktisch alle erwachsenen Männer werden von ihren Müttern und ihrer Religion zu Masochisten erzogen. Sie müssen erst etwas leisten, bevor sie sich vergnügen können. Sie wollen sich Genüsse verdienen, und sie wollen dafür büßen dürfen.
   Man kann Reformen nicht gegen die Bedürfnisse der menschlichen Psyche durchführen: Männer brauchen den Rhythmus von Leistung und Entspannung. Lange Erholungspausen an einem Stück führen bei ihnen zu emotionalen Störungen, wie man in Zeiten von Arbeitslosigkeit sehen kann. Mag sein, daß sich diese Erziehungsschäden eines Tages überwinden ließen. Bis es soweit wäre, müßte man sie bei eventuellen Reformen berücksichtigen.

Ganz ohne Schichtarbeit geht es nicht

Die wichtigste Voraussetzung für jede soziale Reform, wurde gesagt, sei die Erhaltung beziehungsweise Steigerung der wirtschaftlichen Leistung des Landes, in dem sie durchgeführt werden soll. Das stellt uns vor folgendes Problem: Der Fünf-Stunden-Tag ist zwar möglich, unmöglich ist jedoch, daß alle Arbeitnehmer ihr Fünf-Stunden-Pensum im gleichen Zeitraum absolvieren. Denn ohne ein gewisses Maß an Schichtarbeit wären die wirtschaftlichen Folgen einer drastischen Arbeitszeitkürzung katastrophal. Die Gründe sind folgende:

1. Um Schichtarbeit zu vermeiden, müßte man bei Erhöhung der Zahl der Arbeitnehmer auch die Zahl der Arbeitsplätze erhöhen. Dies ist jedoch nur bei relativ billigen Arbeitsplätzen möglich, etwa in Büros. Teure Arbeitsplätze kann man nicht ohne weiteres beliebig vermehren. Hier ist es eher ratsam, die absolute Zahl zu verringern und mehr Arbeitnehmer an einem Arbeitsplatz zu beschäftigen. In den Fabriken, im Transportwesen, in den Rechenzentren usw. geht es also nicht ohne Schichtarbeit.
2. Was produziert wird, dient letzten Endes immer dem Konsum. Wenn teure Arbeitsplätze Schichtarbeit bedingen, sind Konsumenten auch nur in Schichten konsumbereit. Das und die Tatsache, daß ja jeder nur in seiner Freizeit einkaufen kann und sich in ihr vergnügen können muß, hat zur Folge, daß auch an Arbeitsplätzen, die der Konsumförderung dienen – Einzelhandel, Unterhaltung, Hotel- und Gaststättengewerbe –, Schichtarbeit notwendig ist, obwohl es sich hier meist um billige Arbeitsplätze handelt.

3. Sowohl menschliche als auch sachliche Produktionsfaktoren können durch Abnützung oder äußere Einwirkung in ihrer Funktionsfähigkeit beeinträchtigt werden. Wartung und Schutz von Produktionsfaktoren bedingen ebenfalls Schichtarbeit (Hospitäler, Polizei, technische Bereitschaftsdienste).

Mit anderen Worten: Nach der Einführung des Fünf-Stunden-Rhythmus gäbe es mehr doppelt, dreifach oder vierfach belegte Arbeitsplätze als bisher. Doch dort, wo die negativen Folgen zu groß wären, wenn eine Aufgabe in der Hand mehrerer Personen läge, weil dann das Element der persönlichen Verantwortung unter Umständen ausgeschaltet ist, könnten Arbeitsplätze nach wie vor einfach belegt werden. Denn diese Aufgaben werden zum Glück an den billigsten Arbeitsplätzen erledigt: Das Produktivkapital ist dabei hauptsächlich das menschliche Gehirn.
An den teuren Arbeitsplätzen hingegen wird der Arbeitsrhythmus weitgehend durch das vorgegeben, was sie verteuert, das heißt, durch die Maschinen. Eigeninitiative ist hier also relativ unwichtig. Durch mehr Schichtarbeit könnte das Leistungspotential teurer Maschinen noch besser als bisher ausgeschöpft werden. Und da es sich dabei um Fünf-Stunden-Schichten handeln würde, wäre die Situation der neuen Schichtarbeiter mit der der jetzigen überhaupt nicht zu vergleichen.

Es gäbe also nach der vorgeschlagenen Reform einfach und mehrfach belegte Arbeitsplätze, und es gäbe nach wie vor eine gewisse Zahl von Arbeitsplätzen mit unregelmäßiger oder selbstgewählter Arbeitszeit. Befassen wir uns kurz mit den wichtigsten Kriterien dieses Schemas.

Wirtschaft bedeutet Planung, Herstellung und Vertrieb von Konsumgütern. Sie funktioniert dank des Einsatzes von Arbeitskräften, Rohstoffen, Maschinen und Kapital. Der Einsatz dieser Faktoren muß auf jeder Ebene organisiert, kalkuliert, koordiniert und verwaltet werden, und diese Arbeit geschieht in Büros.

Büroarbeitsplätze sind billig, denn man benötigt für sie nur ein Minimum an technischem Aufwand. Meist genügen Telefon, Schreib- oder Rechenmaschine. Diese Tatsache – daß man Büroarbeitsplätze ohne Gefahr für die Wirtschaft neunzehn Stunden am Tag ungenützt lassen könnte – bildet eine der wichtigsten Voraussetzungen für eine Herabsetzung der Arbeitszeit.

Denn Büroarbeitsplätze können nicht nur, sie müssen auch einfach belegt werden, wenn die Wirtschaft funktionieren soll. Büroarbeit besteht aus der Erstellung und Übermittlung von Daten, aus Denken und Gedankenaustausch, aus Reflexion und Kommunikation. Würde man Schreibtischplätze doppelt belegen und zum Beispiel die eine Hälfte der Angestellten vormittags und die andere nachmittags arbeiten lassen, so wäre zwar die Erstellung von Daten noch möglich, nicht aber deren Übermittlung. Der Kollege in der anderen Abteilung, in der anderen Firma, im zuständigen Amt oder Ministerium, dem man eine Information geben will oder von dem man sie erwartet, wäre in vielen Fällen nicht direkt erreichbar. Planung, Herstellung und Vertrieb von Konsumgütern könnten so nur mit viel Zeitaufwand und hohen Kosten koordiniert werden, es käme zu Organisationsmängeln und letzten Endes zum Chaos. Die Wirtschaft eines Landes funktioniert deshalb nur dann optimal, wenn alle Personen, die an der Erstellung und Verwaltung von Daten beteiligt sind, immer füreinander erreichbar sind, das heißt, wenn organisatorische Aufgaben innerhalb des gleichen Zeitraums erledigt werden. Die Umstellung auf den Fünf-Stunden-Rhythmus würde somit die Einführung einer gemeinsamen Arbeitszeit für alle Büroangestellten voraussetzen.

Doch das ist nur eine Bedingung. Eine weitere wäre die Erhöhung der Zahl der Arbeitskräfte. Wenn Büroangestellte in Zukunft nur fünf statt bisher acht Stunden arbeiten sollen, muß man ihre Zahl um etwa ein Drittel erhöhen.

Nun braucht aber ein Büroangestellter, auch wenn sein Arbeitsplatz noch so billig ist, zumindest einen Schreibtisch und ein paar Quadratmeter Raum – falls sich also die Zahl der Büroangestellten um ein Drittel erhöhte, müßten sich auch die Kosten für Büroräume um ein Drittel erhöhen. Doch diese Kalkulation ist nicht ganz exakt, denn es werden dabei Kosteneinsparungen übersehen, die sich in folgenden Bereichen ergeben würden:

Kantinen: Bei einem Fünf-Stunden-Tag wären weder Kantinen noch Küchen, noch Aufenthaltsräume für das Personal notwendig, denn man würde nicht mehr »in der Firma leben«. Ebenfalls könnte Küchen- und Kantinenpersonal eingespart werden sowie die in vielen Firmen üblichen Zuschüsse zum Kantinenessen.

Bürofläche: Man könnte mehr als bisher in den bedeutend wirtschaftlicheren Großraumbüros arbeiten.

Produktionskosten: In Betrieben, die Verwaltung und Produktion umfassen – in den meisten also –, könnten Mehrkosten in der Verwaltung bis zu einem gewissen Grad durch die Senkung der Produktionskosten aufgefangen werden, die sich aus der besseren Ausschöpfung der sachlichen Produktionsmittel ergäbe (z.B. durch zweimal fünf statt einmal acht Stunden Nutzungszeit bei kostspieligen Maschinen und Apparaturen).

Rationalisierung: Nach Meinung von Rationalisierungs-fachleuten wird die Leistungsfähigkeit der Büroangestellten nur zu etwa 60 Prozent ausgenutzt. Vor allem in der Sparte Textverarbeitung könnte durch Einsparung von Vorzim-mern zugunsten zentraler Schreib- und Basisdienste erheb-lich rationalisiert werden.

Mit anderen Worten: Weder die Einführung einer Fixar-beitszeit für Büroangestellte noch eine Erhöhung der Schreibtischplätze wären ein wirkliches Hindernis für eine drastische Arbeitszeitkürzung in der Verwaltung. Damit wäre die Grundbedingung für alle weiteren Arbeitszeitkür-zungen erfüllt.

2. Mehrfach belegte Arbeitsplätze: FABRIKEN, LÄDEN, DIENSTLEISTUNGSBETRIEBE

Schichtarbeit ist überall dort möglich, wo Arbeiten erledigt werden müssen, bei denen wenig oder keine Verständigung zwischen den Personen notwendig ist, die sich einen Ar-beitsplatz teilen. Es handelt sich dabei um Arbeiten, die entweder die Herstellung oder den Vertrieb von Konsumgü-tern betreffen – um Fabriken und Läden also – oder um Dienstleistungen. Wieviel Schichten an einem bestimmten Arbeitsplatz notwendig sind, hängt in Fabriken von den Rohstoffen und Maschinen ab, mit denen gearbeitet wird, und in Läden und Dienstleistungsbetrieben von den Be-dürfnissen der Kunden.

Die neue Schichtarbeit wäre jedoch mit der heutigen nicht zu vergleichen. Die Acht-Stunden-Schicht bedingt mit Erho-lungspausen und Arbeitsweg eine zehn- bis elfstündige Ab-wesenheit von zu Hause. Sie ist als Nachtschicht auf die

Dauer gesundheitsschädlich und macht daher periodische Umstellungen notwendig. Sie drängt den Schichtarbeiter in die Rolle des gesellschaftlichen Außenseiters – eines Menschen, der schläft, wenn die anderen wach sind –, ohne ihn deshalb, wie etwa den Künstler, mit der Gloriole des Individualisten zu umgeben. Bei einer Fünf-Stunden-Schicht müßte es keine Nachtarbeiter mehr geben, sondern nur noch Leute, die sehr spät ins Bett kommen, und andere, die sehr früh aufstehen. Da solche Schichten nicht gesundheitsschädlich wären, wären periodische Umstellungen hier überflüssig, denn man könnte einen Rhythmus so lange beibehalten, wie man wollte. Und da die Abwesenheit vom Wohnort entsprechend kürzer wäre, müßte man auch bei relativ ungünstig gelegenen Schichten nicht an Verwandten und Bekannten vorbeileben.

Die häufigsten Schichten wären jedoch beim Fünf-Stunden-Modell ohnehin Tagesschichten: »Doppelschichten«, bei denen der eine Arbeitnehmer vormittags und der andere nachmittags am gleichen Arbeitsplatz die gleiche Arbeit verrichtet. Es wäre jedoch unvermeidlich, manche Arbeitsplätze mit drei oder sogar vier Schichten zu belegen. Um die Kontinuität zu gewährleisten, wäre auch eine kleine Anzahl von Leuten notwendig, die ihre Arbeitszeit teils in der vorhergehenden und teils in der folgenden Schicht absolvieren, um etwa bei technischen Problemen oder Personalfragen zu beraten. Und es gäbe an stark mechanisierten Arbeitsplätzen nach wie vor den »Springer«, der seinen Kollegen während der Erholungspausen ersetzt.

Doppelschichten wären notwendig in
Fabriken: Wenn eine Maschine länger als fünf, jedoch nicht länger als zehn Stunden ausgenutzt werden soll oder wenn Rohstoffe von begrenzter Haltbarkeit verarbeitet werden.

Läden: Hier bräuchte man eine Vormittagsschicht für Nachmittagsarbeiter und eine Nachmittagsschicht für Vormittagsarbeiter. Da auf diese Weise jeder genug Zeit zum Einkaufen hätte, wäre auch die leidige Debatte um Ladenöffnungszeiten beigelegt. Im Prinzip könnten Läden am Wochenende geschlossen bleiben. Es wäre jedoch ratsam, eine der Nachmittagsschichten zugunsten einer Samstagsschicht ausfallen zu lassen, damit Leute, die in verschiedenen Schichten arbeiten, einmal in der Woche Gelegenheit zum gemeinsamen Einkauf hätten. Inhaber von Kleinstläden könnten sich auf Wunsch für Öffnung am Vormittag oder Nachmittag entscheiden.

Banken: Die Hauptarbeit könnte vormittags erledigt werden, nachmittags wäre nur ein begrenzter Schalterdienst für Privatkonten notwendig (in vielen Ländern haben Banken ohnehin nur halbtags geöffnet).

Universitäten: Wo Studienplätze zu teuer sind, um sie einen halben Tag ungenutzt stehen zu lassen, oder wo bei Studienplatzmangel eine Erweiterung der Kapazitäten gewünscht wird, könnten auch Universitäten Doppelschichten fahren. Der jeweilige Lehrstuhlinhaber bekäme dann einen »Zwilling«.

Post: Schalterdienste müßten in Doppelschichten arbeiten. Der reguläre Zustelldienst in einfachen Schichten, die übrigen je nach Funktion in Doppel-, Dreier- oder Viererschichten.

Doppelschichten wären außerdem notwendig in *Werkstätten, Restaurants, Bibliotheken, Kinos* usw.

Bei Dienstleistungen, die man normalerweise selten in Anspruch nimmt, wäre es ökonomischer, statt der Doppelschicht beim einfach belegten Arbeitsplatz zu bleiben und Berufstätigen etwa für den Gang zur Behörde wie bisher die notwendige Freizeit zur Verfügung zu stellen.

Dreierschichten wären notwendig in
Fabriken: bei teuren Maschinen, verderblicher Ware, in der Hochkonjunktur.
Personen- und Güternahverkehr, Hotel- und Gaststätten-betrieben usw.

Viererschichten wären notwendig in
Fabriken: Wenn es rentabler ist, eine Maschine vierund-zwanzig Stunden arbeiten zu lassen oder wenn ein Arbeits-prozeß nicht unterbrochen werden darf, wie etwa in der chemischen Industrie oder in der Eisen- und Stahlerzeu-gung.
Krankenhäusern, bei *Sicherheits-* und *Bereitschaftsdiensten* usw.
Da der Tag vierundzwanzig Stunden hat, müßten Vierer-schichten Sechs-Stunden-Schichten mit einer Stunde Erho-lungspause sein, die durch »Springer« überbrückt wird. Es wären jedoch auch Fünferschichten denkbar. Die unbelieb-teste Schicht könnte dann bei gleicher Bezahlung eine Stunde weniger dauern.

3. Arbeitsplätze mit unregelmäßiger Arbeitszeit:
WANDERJOBS, SAISONARBEITER

Tätigkeiten, die eine größere Entfernung vom Wohnort mit sich bringen, könnten dem Fünf-Stunden-Modell nicht an-gepaßt werden. Dazu gehört zum Beispiel die Arbeit von Flugzeug-, Schiffs- und Zugbesatzungen, die des Fernfah-rers, Vertreters usw. Ebensowenig läßt sich die Arbeitszeit von stark saisonbestimmten Berufszweigen, wie etwa die des Landarbeiters, in ein Fünf-Stunden-Schema zwängen. Hier läßt sich Arbeitszeitkürzung nur über den Umweg Ur-laubsverlängerung verwirklichen.

4. Arbeitsplätze mit selbstgewählter Arbeitszeit:
SELBSTÄNDIGE

Anwälte und Ärzte mit eigener Praxis, Landwirte mit eigenem Hof, Politiker, freischaffende Künstler usw. sind in der
Lage, ihre Arbeitszeit weitgehend selbst zu bestimmen.
Wenn sie finanzielle Einbußen in Kauf nähmen, könnten die
meisten von ihnen die Stunden ihrer Berufstätigkeit selbständig reduzieren. Schwierig ist dies lediglich beim praktischen Arzt, beim Bauern und beim Politiker, denn hier wird
der Arbeitsrhythmus weitgehend von unvorhersehbaren
Faktoren wie Unfällen, Krankheiten, Wetter, Ernte oder
Tagesereignissen bestimmt. Für sie gäbe es nur die Möglichkeit, entweder auf die eigene Freiheit zu verzichten und
sich gemeinsam mit anderen Freien in Abhängigkeit zu begeben (Gemeinschaftspraxen, Genossenschaften, eventuell
Berufswechsel) oder sie beizubehalten und mehr zu arbeiten
als die anderen. Da es sich um »freie« Menschen handelt,
könnte ihnen diese Entscheidung niemand abnehmen.
Nun wird man hier einwenden, daß viele der Freiberufli-
chen – etwa Schriftsteller, Dichter, Maler, Bildhauer, Kom-
ponisten – selbst bei einer Arbeitszeit von sechzehn Stunden
oft nicht das Existenzminimum verdienen und daß es zynisch sei, in diesem Zusammenhang von freiwilliger Ar-
beitszeitreduzierung zu sprechen. Dem wäre entgegenzu-
halten, daß die Tätigkeit aller dieser Leute im Grunde überhaupt keine Arbeit ist, sondern eine mehr oder weniger ei-
genwillige Art, sich zu amüsieren. In der jetzigen Situation
bleibt einem Künstler jedoch meist nur die Wahl, entweder
für seine Amüsements zu hungern oder auf sie zu verzichten,
das heißt, zu arbeiten und nicht mehr zu hungern. Dieses System ist unzumutbar, denn viele Menschen haben tatsächlich einen starken Drang, sich auf eine ganz bestimmte

Weise zu beschäftigen. Ein lebenslanger Verzicht führt bei ihnen zu schweren psychischen Störungen.

Beim Fünf-Stunden-Modell würde es weder arme noch frustrierte Künstler geben: Jeder Mensch könnte arbeiten und hätte dennoch genug Zeit, das zu tun, womit er sich am besten unterhält – zum Beispiel schreiben, malen, musizieren, schauspielern. Sobald seine Amüsements auch andere so sehr amüsieren, daß sie ihn dafür bezahlen, kann er die eigentliche Arbeit an den Nagel hängen und sich nur noch seinen Vergnügungen widmen. Man müßte Künstler weder subventionieren, noch müßte man sie bemitleiden. Und man hätte endlich das, was viele sich so sehr wünschen: einen »objektiven« Maßstab für Kunst. Denn »Kunst« wäre mehr als nur das Produkt der Phantasie eines Menschen immer dann, wenn sie einen anderen so stark interessiert, daß er dafür bezahlt. Je mehr Leute für ein Phantasieprodukt bezahlen oder je größer die Summen sind, die sie dafür anlegen, desto »wertvoller« wäre die Kunst und desto »größer« der Künstler. Da beim Fünf-Stunden-Modell nicht nur eine Elite, sondern alle Menschen Gelegenheit zum Konsum und zur Produktion von Kunst hätten, wäre die Konkurrenz enorm, das Publikum sachverständig und das künstlerische Angebot so vielfältig, wie man es sich nur wünschen kann.

Kindergefängnisse überflüssig

Einer der größten Vorteile des Fünf-Stunden-Rhythmus läge zweifellos darin, daß man mit den Vätern auch die Kinder aus der Haft entlassen könnte – vorausgesetzt natürlich, die Mütter wären damit einverstanden. In vielen westlichen und östlichen Staaten sind selbst schon die Kleinsten täglich acht bis neun Stunden in der Schule. Und in den wenigen Ländern, in denen Kinder noch einigermaßen frei herumlaufen, fordern Frauenrechtler immer energischer die Ganztagsschule und den Kinderhort, damit die Mütter sich »verwirklichen« können.

Sobald Erwachsene nicht länger als fünf Stunden in ihren Büros und Fabriken sein müßten, gäbe es jedoch keinen Grund mehr, Kinder länger als fünf Stunden in ihre Kindergärten und Schulen zu sperren. Aus folgender Überlegung heraus sollte dies am besten vormittags geschehen: Die meisten Menschen geben an, lieber vormittags als nachmittags zu arbeiten und morgens am liebsten gegen sieben Uhr aufzustehen. Es liegt nahe, bei einer Neuregelung der Arbeitszeit diese Bedürfnisse zu respektieren und möglichst vielen Leuten Gelegenheit zu geben, ihrem biologischen Rhythmus zu folgen. Es würde sich daher empfehlen, für die Mehrheit der Arbeitnehmer – d.h. für praktisch alle Büroangestellten sowie für 50 Prozent der in Doppelschichten, 33 Prozent der in Dreierschichten und 25 Prozent der in Viererschichten Beschäftigten – den Vormittag als Arbeitszeit zu wählen, und zwar etwa die Stunden zwischen 8 und 13 Uhr. Damit es in Ballungszentren nicht zum Verkehrschaos kommt, wären hier Zeitverschiebungen empfehlenswert. Daraus ergäbe sich als logische Folge der Vormittagsturnus für Schulen. Wenn die meisten Erwachsenen zwischen 8 und 13 Uhr arbeiten, ist es empfehlenswert, für den Aufenthalt in Kindergärten und Schulen den gleichen Zeitraum vorzusehen. Auf diese Weise wären Kinder entweder unter der Obhut ihrer Lehrer oder ihrer Eltern, das heißt, sie wären immer behütet, ohne deshalb allzulang eingesperrt zu sein. Auch Lehrkräfte hätten demnach eine Arbeitszeit von 8 bis 13 Uhr, was das Heer der vormittags Beschäftigten weiter vergrößern würde. Für Kindergärtner ergäben sich notwendigerweise Turnusverschiebungen: Manche müßten früher anfangen, andere später aufhören, denn Eltern sollten Gelegenheit haben, ihre Kleinkinder vor Beginn und nach Beendigung ihrer eigenen Arbeit in die Kindergärten zu bringen beziehungsweise dort abzuholen. Dies wäre leicht zu verwirklichen, denn falls Kindergärtner selbst Kleinkinder zu versorgen haben, sind diese ja während der Arbeitszeit bei ihnen.

Aus all dem ergibt sich, daß man Müttern und Vätern minderjähriger Kinder ein *Arbeitszeitwahlrecht* vor anderen Arbeitnehmern einräumen müßte, das heißt, man müßte ihnen die Möglichkeit geben, auf Wunsch dann zu arbeiten, wenn ihre Kinder in der Schule sind. Dies würde nicht nur bedeuten, daß Kinder immer beschützt wären – daß es keine »Schlüsselkinder« mehr gäbe –, sondern auch, daß Familien ihre Freizeit weitgehend gemeinsam verbringen könnten. Wo dies nicht erwünscht ist, weil z.B. Ehepartner sich lieber aus dem Weg gehen, oder wo es nicht möglich ist, weil etwa einer der Erwachsenen einen Beruf mit unregelmäßiger Arbeitszeit ausübt, wäre zumindest ein Elternteil zu Hause.

Arbeitszeitwahlrecht für Eltern würde demnach bedeuten, daß an mehrfach belegten Arbeitsplätzen – in Fabriken, Läden und Dienstleistungsbetrieben – vormittags hauptsächlich Arbeitnehmer mit jüngeren Kindern und nachmittags hauptsächlich Kinderlose oder Leute mit erwachsenen Kindern anzutreffen wären. Vormittags Beschäftigte wären also, sofern sie nicht in Büros oder an Arbeitsplätzen mit selbstgewählter oder unregelmäßiger Arbeitszeit tätig sind, häufig zwischen fünfundzwanzig und fünfundvierzig Jahre alt, nachmittags Beschäftigte häufig unter fünfundzwanzig oder über fünfundvierzig. Falls sich durch das Arbeitszeitwahlrecht bei der Belegung einzelner Schichten Schwierigkeiten ergäben, würde man unpopuläre Schichten, wie auch bisher schon, durch finanziellen Anreiz populär machen. Bei Spät- und Frühschichten wäre dies ohnehin unumgänglich.

Dieses Schichtensystem hätte zur Folge, daß Menschen gleicher sozialer Interessen sich nicht nur in der Freizeit, sondern auch in ihrem Beruf begegnen könnten. Arbeitnehmer mit Familie würden sich vormittags treffen, Alleinstehende und ältere Menschen hätten, soweit es sich nicht um Büroangestellte handelte, durch die Nachmittagsschicht Gelegenheit, die Bekanntschaft anderer Einsamer zu machen, ohne daß die Kontaktsuche für sie peinlich wäre. Daß aus den Vormittags- und Nachmittagsschichten ein Zweiklassensystem entstehen könnte, ist nicht zu befürchten. Wer vormittags zur Arbeit geht, könnte in den Augen seiner Nachbarn prinzipiell alles sein: Beinahe alle Berufe würden auch vormittags ausgeübt werden. Wer nachmittags arbeitet, könnte alles sein außer Büroangestellter oder Kindergärtner, denn alle anderen Betriebe würden auch am Nachmittag arbeiten. Weder das Prestige einer Bürokraft noch das eines Kindergärtners ist jedoch so enorm, daß es als Makel gelten könnte, mit Sicherheit nicht diesen beiden Berufsständen anzugehören.

Selbstverständlich dürfte es nach Einführung des Fünf-Stunden-Modells nur noch weiterführende Schulen geben, und selbstverständlich müßte der Besuch dieser Schulen immer unentgeltlich sein. Ohne ein Schulsystem, bei dem alle Kinder die gleichen Bildungschancen haben, kann es niemals auch nur ein Mindestmaß an sozialer Gerechtigkeit geben. Doch ebensowenig wie man einen wißbegierigen Schüler dazu zwingen darf, seine Schulbildung vorzeitig abzubrechen, wie dies heute geschieht, dürfte man dann einen weniger wißbegierigen dazu zwingen, sie zu beenden. Das heißt, es müßte innerhalb der einheitlichen Bildungschancen individuelle Schulabschlußgrenzen geben. Der Schüler müßte seine Schule auf Wunsch auch schon mit fünfzehn oder sechzehn Jahren verlassen können, um eine Spezialausbildung zu beginnen oder einen Beruf auszuüben.

Natürlich müßten mit dieser Schulreform auch die vielerorts noch immer üblichen Hausaufgaben entfallen. Wenn Erwachsene nur fünf Stunden arbeiten, dürfte man auch von Kindern keine Überstunden verlangen. Die prompte Erledigung von Hausaufgaben ist ohnehin eher ein Indiz für das Engagement der Eltern als für das der Schüler. Da auch der Bildungsgrad der Eltern sehr unterschiedlich ist, akzentuieren Hausaufgaben lediglich die sozialen Unterschiede unter den Schülern. Daß diese durch Hausaufgaben nichts dazulernen, ist experimentell hinlänglich nachgewiesen. Hausaufgaben fördern auch nicht die Selbstdisziplin. Ein Schüler macht Hausaufgaben, weil er sich vor seinen Lehrern oder seinen Eltern fürchtet; gerade Selbstdisziplin kann er wegen dieses Zwangs nicht lernen. Zur Übung selbständigen Arbeitens könnte ein Teil der Schulstunden verwendet werden. Nach Ende des Unterrichts müßte ein Schüler jedoch genauso frei sein wie seine Eltern.

Damit soll nichts gegen Lernzwang und Benotung gesagt sein. Da vermutlich mit einem Appell an den guten Willen nur bei wenigen Schülern etwas zu erreichen wäre und da nur wenige Lehrer geniale Pädagogen sind, wird Lernzwang ein Bestandteil jedes Schulunterrichts sein müssen. Der Sinn der Schule besteht ja nicht darin, eine wißbegierige Elite heranzuzüchten, sondern möglichst vielen Menschen in möglichst kurzer Zeit möglichst viel beizubringen. Dies ist weniger eine soziale Idee als eine Frage des Überlebens. Wie man weiß, steht sowohl der Lebensstandard als auch das demokratische Verhalten der Bewohner eines Landes in direkter Beziehung zu deren Bildungsstand. Die Bildung der

Massen liegt also aus ganz eigennützigen Gründen im Interesse jedes einzelnen. Hierzu ist es jedoch nicht notwendig, Kinder den ganzen Tag in Schulen zu stecken. Eine drastische Kürzung der Anzahl der Unterrichtsstunden muß keineswegs zu einem niedrigeren Bildungsniveau und zu einer Herabsetzung der beruflichen Leistung führen. Obwohl beispielsweise die Bundesrepublik Deutschland das westliche Industrieland mit den wenigsten Unterrichtsstunden ist, zählt sie zu den führenden Wirtschaftsmächten. Das Bildungsniveau westdeutscher Abiturienten genießt im Ausland einen beinahe legendären Ruf.

Der Fehler bei den herkömmlichen Schulsystemen – auch bei dem westdeutschen – liegt darin, daß man den Lernzwang auch auf die Freizeit ausdehnt und daß davon auch Fächer betroffen werden, für die man sich normalerweise freiwillig interessieren würde oder bei denen ein allgemeines Desinteresse keine wirtschaftlichen und sozialen Folgen hätte. Indem die Schule das Unlustgefühl, das man etwa mit einer Mathematikaufgabe oder einem Schulaufsatz verbindet, durch ein unerbittliches Benotungssystem auch auf Fächer wie Zeichnen, Handarbeiten, Sport oder Musik überträgt, verdirbt sie einem die Freude an diesen Dingen häufig für alle Zeit. Menschen, die nicht gern malen, werken, singen oder Sport treiben, gibt es eigentlich kaum, sie werden in den Schulen erst gezüchtet. In den Schulunterricht gehören daher prinzipiell nur solche Fächer, die man im späteren Leben braucht, jedoch ohne Zwang nur unvollkommen oder gar nicht lernen würde, das heißt Schreiben, Lesen, Rechnen, Fremdsprachen, Grundkenntnisse in Biologie, Erdkunde, Sozialkunde, Geschichte, Physik, Chemie, Politologie usw.

Was man sowieso können möchte oder sowieso nicht können muß, sollte nicht mehr vormittags zwangsweise, sondern nachmittags freiwillig erlernt werden. In Frage kämen dabei Fächer wie Sport, Werken, Handarbeiten, Kochen, Zeichnen, Fotografieren, Musik, Tanz, Schauspielerei usw. Der Unterricht in diesen Fächern würde ebenfalls im Schulgebäude stattfinden, es gäbe jedoch weder Noten noch Leistungszwang oder Anwesenheitspflicht. Es wäre wie in einem Klub, den man betreten und verlassen könnte, wie es einem paßt. Die wichtigste Funktion dieser *Schulklubs* wäre es jedoch, Kindern, die zu Hause nicht recht glücklich sind – etwa weil sie in zu beengten Wohnverhältnissen leben müssen, keine Geschwister haben oder sich von ihren Eltern schlecht behandelt fühlen –, während ihrer Freizeit eine Zuflucht zu bieten.

Da Schulklubs kaum Mehrkosten verursachen würden – die Räume sind bereits vorhanden und stünden anderenfalls leer, die Pädagogen sind größtenteils engagiert und müßten lediglich außerhalb des regulären Schulbetriebs unterrichten –, gäbe es auch keine unüberwindbaren finanziellen Schwierigkeiten. Selbstverständlich müßten Schulklubs, ebenso wie Kindergärten, auch und gerade während der Schulferien den Betrieb aufrechterhalten. Doch auch das wäre keine finanzielle Belastung, denn die Gehälter der Schulklubpädagogen müßten ja ohnehin weiterbezahlt werden. (Logischerweise hätten diese dann nicht die enorm langen Ferien anderer Lehrkräfte, doch da ihre Arbeitsweise angenehmer wäre, wären sie dafür indirekt entschädigt.) Während der Schulferien müßten Schulklubs allerdings vormittags statt nachmittags geöffnet sein, damit Kinder während der Arbeitszeit ihrer Eltern nicht allein sein müßten.

An *Universitäten* könnte man, wie bereits erwähnt, durch Doppelschichten und eine drastische Verkürzung der Semesterferien die Ausbildung von Wissenschaftlern erheblich verbilligen. Es gibt keinen Grund, weshalb Studenten, Dozenten und Professoren fünfmal so lange »Ferien« haben sollen wie Industriearbeiter. Diese Privilegien kommen aus einem nicht mehr zeitgemäßen Standesdenken und belasten auf ungebührliche Weise den Staatshaushalt. Durch eine Kürzung der Hochschulferien von durchschnittlich zwanzig auf vier Wochen könnte man die heutigen Studienzeiten trotz des Fünf-Stunden-Rhythmus ohne weiteres einhalten. Durch eine doppelte Nutzung der vorhandenen räumlichen Kapazitäten und der teuren Laborplätze könnte man die Zahl der Studenten ohne weiteres verdoppeln. Universitätsprofessoren und Dozenten, die wissenschaftlich arbeiten wollten, könnten bei ihren vorgesetzten Behörden nach wie vor um Sonderbeurlaubung oder Reduktion der Pflichtstundenzahl einkommen.

Man verdient die Hälfte und lebt trotzdem besser

Arbeit ist eine Leistung, für die man sich bezahlen läßt. Unbezahlte Leistungen erbringt man unter Zwang, aus Masochismus, aus Geltungsbedürfnis, aus Dummheit, aus persönlicher Zuneigung oder aus Vergnügungssucht. In der Regel wird jeder Mensch, der etwas macht, was andere brauchen können, auch dafür honoriert, und in der Regel gibt es niemand, der etwas Brauchbares umsonst machen würde. Auch Hausfrauen beziehen Gehälter, nur werden sie eher unbürokratisch von ihren Ehemännern ausgehändigt. Welchen Manipulationen sie ihre Überbezahlung verdanken, wurde bereits an anderer Stelle beschrieben.
Die Tatsache, daß man Geld braucht und daß man normalerweise nur für Geld arbeitet, ermöglicht der Gesellschaft über Löhne und Gehälter eine weitgehende Kontrolle der Lebensbedingungen des Individuums – sie beeinflußt damit

seine Sicherheit, seinen Komfort und seine Freiheit. Doch da die Gesellschaft ja aus lauter Individuen besteht, ist dies in demokratisch regierten Ländern ungefährlich. Wenn die Mehrheit von einer bestimmten Maßnahme unangenehm betroffen wäre, wird sie diese von vornherein nicht akzeptieren. Die Allgemeinheit kann daher durch allgemeine Maßnahmen – durch Gesetze – die soziale Situation der Individuen verbessern, verschlechtern kann sie sie nicht.

Eine der Möglichkeiten für soziale Verbesserungen bietet die Unterschiedlichkeit von Löhnen und Gehältern. Denn im allgemeinen wird man Quantität und Qualität seiner Arbeitsleistung nur dann steigern, wenn eine Lohnerhöhung winkt, und sich nur dann der Mühe eines längeren Studiums unterziehen, wenn man dadurch von Anfang an in eine bessere Gehaltsstufe kommt. Lobreden und sonstige Auszeichnungen sind als Anreiz für dauerhafte Leistungssteigerungen ohne Wirkung. Da Leute, die sich umsonst anstrengen, von den meisten anderen für dumm gehalten werden, können immaterielle Belohnungen dem Ansehen eines Arbeitnehmers im Grunde nur schaden. Zu wirtschaftlichem Fortschritt kommt es in einem Land nur dann, wenn jeder einzelne sich bei seiner Arbeit maximal engagiert. Ein solches persönliches Engagement erreicht man aber nur durch persönliche Vergünstigungen.

Man müßte also, selbst wenn alle Arbeiten gleich wären, im Interesse aller gleiche Arbeit ungleich bezahlen. Doch Arbeiten sind nicht gleich, und sie erfordern außerdem unterschiedlich viel Wissen. Die Allgemeinheit hat demnach ein doppeltes Interesse an ungleicher Bezahlung. Nur wenn man schwierige, gefährliche, strapaziöse, langweilige oder abstoßende Arbeiten besser honoriert als andere, steht immer eine ausreichende Zahl von Dienstleistungen zur Verfügung, und nur wenn man Herstellern und Vertretern von

Markenartikeln als Belohnung für ihre Bemühungen mehr zugesteht als eine platonische Freude an der Umsatzsteigerung, ist das Angebot von Gebrauchs- und Luxusgütern stets etwas größer als die Nachfrage.

Außerdem kann man nur durch »ungerechte« Bezahlung Bürgern ein gewisses Maß an Freiheit garantieren. Da angenehme Arbeiten selten sind und sich bei Einheitslöhnen natürlich alle auf die angenehmen stürzen würden, müßte in diesem Fall die Mehrheit von einer Minderheit dazu gezwungen werden, die ebenfalls notwendigen unangenehmen Pflichten zu übernehmen. Abgesehen vom Verlust an dynamischer Wirtschaftspotenz, den dies zur Folge hätte, würde es de facto die Abschaffung der Meinungsfreiheit bedeuten. Denn wenn man die Mehrheit zwingt, etwas zu machen, was sie nicht will, dann muß man früher oder später auch verhindern, daß sie dagegen agitieren kann.

Mit anderen Worten: Ungleiche Bezahlung ist ungerecht, denn Menschen sind verschieden begabt und haben für ihr Leben unterschiedlich günstige Ausgangspositionen, doch gleiche Bezahlung wäre es noch mehr. Denn da bei ungleicher Bezahlung die Wirtschaft besser funktioniert, kann man auf dieser Grundlage nach und nach jedem wenigstens zu etwas mehr Zeit, Freiheit und Wohlstand verhelfen. Bei gleicher Bezahlung hätte man weder ein Recht auf die eigene Zeit noch auf die eigene Meinung – und Geld hätte man zwar genausoviel wie alle anderen, aber eben doch weniger als so. Wenn sozial ist, was den weniger privilegierten Bevölkerungsschichten nützt, dann ist es sozial, Arbeitnehmer unterschiedlich zu bezahlen.

Doch kehren wir zurück zur Arbeitszeitkürzung. Eine solche Reform müßte natürlich durch ein entsprechendes Gesetz abgesichert werden. Nur Leistungen, die innerhalb der fünfstündigen Arbeitszeit erbracht werden, dürften von Arbeitgebern honoriert werden. Da man ohne Lohn nicht arbeitet, würde man sich an diese Regelung halten und wäre für den Rest des Tages frei.

Neue Gesetze werden jedoch, wie gesagt, in Demokratien nur dann akzeptiert, wenn sie der Mehrheit der Bevölkerung einen Vorteil garantieren. Eine Kürzung der Arbeitszeit brächte aber nicht nur den Vorteil, daß die Freizeit für jeden fast doppelt so lang ist, sondern sie hätte auch den Nachteil, daß die Gehälter fast auf die Hälfte gekürzt werden. Wenn also zum Beispiel jemand in acht Stunden achtzig Dollar verdient, könnte er nach einer Arbeitszeitkürzung auf fünf Stunden nur noch fünfzig Dollar verdienen, andernfalls wäre die Sache wirtschaftlich nicht tragbar. Und hier liegt die größte Schwierigkeit der Reform: Ohne entsprechende Vorbereitung wären Arbeitnehmer mit einer Kürzung ihres Einkommens nicht einverstanden. Sie würden die hier vorgeschlagene Herabsetzung der Arbeitszeit mit *Kurzarbeit* verwechseln – einer in Krisenzeiten von einzelnen Unternehmen praktizierten Maßnahme zur Lohneinsparung – und das Projekt zurückweisen.

Der erste Schritt zu einer gesetzlichen Neuregelung wäre daher eine Aufklärungskampagne auf breitester Ebene. Berufstätige müßten begreifen, daß sie durch die Reform zwar mehr Zeit, aber trotz der notwendigen Gehaltskürzung nicht weniger Geld hätten. Denn in der jetzigen Situation darf man seinen Lohn ja nicht behalten. Im allgemeinen finanziert man damit nicht nur sein eigenes Leben, sondern auch das der sogenannten »abhängigen« Personen. Nach der Reform wäre jeder in der Lage, sich finanziell selbst zu versorgen. Keiner müßte sein Geld länger mit Hausfrauen, Kindern und anderen Bedürftigen teilen, denn solche Bedürftigen gäbe es nicht mehr. Erst wenn dies allen klar wäre, könnte man sich an die Formulierung eines Gesetzes wagen.

Das moralische Prinzip der hier vorgeschlagenen Lohnreform wäre folgendes: Menschliche Gemeinschaften werden zum Schutz gegen eine feindliche Umwelt errichtet und funktionieren auf der Grundlage von Arbeitsteilung. Wer freiwillig in der Gesellschaft anderer lebt, hat daher nicht nur einen Anspruch auf Schutz durch sie, sondern auch die Pflicht, sie seinerseits zu beschützen – er ist vom gesellschaftlichen Standpunkt nicht nur Rechtsträger, sondern auch Arbeitskraft. Wer nur von seinen Rechten Gebrauch macht, den Pflichten jedoch auszuweichen sucht, lebt auf Kosten anderer und ist für eine Gemeinschaft ein Parasit. Wie bereits gesagt, wird dieses Parasitentum in westlichen Gesellschaften am erfolgreichsten von Frauen und am spektakulärsten von Kriminellen praktiziert. Beide drücken sich vor ihren Verpflichtungen und bürden sie dadurch indirekt anderen auf. Durch die Reform könnte man weibliches Parasitentum weitgehend unmöglich machen. Und da Arbeit, sobald Frauen soviel arbeiten würden wie Männer, viel von ihrem Schrecken verlieren würde – weil das Pensum und die Verantwortung des einzelnen ja erheblich geringer wären –, gäbe es als Folge weiblicher Gleichverpflichtung auch weniger Kriminalität. Denn in der heutigen Situation bleibt für einen Mann, der auf Frauen nicht verzichten will, Verbrechen oft die einzige Möglichkeit, dem deprimierenden Schicksal seines Geschlechts zu entgehen (und nur deshalb sind Straffällige in westlichen Industrieländern auch zu 80 Prozent männlich). Nach Humanisierung der Arbeitszeit und nach Aufhebung der Preisbindung für die Benutzung der weiblichen Vagina wäre manchem das Risiko einer kriminellen Handlung zu groß. Im Augenblick ist es ziemlich gleichgültig, ob ein Mann eine Familie gründet oder ob er sich ohne diesen Umweg hinter seine Mauern begibt. Nach der Reform aber wäre draußen ein Stück Freiheit, und die Gesellschaft von Frauen wäre einerseits preiswerter und andererseits interessanter als jetzt.

Lernen wird honorarpflichtig

Die Reform müßte also davon ausgehen, daß wir alle gleichberechtigt und gleichverpflichtet sind, doch sie müßte auch berücksichtigen, daß wir nicht alle gleich sind: Der eine braucht Hilfe, der andere kann sich selber helfen, der eine kann seinen Verpflichtungen nachkommen, der andere tut sich damit schwer. Vom gesellschaftlichen Standpunkt sind wir wohl alle Arbeitskräfte, doch vom biologischen sind wir es nicht, denn wir können aufgrund unserer körperlichen Verfassung vorübergehend oder ständig arbeitsunfähig sein. Wer zu jung, zu alt oder zu krank ist, wer sich auf einen Beruf vorbereitet, wer ein Kind zur Welt bringt oder einen Säugling zu versorgen hat, der kann nicht arbeiten. Er ist eine *potentielle Arbeitskraft*: Da er seiner Gemeinschaft mit seiner Leistung zu einem späteren Zeitpunkt nützen wird oder ihr früher einmal genützt hat, ist er, genau wie die aktiven Arbeitskräfte, zum Empfang eines regelmäßigen Einkommens berechtigt. Alte Menschen, Kranke, Frauen, vor und nach der Entbindung, beziehen in fortschrittlichen Ländern bereits Gehälter. Damit die hier vorgeschlagene Reform wirklich praktikabel wird, müßte jedoch außerdem das Gehalt für Menschen in Berufsausbildung und das Gehalt für Säuglingspfleger eingeführt werden.

Das *Schülergehalt* wäre all denen zuzugestehen, die sich auf einen Beruf vorbereiten. Dazu gehören auch Kinder, denn daß sie sich von Geburt an in einem ständigen Lernprozeß auf ihre späteren Aufgaben in der Gesellschaft einstellen, nützt schließlich nicht nur ihnen selbst, sondern auch den anderen. Aus diesem Grund zwingen wir sie ja auch zur Ausbildung: Es herrscht Schulpflicht. Es wäre daher nur gerecht, sie für ihre Bemühungen zu honorieren. Wie sehr wir von einer solchen Maßnahme alle profitieren würden, wird in einem anderen Teil dieses Buches beschrieben werden.

Im Gegensatz zu anderen Gehältern müßte das Schülergehalt ein Einheitsgehalt sein. Nicht der Leistungsgedanke wäre hier ausschlaggebend, sondern das Prinzip der Chancengleichheit, das Begabungsreserven mobilisieren und dadurch spätere Maximalleistungen erst ermöglichen würde. Das Gehalt wäre daher für alle Schüler eines bestimmten Alters gleich. Es würde mit der Geburt fällig werden und so lange gezahlt werden, bis man einen Beruf ergreift. Für diese Zeit müßten dadurch alle Mindestbedürfnisse (Nahrung, Kleidung, Wohnraum) gedeckt werden können, Schulbesuch und Studium wären, wie bereits erwähnt, ohnehin kostenlos. Das Schülergehalt würde sich an den allgemeinen Lebenshaltungskosten orientieren. Auszuzahlen wäre es bis zu einer bestimmten Altersgrenze an die Eltern, von deren Einkommen es jedoch unabhängig wäre (die Gerechtigkeit wäre dabei durch die Steuergesetzgebung garantiert), und später an den Schüler selbst.

Daß wegen des Schülergehalts zu viele Menschen zu lange studieren würden, ist nicht zu befürchten. Da der Betrag lediglich die Mindestbedürfnisse decken würde, wäre jemand, der mit fünfzehn oder sechzehn eine Lehre begonnen hat, mit zwanzig auf jeden Fall finanziell besser gestellt als ein Student. Heutzutage studieren viele nicht aus Wissensdurst, sondern weil sie ein Universitätsstudium für ein Sta-

tussymbol halten oder weil sie sich die Mühen einer regulären Arbeitnehmerexistenz wenigstens für ein paar Jahre ersparen wollen. Wenn wirklich jeder in der Lage wäre zu
studieren, wenn die Arbeitszeit nur noch fünf Stunden be-
tragen würde und wenn Studenten nicht mehr viermal so
lang Ferien hätten wie andere Menschen ihres Alters, hätten
wir eine völlig neue Situation.

Natürlich müßten sich auch Erwachsene, die mit ihrem Beruf unzufrieden sind, vorübergehend auf das Schüler- beziehungsweise Studentengehalt zurückversetzen lassen
können und Gelegenheit erhalten, einen Beruf zu erlernen,
der ihnen mehr zusagt. Es liegt im allgemeinen Interesse,
daß sich jeder an seinem Arbeitsplatz einigermaßen wohl
fühlt, denn davon hängt zum großen Teil seine Leistung ab.
Ebenfalls im allgemeinen Interesse liegt es, daß ein Arbeitskräftemangel in einer bestimmten Sparte möglichst rasch
ausgeglichen wird, denn nur so steht uns immer eine ausreichende Zahl von Konsumgütern und Dienstleistungen zur
Verfügung. Falls sich für einen bestimmten Mangelberuf zu
wenig Anwärter anböten, würde man das betreffende Studium durch finanzielle Anreize attraktiver machen und so
indirekt die Umschulung fördern.

Jedem Kind sein Kindermädchen

Das *Säuglingspflegergehalt* ist gedacht für jene, die ein Kind
unter einem Jahr betreuen. Nach Auffassung von Fachleuten ist das Maß an Zuwendung, das einem Menschen während seines ersten Lebensjahres zuteil wird, ausschlaggebend für seine ganze spätere Entwicklung. Da es also im allgemeinen Interesse liegt, Kleinstkinder optimal zu betreuen
– denn abgesehen von der ethischen Perspektive sind geistig

zurückgebliebene Menschen ja auch eine allgemeine finanzielle Belastung –, ist es empfehlenswert, jedem Kind unter einem Jahr eine eigene Pflegeperson zur Verfügung zu stellen. Der Weg dazu wäre die vom Staat finanzierte Lohnfortzahlung für Betreuer von Kleinstkindern für die Dauer eines ganzen Jahres.

Dabei wäre es nebensächlich, in welchem Verhältnis der Betreuer zu dem Kind steht. Es könnte die Mutter sein, der Vater, ein Verwandter oder auch ein (von den Eltern gewählter) Fremder. Denn falls weder Mutter noch Vater Lust zeigte, bei dem Neugeborenen zu bleiben, wäre es im Interesse des Kindes wenig sinnvoll, sie dazu zu verpflichten: Wer die Pflege seines Kindes als Belästigung empfindet, ist für diese Aufgabe mit Sicherheit nicht geeignet.

Selbstverständlich hätten kranke Kinder auch nach dem ersten Lebensjahr ein Recht auf einen eigenen Pfleger. Die Betreuung durch Mutter oder Vater würde nicht nur die Genesungschancen erhöhen, sie wäre auch billiger als ein Krankenhaus- oder Heimaufenthalt. Um einem Mißbrauch vorzubeugen, müßte die Erkrankung allerdings von einem Vertrauensarzt bestätigt werden. Auch dürften die finanziellen Lasten nicht dem Arbeitgeber, sondern müßten dem Staat aufgebürdet werden.

Normal entwickelten, gesunden Kindern aber könnte man nach Vollendung des ersten Lebensjahres ohne weiteres einen fünfstündigen Kindergartenaufenthalt zumuten. Der regelmäßige Kontakt mit Gleichaltrigen wäre von da an sogar unbedingt notwendig.

Das Pflegergehalt entspräche jeweils dem letzten Monatsgehalt des Betreuers. Denn falls es niedriger wäre – oder wie beim Schülergehalt ein Fixum –, würde in einer Familie immer derjenige zu Hause bleiben, bei dem die Kürzung den geringsten finanziellen Verlust brächte. Da die Frauen sich zunächst nach allgemeinen Wettbewerbsbedingungen in die Berufswelt einfügen müßten, hätten sie während einer gewissen Übergangszeit im Durchschnitt meist kleinere Gehälter als ihre Partner, die aufgrund ihrer langjährigen Berufstätigkeit - und nicht zuletzt aufgrund der Kriterien, nach denen sie von ihren Frauen zur Heirat ausgewählt wurden – natürlich in höheren Gehaltsstufen wären. Dies würde bedeuten, daß nach wie vor Frauen das Privileg hätten, bei ihren Kindern zu bleiben, und daß zumindest für das erste Lebensjahr das weibliche Erziehungsmonopol weiterhin intakt bliebe. Und es würde auch bedeuten, daß Frauen in ihrer beruflichen Laufbahn um so viele Jahre zurückgeworfen wären, wie sie Kinder bekämen, und daß das Gejammer von der Diskriminierung niemals aufhören würde. Daß in der Praxis – aus ganz anderen Gründen, auf die wir später noch eingehen werden – wahrscheinlich trotzdem meist die Mütter und nicht die Väter bei ihren Kindern blieben, braucht uns bei der Formulierung einer allgemeinen Regelung nicht zu interessieren. Es handelt sich hier darum, Männern und Frauen – unter Berücksichtigung der jeweiligen biologischen Gegebenheiten – endlich gleiche Möglichkeiten einzuräumen. Was sie dann auf dieser neuen Grundlage miteinander machen – wer von ihnen kochen, chauffieren, Windeln wechseln oder Rasen mähen würde –, wäre im juristischen Sinn eine private Vereinbarung, die die Öffentlichkeit nichts angeht.

Natürlich gäbe es in Familien, in denen keiner der beiden Elternteile nach der Geburt eines Kindes mit der Berufstätigkeit aussetzen möchte und auch kein Fremder als Betreuer engagiert werden soll, noch die Möglichkeit einer Turnusverschiebung. So könnte immer ein Elternteil bei dem Säugling sein, Vater und Mutter müßten nur in verschiedenen Schichten arbeiten.

Mitleid wird billiger

Wie dem auch sei, die Sozialausgaben würden steigen. Denn zusätzlich zu Alters-, Kranken- und Schwangerenrenten wäre der Staatshaushalt nun auch noch mit Schüler- und Säuglingspflegerrenten belastet. Doch auch das wäre kein unlösbares Problem, denn diese Gelder könnten zum einen durch Einsparungen aufgebracht werden, die sich aus der Reform selbst ergäben, und zum andern durch eine allgemeine Erhöhung der Sozialabgaben.
Zu Einsparungen käme es auf folgenden Gebieten:

1. In der Frauenfürsorge

Die Ausbildung des weiblichen Teils der Bevölkerung ist in der jetzigen Situation vom wirtschaftlichen Standpunkt für jeden Staat eine gigantische Fehlinvestition. Denn einerseits sind Männer und Frauen zwar gleich und haben auch den gleichen moralischen Anspruch auf eine optimale Berufsausbildung, doch andererseits sind sie auch verschieden: Da Frauen Kinder bekommen, kann man nicht von ihnen verlangen, daß sie eine auf Kosten der Allgemeinheit genossene Berufsausbildung später so anwenden, daß sie für diese Allgemeinheit rentabel wäre. Eine Rückzahlung der vergeblich investierten Ausbildungsgelder liegt außerhalb des Möglichen. Die Belastung träfe ja einen Mann, der ohnehin bereits seine nichterwerbstätige Partnerin und Kinder zu versorgen hat. Wenn man bedenkt, wie viele Frauen in westlichen Industrieländern eine Berufsausbildung erhalten und wie wenige von ihnen diese später voll auswerten, kann man sich ungefähr vorstellen, welche Summen der Allgemeinheit jedes Jahr durch die Chancengleichheit entgehen. Selbstverständlich soll hier nicht die moralische Berechtigung dieser

Chancengleichheit zur Debatte stehen, und die politische schon gleich gar nicht. Eine Regierung, die Frauen nicht subventioniert, könnte nicht überleben. Zur Debatte steht lediglich, wie man den Riesenetat für Frauenfürsorge – wenn man jemand etwas gibt, von dem man eigentlich nichts erwarten darf, handelt es sich immer um Fürsorge – endlich in eine sinnvolle Investition umwandeln könnte. Nach der hier vorgeschlagenen Reform wäre die Berufsausbildung der Frauen genauso rentabel wie die der Männer, weil die Frauen genauso arbeiten würden wie die Männer. Frauen würden weder in Stundenjobs dahinvegetieren noch hätten sie Gelegenheit, in oft jahrzehntelangen Ruhepausen ihre kostspielig erworbenen Kenntnisse wieder zu vergessen. Vor allem in akademischen Berufen, in denen Chancengleichheit besonders viel kostet – jeder dritte Student in westlichen Industrieländern ist weiblich, ein Studienplatz an öffentlichen Universitäten verschlingt in Frankreich und Westdeutschland die Steuergelder von fünf Familien –, würde sich dies bezahlt machen. Eine weitere indirekte Einnahmequelle ergäbe sich aus der Einsparung der Umschulungsgehälter für geschiedene Frauen – eine immer populärer werdende Form staatlicher Alimentenzahlung bis zur nächsten Eheschließung – und der Einsparung der Witwenrenten. Nach der Reform wäre Witwe wieder die Bezeichnung für einen Menschen, der trauert, und nicht für eine bestimmte Art von Gehaltsempfängern.

2. In der Altenfürsorge

Bei einer täglichen Arbeitszeit von fünf Stunden wäre Arbeit meist keine so große Strapaze, die heutigen Pensionsgrenzen wären damit überholt. Selbstverständlich wäre es deshalb nicht opportun, sie abzuschaffen, denn es soll ja alles besser werden und nicht schlechter. Das Recht auf Pensionierung bliebe bestehen, nicht aber die Verpflichtung, sich in einem Alter zur Ruhe zu setzen, in dem sich die meisten Menschen normalerweise noch jung und leistungsfähig fühlen. Pensionierung wäre als eine Art Krankmeldung zu verstehen, wobei der Patient ab sechzig oder fünfundsechzig seine Erkrankung nicht mehr nachweisen müßte. Daß er zu seiner Arbeit keine Lust mehr hat, würde als Rechtfertigung genügen. Falls er es wünschte, könnte er jedoch bis an sein Lebensende berufstätig bleiben. Daß ihm dies schmackhaft gemacht würde, wäre eine wichtige Aufgabe der Allgemeinheit. Denn erstens ist die lange Berufserfahrung reifer Menschen ein Kapital, auf das man nicht verzichten sollte, und zweitens würde man, indem man Bürger solange wie möglich als Arbeitskräfte erhält, immense Geldbeträge sparen: zum einen direkt bei den Altersrenten und zum andern indirekt bei der Altenfürsorge. Denn in Maßen aktive Menschen bleiben nachweislich länger gesund.

Diese neue Situation würde indirekt auch das Budget des Arbeitnehmers vergrößern: Er würde von seinem Verdienst weniger für private Versicherungen zurücklegen müssen als bisher. Heutzutage sind einerseits die staatlichen Altersrenten zu niedrig, um ein wirklich komfortables Alter zu garantieren, andererseits sind die Arbeitszeiten zu inhuman, als daß man sich wünschen könnte, nach Erreichung der Pensionsgrenze weiterzuarbeiten. Der Arbeitnehmer sichert sich daher durch zusätzliche private Altersrenten ab. Da seine Familie nach seinem Tod versorgt wäre, würde er natürlich auch seltener private Lebensversicherungen abschließen. Je nach Stand der Sozialleistungen seines Staates bezahlt ein männlicher Arbeitnehmer in westlichen Industrieländern heute im Monat durchschnittlich 50 bis 100 Dollar für private Versicherungen aller Art. Zumindest ein

Teil dieser Summe stünde ihm nach der Reform zusätzlich zur Verfügung.

3. In der Krankenfürsorge

Bei einer Arbeitszeit von fünf Stunden würden Arbeitnehmer seltener krank werden – der mit ihrer Tätigkeit verbundene Streß wäre viel geringer – und sich auch seltener krank stellen. Im Augenblick ist eine vorgetäuschte Erkrankung für einen Berufstätigen die einzige Möglichkeit, sich außer der Reihe ein paar Stunden Freiheit zu verschaffen. Nach der Reform wäre dieses Motiv hinfällig. Der Posten für Krankenfürsorge wäre damit erheblich kleiner als bisher.

4. In der Kinderfürsorge

Nach der Reform bräuchte man zwar mehr Kindergärten, denn Kinder würden ja bereits nach Vollendung des ersten Lebensjahres den Kindergarten besuchen, doch diese müßten nur noch auf einen Fünf-Stunden-Betrieb eingestellt sein und wären daher entsprechend billiger. Die kostspieligen Ganztagsschul- und Ganztagskinderhortprojekte, die in einigen Ländern nur diskutiert, in anderen bereits verwirklicht werden, wären damit hinfällig. Der Bedarf an staatlichen Kinderheimen würde enorm zurückgehen, denn alleinstehende Mütter und Väter müßten ihre Kinder weder aus finanzieller Not noch aus Zeitmangel in Heime geben. Dort wären in der Regel nur noch Vollwaisen und milieugefährdete Kinder. Da von ihren Eltern ausreichend behütete Kinder nachweislich seltener kriminell werden als andere, würde auch die Jugendkriminalität zurückgehen – hieraus ergäben sich dann wiederum Einsparungen im Strafvollzug und in der Resozialisierung. Steuervergünstigungen für verheiratete Paare würden mit der Reform ebenfalls überflüssig. Die staatliche Subventionierung der Ehe wäre zum Schutz der Kinder nicht mehr notwendig, denn durch das Schülergehalt wären Kinder und Schüler in materieller Hinsicht immer hinreichend gesichert. Liebe wäre endlich das einzige Motiv für Eheschließung und Mangel an Liebe das einzige für Scheidung. Dies wäre auch die beste Garantie für das emotionale Wohlbefinden der Kinder.

Höhere Sozialabgaben zunächst unvermeidlich

Da alle diese Einsparungen jedoch nicht zu einer Deckung der hohen Sozialleistungen (zumindest während der ersten Jahrzehnte nach der Umstellung) ausreichen würden, müßte man das Defizit durch Steuererhöhungen ausgleichen. Das heißt, man müßte Gehälter nicht nur proportional zur Arbeitszeitkürzung reduzieren, sondern sie darüber hinaus auch noch mit höheren Sozialabgaben belasten. Wenn also jemand vor der Reform bei acht Stunden Arbeitszeit achtzig Dollar verdient hat, würde er danach bei fünf Stunden Arbeitszeit nicht fünfzig, sondern fünfundvierzig oder gar nur vierzig Dollar beziehen. Selbstverständlich könnte man nicht alle Gehälter so drastisch kürzen. Denn auch wenn man damit nur noch sich selbst ernähren müßte, lägen viele Arbeitnehmer so bereits unterhalb des Existenzminimums. Es müßten also *Mindestlöhne* festgesetzt werden, deren Höhe etwa dem Vollstipendium eines Studenten entspräche.
Die Progression der Gehälter bliebe nach wie vor dem freien Spiel der Kräfte überlassen. Denn es läge im allgemeinen Interesse, Gehälter nach unten hin festzusetzen – Armut führt zu sozialen Unruhen und schadet daher allen –, doch nach

oben hin dürften sie, ebenfalls im allgemeinen Interesse, niemals begrenzt werden. Die Maximalleistung der Cleveren ist lebenswichtig für das Wohlergehen der weniger Raffinierten: Wer den Elan der Spitzenverdiener bremst, handelt unsozial, so sehr er moralisch auch im Recht sein mag. Der Unterschied zur heutigen Situation läge also vor allem darin, daß nach der Reform jeder nur noch etwas mehr als die Hälfte seines heutigen Nettogehalts mit nach Hause brächte. Ein Ingenieur zum Beispiel, der jetzt mit einem Jahresgehalt von zwanzigtausend Dollar in eine Firma eintritt und dieses Gehalt nach zehn Jahren auf vierzigtausend Dollar steigert, würde dann mit zehntausend anfangen und nach zehn Jahren auf zwanzigtausend kommen. Doch das wäre für ihn nicht schmerzlich, denn falls er inzwischen geheiratet hätte – und laut Statistik wäre dies beinahe immer der Fall –, würde ja auch seine Frau verdienen, und seine Kinder wären ohnehin durch ihr eigenes Einkommen gesichert. Der Lebensstandard der Familie wäre also – vorausgesetzt, die Ehefrau läge mit ihrem Gehalt etwa in der gleichen Gruppe – sogar etwas höher. Im Gegensatz zu heute könnte dieser Ingenieur jedoch nicht mehr bis an die Grenze seiner physischen und psychischen Belastbarkeit von seiner Firma ausgebeutet werden, während seine Frau jammernd oder gelangweilt in ihrem Vorortbungalow säße. Und im Gegensatz zu heute gäbe es nach der Reform weder zwischen Mann und Frau noch zwischen Kindern und Eltern materielle Abhängigkeitsverhältnisse. Eine Trennung würde für keines der Familienmitglieder den finanziellen Ruin bedeuten: Nach einer Wiederverheiratung wäre der Mann weder mit Alimenten für die Erstfamilie belastet, noch müßte ihn seine Frau mit Zahlungsforderungen verfolgen. Die Kinder könnten bei dem Elternteil bleiben, bei dem sie sich am wohlsten fühlten – Zeit für sie hätten beide.

Ähnlich günstig sähe es auf der untersten Stufe der sozialen Leiter aus. Denn die finanzielle Situation eines Hilfsarbeiters wäre zwar nicht so glänzend wie die eines Ingenieurs, doch auch er würde ein Leben führen, von dem er jetzt nicht einmal träumen kann. Er hätte dann doppelt soviel Zeit, und sein Beruf wäre keine Folge von Diskriminierung, sondern seine eigene Entscheidung – und es gibt eine Menge respektabler Gründe, aus denen man sich für einen Fünf-Stunden-Job ohne Verantwortung entscheiden kann. Und angenommen, er bezöge nur das gesetzlich garantierte Mindestgehalt und würde so bescheiden wie heute ein staatlich subventionierter Student in einem möblierten Zimmer leben, so könnte er doch noch immer eine Familie gründen. Denn seine Frau hätte im schlimmsten Fall ja auch ein Mindestgehalt zur Verfügung – man könnte sich also anstatt zweier möblierter Zimmer gemeinsam ein Einzimmerappartement leisten. Mit der Geburt des ersten Kindes, das vom ersten Tag an gehaltsberechtigt wäre, würde sich das Familienbudget wiederum vergrößern. Man könnte sich bereits eine bescheidene Zweizimmerwohnung leisten, und für den Mindestbedarf an Essen und Kleidung wäre ebenfalls gesorgt.

Trotzdem könnte dieses Familienleben weder für den Hilfsarbeiter noch für seine Frau jemals zu einer Zwangsjacke werden. Bei einer Trennung ließe sich das Verhältnis ohne weiteres entwirren. Was heute für einen Armen, der sich bei der Wahl seines Lebenspartners geirrt hat, in den Bereich der Utopie gehört – eine neue Liebe und die Gründung einer Zweitfamilie –, wäre dann auch für ihn realisierbar. Und für seine Kinder, die jetzt nach einer solchen Tragödie meist in Heimen oder bei den Großeltern landen, hätte die Trennung der Eltern nur noch emotionale Bedeutung.

Jeder für sich und alle für jeden, hieße der gemeinsame

Nenner der wirtschaftlichen Seite der Reform. Man dürfte so egoistisch sein, wie man wollte, und könnte doch niemand schaden. Es müssen in einem Staat ohnehin alle Bürger versorgt werden: Weshalb – da es doch offenbar möglich ist – es dann nicht gleich so einrichten, daß daraus keine persönlichen Abhängigkeitsverhältnisse entstehen können? Es ist schwer genug, glückliche Beziehungen zu anderen Menschen über längere Zeit aufrechtzuerhalten. Wenn dazu noch materielle Interessen kommen, wie das heute in beinahe jedem Verhältnis zwischen Mann und Frau oder Eltern und Kind der Fall ist, wird es unmöglich. Zumindest diese eine Schwierigkeit wäre durch die neue Lohnpolitik ein für allemal aus der Welt geschafft.

Das Modell in wirtschaftlichen Ausnahmesituationen

Der Einfachheit halber wurde bisher bei allen Überlegungen der Zustand der Vollbeschäftigung vorausgesetzt. Dieses Ideal wird jedoch in der Praxis nicht oft erreicht. Die Wirtschaft eines Landes ist niemals ganz im Gleichgewicht. Es gibt Rezession und Hochkonjunktur, und die Folgen davon sind Arbeitslosigkeit oder Überbeschäftigung. Damit das Fünf-Stunden-Modell sich auch in solchen Situationen bewähren kann, müßte es durch zweierlei Maßnahmen gestützt werden:

a) Abschaffung des Rechts auf gleichwertige Arbeit zugunsten des Rechts auf Umschulung.
b) Verbot von Überstunden.

Auf dem kapitalistischen Arbeitsmarkt bestimmt die Nachfrage das Angebot: Der einzelne offeriert eine Leistung, und die anderen entscheiden, ob sie damit etwas anfangen können. Falls sie sie nicht brauchen, stellt er sich um und bietet ihnen etwas anderes an. Ausschlaggebend ist immer der Bedarf: Was den anderen nichts nützt, müssen sie auch nicht bezahlen.

In diesen unerbittlichen, aber zuverlässigen Mechanismus hat sich nun in einigen westlichen Industrieländern ein unberechenbarer Faktor eingeschlichen: das Recht auf »zumutbare« oder »gleichwertige« Arbeit. Der Arbeitnehmer hat sich auf seine politische Macht besonnen und sich den Anspruch auf sein spezielles Leistungsangebot der Allgemeinheit gegenüber schützen lassen. Es kommt nicht mehr in erster Linie darauf an, was gefragt ist, sondern darauf, was geboten wird. Jeder hat jetzt Recht auf *seine* Arbeit – etwas prinzipiell anderes zu machen als das, was er gelernt hat, eine bedeutend weitere Entfernung zum Arbeitsplatz oder eine geringere Bezahlung in Kauf zu nehmen, ist ihm nicht zuzumuten. Ein stellungsloser Architekt kann also nicht gezwungen werden, als Lastwagenfahrer zu arbeiten, selbst wenn alle Transportunternehmen seines Landes sich wegen Arbeitskräftemangels in wirtschaftlichen Schwierigkeiten befinden oder zu diesem Zweck ausländische Arbeitskräfte angefordert werden müssen. Wenn er will, kann er ein ganzes Jahr lang bei nur mäßig reduziertem Einkommen auf eine freie Stelle warten. Hat er auch dann noch nichts gefunden, erhält er Sozialhilfe.

Es wurde also in den Mechanismus von Angebot und Nachfrage ein dirigistisches Element eingeführt. Denn in der Praxis bedeutet die Klausel von der Zumutbarkeit einer Tätigkeit nichts anderes als Zwangsbewirtschaftung des Arbeitsmarkts durch den Arbeitnehmer. Bei Hochkonjunktur ist das unwichtig, denn es gibt ohnehin Arbeitskräftemangel in allen Branchen, und niemand hat Schwierigkeiten, in seinem Beruf eine Anstellung zu finden. Doch sobald die Konjunktur abflaut, hat das Quantum Unfreiheit, mit dem man die freie Marktwirtschaft in den fetten Jahren unterwandert hat, für alle dramatische Folgen.

Denn wenn es nun in einer bestimmten Branche – etwa wegen Automatisierung des Produktionsvorgangs, Verteuerung der Rohstoffe oder ausländischer Konkurrenz – zu Entlassungen kommt, besinnen sich die Betroffenen auf ihren Anspruch auf »gleichwertige« Arbeit und machen, statt sich sofort nach einer anderen Beschäftigung umzusehen, zunächst einmal Urlaub. Das wäre nicht tragisch, denn es handelt sich ja schlimmstenfalls um einige tausend Menschen, deren Arbeitslosengehälter von einer gesunden Wirtschaft ohne weiteres verkraftet werden. Doch da die politische Opposition diese »Arbeitslosen« sofort als erste Opfer einer drohenden Wirtschaftskrise serviert – das ist ihre Chance und zugleich ihre Pflicht –, wird die Bevölkerung beunruhigt. Vom Gespenst einer Massenarbeitslosigkeit geschreckt, schraubt jeder seinen privaten Verbrauch zurück und spart für schlechte Zeiten. Dieser Konsumverzicht führt zum Rückgang der Konsumgüterproduktion (die in westlichen Industrieländern immerhin 52 bis 56 Prozent der Gesamtproduktion ausmacht) und, wenn eine nationale Flaute zwangsläufig auch auf die Handelspartner übergreift, von denen man ja nun weniger kauft, auch zum Rückgang des Exports. Statt in einer hat man nun in allen Branchen Schwierigkeiten, und statt Tausender Arbeitsloser gibt es nun Hunderttausende. Und obwohl die Zahl der offenen Stellen sich kaum verringert, wird die finanzielle Belastung durch jene, die zunächst einmal auf »zumutbare« Tätigkeiten warten und die »unzumutbaren« nach wie vor den Ausländern überlassen, von Tag zu Tag größer und das konsumfeindliche Verhalten der noch »zumutbar« Beschäftigten immer ausgeprägter. Außerdem wird die Zahl der Arbeitslosen noch dadurch erhöht, daß sich in Krisenzeiten viele Hausfrauen ihrer früheren Berufstätigkeit entsinnen und sich pro forma auf Arbeitssuche begeben. Sie erhalten dann die finanzielle Unterstützung der Arbeitslosen, während die Gefahr, daß sie in ihrem früheren Job wirklich Arbeit finden, relativ gering ist. Dieses opportunistische Verhalten der Frauen erhöht wiederum die Panik der anderen, die ja nichts über die Motive der Arbeitslosen erfahren, da lediglich die offiziellen Zahlen mitgeteilt werden.

Um die Gefahr zu verringern, daß ein solcher Teufelskreis überhaupt entstehen kann, müßte man daher bei einer Einführung des Fünf-Stunden-Modells das Recht auf »gleichwertige« Arbeit streichen. Es ist klar, daß in der jetzigen Situation Arbeitnehmer auf diese Schutzklausel den allergrößten Wert legen müssen, denn solange Arbeit und Leben für einen Berufstätigen dasselbe sind, ist das Recht auf *seine* Arbeit für ihn die einzige Möglichkeit, sein Leben zu vermenschlichen. Er akzeptiert zwar die Tatsache, daß er die meiste Zeit an seinem Arbeitsplatz verbringen muß, will sich aber wenigstens ungefähr aussuchen können, was er dort tut – und dank seiner Macht als Wähler konnte er sich diesen Anspruch auch verbriefen lassen.

Durch das Fünf-Stunden-Modell nähme das Berufsleben eines Menschen nur noch einen kleinen Teil seines Lebens ein, und der Schutz einer bestimmten Tätigkeit wäre daher nicht mehr so wichtig wie bisher. Man hätte zwar nach wie vor das Recht auf freie Berufswahl, nicht jedoch das Recht auf Ausübung dieses frei gewählten Berufs. Dieses ginge auf Kosten der wirtschaftlichen Stabilität und damit letzten Endes auf Kosten aller. Solange durch individuellen Anspruch auf die »eigene« Arbeit Wirtschaftskrisen heraufbeschworen oder auch nur verschlimmert werden können, kann sich die Allgemeinheit den Luxus solcher Schutzklauseln nicht leisten. Die meisten notwendigen Arbeiten sind nun einmal nicht so, daß sie einem Vergnügen machen: Gerade aus diesem Grund müßte ja jeder genug Zeit für etwas anderes haben. Unter den heutigen Umständen wäre es fatal, einen Architekten als Lastwagenfahrer zu verpflichten, denn man würde ihm damit auf unabsehbare Zeit jede Möglichkeit zur Verwirklichung seines Lebenstraumes nehmen. Bei einem Arbeitspensum von fünf Stunden hingegen bliebe ihm nach Feierabend noch genug Zeit, sich neuartige Konstruktionen auszudenken – selbst wenn er in seinem Traumberuf niemals eine Anstellung fände, bliebe sein Lebenstraum nicht ganz unerfüllt. Jeder Bürger wäre in gewisser Hinsicht ein kleiner Unternehmer mit einem kleinen unternehmerischen Risiko – dem Risiko der Berufswahl. Natürlich müßte eine gut funktionierende Arbeitsmarktforschung dafür sorgen, daß man sich einigermaßen über die Zukunftsaussichten des gewählten Berufs im klaren sein kann. Ergreift man jedoch trotz aller Warnungen einen bestimmten Beruf, so ist man für die Folgen – schlechte Bezahlung wegen eines Überangebots an Arbeitskräften, geringes Sozialprestige, zeitraubende Umschulung – selbst verantwortlich. Ein »Akademikerproletariat« wäre als Opfer seiner eigenen Prestigesucht zu betrachten und alles andere als subventionswürdig.

Ohne die Klausel von der Zumutbarkeit einer Arbeit könnte man also Wirtschaftsflauten entschieden besser bekämpfen als bisher. Wenn man Arbeitslosen auch Tätigkeiten zumuten dürfte, die ihren Wünschen nicht entsprechen, ließe sich bei den ersten Anzeichen einer Krise durch Ausnutzung aller Mittel – Besetzung der offenen Stellen, Schaffung neuer Arbeitsplätze durch öffentliche Projekte, Drosselung des Imports ausländischer Arbeitskräfte – bei der Bevölkerung jene durch Arbeitslosigkeit ausgelöste Panik vermeiden, die, da sie sofort zu Konsumeinschränkungen führt, von vielen Wirtschaftsexperten immer wieder als die eigentliche Ursache von Konjunkturflauten bezeichnet wird.

Vor allem das Problem der Entlassungen wegen *Automatisierung* des Produktionsvorgangs ließe sich im Fünf-Stunden-Modell auf elegante Weise lösen. Da man solche Entwicklungen gut vorausberechnen kann, würde man hier nach Abschaffung der Schutzklausel durch rechtzeitige Umschulung der maschinell ersetzbaren Arbeitskräfte ernste Schwierigkeiten vermeiden. Anders als bei freiwilliger Umschulung, mit der man ja nur eine früher getroffene falsche Berufsentscheidung revidieren will, für die man selbst verantwortlich ist, müßte hier das Umschulungsgehalt nicht dem Schülergehalt entsprechen, sondern dem letzten Gehalt des jeweiligen Arbeitnehmers. Andernfalls würden in Branchen, in denen Entlassungen zu befürchten sind, Arbeitnehmer immer ihren Konsum einschränken, was wiederum die bereits erläuterten wirtschaftlichen Nachteile zur Folge hätte.

Falls dann zu einem bestimmten Zeitpunkt dennoch alle freien Kapazitäten ausgeschöpft und alle offenen Stellen belegt wären, könnte man durch weitere allgemeine Arbeitszeitkürzungen wieder neue Arbeitsplätze schaffen und so parallel zum technischen Fortschritt allen Bürgern mehr Freizeit verschaffen. Dies wäre der einzig humane, sozial gerechte und wirtschaftlich sinnvolle Ausweg aus dem Dilemma der Automation. Eine Verteidigung des Arbeitsplatzes gegen Maschinen, wie sie die Gewerkschaften vorschlagen, ist absurd. Nur wirklich monotone Arbeiten können ja maschinell erledigt werden. Man sollte daher froh sein über jeden Arbeitsplatz, der der Automation zum Opfer fällt. Die Herabsetzung der Arbeitszeit dürfte dann jedoch nicht mit

Gehaltskürzungen verbunden sein: Die Arbeit der Maschinen sollte nicht in erster Linie dem Unternehmer, sondern dem Arbeitnehmer zugute kommen. Eine allgemeine Herabsetzung des Rentenalters, wie man sie zur Behebung der Arbeitslosigkeit diskutiert, würde nicht nur die sozialen Schwierigkeiten der älteren Menschen, sondern, da die Renten ja nicht sehr hoch sein könnten, auch das Problem des Altenproletariats vergrößern. Die »Gewöhnung« an extrem hohe Arbeitslosenquoten, die mancherorts als Lösung angeboten wird, hätte ewige Angst um den Arbeitsplatz und damit andauernde wirtschaftliche und soziale Unruhen zur Folge.

Wenn es dann aber dennoch einmal zu Arbeitslosigkeit käme, hätte das Fünf-Stunden-Modell noch immer einen Vorteil: Da mehr Leute berufstätig wären, gäbe es dann zwar auch relativ mehr Arbeitslose, doch die Wahrscheinlichkeit, daß in einer Familie alle Erwachsenen gleichzeitig ihre Stellung verlören, wäre gering. In der Regel wären ja Mann und Frau weder in der gleichen Firma noch in der gleichen Branche beschäftigt. Da heutzutage meist nur der Mann verdient, muß bei Arbeitslosigkeit oft eine ganze Familie von einem reduzierten Einkommen leben. Nach der Reform hätte sicherlich einer in der Familie nach wie vor sein volles Gehalt, und die Kinder wären durch ihre Schülerrente ohnehin gegen Krisen gesichert.

Es geht also nicht darum, den Kündigungsschutz zu verstärken, sondern den Schutz des Gekündigten. Es geht nicht darum, das Recht auf Arbeit zu fördern, sondern das Recht auf Freizeit, auf materielle Sicherheit und auf Umschulung. Denn dieses Recht auf Arbeit geht wohl auf Kosten der Unternehmer, doch zu allererst geht es auf Kosten derer, die es schützen soll.

Keine Überstunden

Eine weitere Maßnahme, die bei Einführung des Fünf-Stun-den-Modells nicht übersehen werden dürfte, wäre ein strik-tes Überstundenverbot. Dies wäre vor allem dann notwen-dig, wenn es darum ginge, negative Folgen einer Hochkon-junktur zu vermeiden. Zu Hochkonjunktur kommt es durch Überschuß an Produktionsaufträgen, ihre Auswir-kungen auf den Arbeitsmarkt sind Überbeschäftigung und Arbeitskräftemangel. In dieser Lage gerieten viele Arbeit-nehmer in die Versuchung, Überstunden zu machen und vielleicht sogar doppelt oder dreimal solange zu arbeiten, als sie müssen. Denn Arbeitszeiten von zehn oder fünfzehn Stunden sind immerhin noch möglich, und man würde da-durch ja auch zwei- oder dreimal soviel verdienen. Damit wäre man nicht nur wieder bei der Ausgangssituation, son-dern man hätte sie noch verschlechtert. Denn natürlich wä-ren es wieder die Männer, die, vom Applaus ihrer Frauen angefeuert, ihre Leistung steigern würden. Der Mann mit dem größten Verdienst bekäme in der Regel wieder die at-traktivste Partnerin, und statt die weibliche Moral endlich verbessert zu haben, wären Frauen womöglich noch kor-rupter als heute.

Es dürfte also nach der Reform keine Möglichkeit für Über-stunden geben – es sei denn, es handelte sich wirklich um ganz kurzfristige Engpässe und echte Ausnahmesituatio-nen, deren Grenzen jedoch vom Gesetzgeber genau abge-steckt werden müßten. Zur Bewältigung größerer momen-taner Auftragsschwemmen müßten Unternehmer Sonder-vollmachten bekommen. Bei anhaltendem Auftragszu-wachs müßten jedoch stets neue Arbeitskräfte herangezo-gen und in ein festes Arbeitsverhältnis aufgenommen werden (was jedoch wegen des geringeren Kündigungsschutzes für Unternehmer dann nicht mehr so riskant wäre).

Von den beiden sich anbietenden Lösungen – den Überschuß durch Einsatz ausländischer Arbeitskräfte im eigenen Land zu bewältigen oder die Produktion in Länder mit Arbeitslosigkeit zu verlegen – wäre die letztere nicht nur humaner, weil sie Menschen in ihrem Milieu beläßt, sondern auch wirtschaftlich opportuner. Bei Arbeitskräftemangel steigen in einem Land immer die Löhne, dies verteuert die Produkte und gefährdet die internationale Konkurrenzfähigkeit, womit die Gefahr gegeben ist, daß eine Hochkonjunktur ihre eigene Flaute nach sich zieht. Wenn man hingegen im Ausland und womöglich gleich auf dem Absatzmarkt produziert, kann man nicht nur diese Lohn-Preis-Entwicklung abschwächen, sondern ist darüber hinaus bei späteren Wirtschaftskrisen auch unabhängiger vom Export. Außerdem schafft die Erledigung »unzumutbarer« Arbeiten durch Ausländer internationale Ressentiments, deren politische Folgen schwer zu berechnen sind.

Eine wirtschaftliche Ausnahmesituation besonderer Art wäre die mit der Reform verbundene Eingliederung der heutigen Hausfrau in die Berufswelt. Wir werden uns damit im vorletzten Teil dieses Buches befassen.

4. Folgen einer neuen Männlichkeit

Freiwillige Gleichverpflichtung

Gehaltskürzung plus Arbeitszeitkürzung wäre die ideale Technik zur Unterwanderung der weiblichen Vormachtstellung, denn nach einer solchen Maßnahme würden die Frauen arbeiten müssen und wollen.

Daß Frauen durch massive Gehaltskürzungen zur Arbeit gezwungen wären, liegt auf der Hand. Es ist ein ökonomisches Gesetz, daß bei Senkung des Lohnniveaus automatisch das weibliche Arbeitskräftepotential mobilisiert wird: In den wenigsten Familien würde der Verdienst eines Erwachsenen ausreichen, um damit zwei, drei oder mehr Menschen zu ernähren. Doch man kann, wie gesagt, Frauen in einer demokratischen Gesellschaft zu nichts zwingen. Gegen den Willen der Frauen ließe sich keine allgemeine Gehaltskürzung durchsetzen. Da sie indirekt die politische Macht ausüben, wäre eine Regierung, die durch eine solche Maßnahme den weiblichen Teil der Bevölkerung zu Berufstätigkeit zwingen wollte, in wenigen Tagen abgesetzt. Natürlich würden die Männer für den Umsturz sorgen. Frauen machen keine Revolutionen, es genügt, daß sie sie wünschen. Die Frauen müssen also arbeiten wollen. Da man sie nicht zur Gleichverpflichtung zwingen kann, muß man sie dazu verlocken. Für eine Verlockung jedoch böte das Fünf-Stunden-Modell die optimalen Voraussetzungen, denn es ließen sich damit sowohl die Nachteile des Hausfrauenstatus als auch die der Ganztags- und Teilzeitbeschäftigung beheben. Da ein Fünf-Stunden-Tag keinen unerträglichen Streß darstellt und zugleich ihre anderen Probleme lösen würde – Langeweile, Einsamkeit, ökonomische und gesellschaftliche Abhängigkeit, sexuelle und geistige Frustration –, würden Hausfrauen nach der hier vorgeschlagenen Reform nicht ungern arbeiten. Die noch übrigblieben, weil ihre arrivierten Männer auch in weniger Arbeitsstunden noch genug verdienten, würde man bestaunen wie Fossilien, das heißt, sie wären in Außenseiterrollen gedrängt und würden sich früher oder später anpassen wollen. Junge Mädchen würden sich von vornherein nicht mehr für diesen »Beruf« entscheiden.

In den echten Berufen gäbe es jedoch weder Ganztags- noch Teilzeitarbeit mit »weiblicher Diskriminierung«, sondern nur noch Fünf-Stunden-Arbeit, bei der kein Geschlecht bevorzugt oder benachteiligt wäre. Denn wenn männliche und weibliche Arbeitnehmer im großen und ganzen gleich zuverlässig wären, würde man jeweils den Bewerber mit der besseren Qualifikation bevorzugen – eine andere Haltung könnte man sich in einer freien Wirtschaft gar nicht leisten. Die drei Nachteile der Halbtagsarbeit – daß sie schwer zu finden, schwer zu halten und schwer auszubauen ist – wären dadurch, daß es nur noch solche Arbeit gäbe, aus der Welt geschafft. Übrig blieben die allgemein anerkannten Vorteile einer Teilzeitbeschäftigung.

Daß Frauen unter veränderten Bedingungen auch wirklich arbeiten würden, läßt sich bereits jetzt beweisen. In allen westlichen Industrieländern ist die überwiegende Zahl der Lehrkräfte weiblich – an Grundschulen sogar bis zu neunzig

Prozent –, obwohl der Beruf des Lehrers doch eine längere Ausbildungszeit und eine gewisse intellektuelle Neigung voraussetzt. Doch Lehrer haben einen Sonderstatus: Ihre Freizeit – wenn man Schulferien mitrechnet – ist mindestens doppelt so lang wie die der anderen Berufstätigen. Je nach Land und Schultyp absolvieren Lehrer westlicher Industrieländer wöchentlich 18 bis 32 Unterrichtsstunden à 45 Minuten, das heißt 13,5 bis 24 Stunden. Die Zeit, die sie sonst noch in ihren Beruf investieren, hängt weitgehend von ihrem guten Willen und ihrer Routine ab. Die meisten Lehrerinnen lassen sich daher weder durch ihre Kinder noch durch ihren Haushalt von der Berufsausübung abhalten, von allen Frauenberufen gibt es hier die geringste Personalfluktuation. Und da dies so ist, gibt es auch keine »weibliche Diskriminierung«, weder an staatlichen noch an Privatschulen werden männliche Lehrkräfte bevorzugt. Daß dann die Schuldirektoren meist wieder männlich sind, ist darauf zurückzuführen, daß auf dieser Stufe ein zeitliches Engagement verlangt wird, zu dem nur wenige Lehrerinnen bereit sind.

Männer, »die Gesetzgeber«, könnten es sich daher ohne Gefahr leisten, eine generelle, gesetzlich verankerte Arbeitszeitkürzung einzuführen – die Mehrheit der Frauen hätte wohl nichts dagegen einzuwenden. Nach einer entsprechenden Aufklärungskampagne könnten sie die Reform in Einzelheiten vorbereiten.

Schlechte Zeiten für Dressierte

Doch vielleicht käme der Widerstand von einer anderen Seite? Vielleicht käme er von den Männern?

Nach der Reform wären diese so unabhängig, wie das unter

den heutigen Umständen möglich ist, denn außerhalb ihrer kurzen Arbeitszeit wären sie völlig frei und könnten tun und sagen, was sie wollten. Auch am Arbeitsplatz selbst könnten sie mehr riskieren. Denn da von ihrer Unterwürfigkeit nicht mehr die wirtschaftliche und soziale Stellung einer ganzen Familie abhinge, müßten sie sich im Berufsleben auch weniger demütigen lassen. Damit wären berufstätige Männer in dieser Beziehung endlich berufstätigen Frauen gleichgestellt und könnten ihren Vorgesetzten gegenüber genauso selbstbewußt auftreten wie ihre Kolleginnen.

Doch obwohl diese Unabhängigkeit ihre Situation eindeutig verbessern würde, wäre sie nicht von vornherein allen Männern willkommen. Sie sind ja durch ihre Erziehung abgerichtet, ihre ganze Zeit an die Arbeit zu hängen und ihr ganzes Geld an ihre Familie. Plötzlich würde man nun von ihnen verlangen, daß sie beides behalten und daß sie für sich leben sollten statt für andere. Man kann sich vorstellen, daß vor allem die besonders fachkundig manipulierten Männer durch die Aussicht auf soviel Unabhängigkeit in Panik geraten würden. Nach der Gehirnwäsche, der man sie von frühester Kindheit an unterzogen hat, sind sie nur noch dann mit sich zufrieden, wenn sie sich nützlich machen. Zeit für sich selbst zu haben und ökonomisch unabhängig zu sein ist das einzige, was sie wirklich fürchten.

Der größere Widerstand gegen die hier unterbreiteten Vorschläge ist daher weniger von Frauen zu erwarten als vom Produkt ihrer Erziehung, dem dressierten Mann. Jenem Mann, der stets dafür plädiert, daß die Frau unbedingt »Frau bleiben« muß, und damit sagen will, daß sie unbedingt weiterhin das Kind spielen soll, weil er selbst unbedingt weiterhin den Vater bei ihr spielen möchte. Denn für diese Rolle wurde er abgerichtet, sie ist der Sinn seiner Existenz.

Nun gibt es wohl niemand, der ganz ohne Programm existieren kann – irgendeinen »Sinn« für das, was man so tut, wird man sich immer suchen. Glückliche Menschen sind niemals freie Menschen. Wer glücklich ist, ist immer auch an eine fixe Idee gebunden, das heißt, er handelt nach einer politischen, moralischen, ästhetischen, religiösen oder sonstigen Wertskala oder befindet sich zumindest durch Liebe in Abhängigkeit von fremden Maßstäben. Menschen, die wir als »frei« bezeichnen, unterscheiden sich von uns anderen nur dadurch, daß sie sich an ein konträres System klammern. Alle Bindungen, die wir eingehen, wird der »Freie« *systematisch* vermeiden. Wir bestimmen also durch unser Verhalten indirekt auch das seine. Ein »freier« Mann wird eher auf seine Geliebte verzichten, als daß er sie heiratet, und obwohl er damit genau das Gegenteil dessen tut, was er sich im Augenblick wünscht, wird das Befolgen seiner religiösen Grundsätze – er glaubt an die Freiheit – ihn zufriedener machen, als wenn er seiner Sehnsucht nachgibt. Wirklich *frei* wäre er, wenn er keine Ideologie fände, der er sich *freiwillig* beugen möchte. Wenn er an nichts glauben könnte, nicht einmal an die persönliche Freiheit.
Es wäre daher unklug, Männern Freiheit zu versprechen. Erstens könnte man dieses Versprechen nicht einlösen, und zweitens würde man sie mit einem solchen Slogan nur erschrecken. Wenn in diesem Buch von Freiheit die Rede ist, ist daher immer nur die Möglichkeit gemeint, sich dort zu binden, wo man möchte: Der größte Vorteil der Veränderung würde gerade darin bestehen, daß Männer sich enger, häufiger und dauerhafter kompromittieren könnten als bisher, denn ihre unfreiwilligen und meist nur noch materiell bedingten Bindungen – etwa an ungeliebte Ehefrauen, unversorgte Kinder, ausbeuterische Arbeitgeber – wären dann sehr viel seltener als heute.

Natürlich würden sich Männer, wenn sie mehr Zeit und finanzielle Selbständigkeit hätten, noch mehr in Abhängigkeit begeben. Sie würden noch überzeugter ihren politischen Zielen nachjagen, sich noch engagierter vermeintlichen Lebensaufgaben widmen, noch kompromißloser gegeneinander in Wettbewerb treten, und sie würden sich natürlich auch noch leidenschaftlicher verlieben als bisher. Doch im Unterschied zu jetzt wären diese Abhängigkeiten frei gewählt und jederzeit kündbar. Im Unterschied zu jetzt wären sie nur noch so lange Gefangene einer »Aufgabe« oder eines Menschen, wie sie es selbst wünschten. Und in diesem Unterschied – in der Freiheit, einen Glauben aufgeben zu können, sobald man nicht mehr an ihn glaubt – besteht die ganze oft zitierte Menschenwürde. Genau hier verläuft die Grenze zwischen Glück und Unglück.

In seiner heutigen Situation kann der Mann nur einmal entscheiden, wem er seine Freiheit schenken will, und selbst das ist keine wirklich »freie« Wahl. Der Beruf, zu dem er sich aufgrund seiner Erziehung und seines Milieus mit fünfzehn entschließt, und die Frau, die er aufgrund dieses Entschlusses zehn Jahre später zugeteilt bekommt – die sich dann von ihm »erobern« läßt –, bestimmen sein ganzes Leben. Wie sehr er sich im Lauf der Jahre auch verändern mag – egal welcher Beruf und welche Frau ihm mit vierzig, fünfzig oder sechzig gefallen mögen –, sein Schicksal ist besiegelt. Nur die erfolgreichsten Männer können sich aus diesem System retten und erhalten wenigstens bei der Wahl der Partnerin eine zweite Chance. Doch meist haben sie sich im Kampf um eben diese Chance bereits dermaßen verbraucht, daß es sich eigentlich schon gar nicht mehr lohnt. Und auch Männern, die sich immer wieder für die gleiche Frau entscheiden würden, ist in der heutigen Lage die Freude vergällt. Da sie ohnehin bleiben müßten, nimmt man ihnen jede Möglichkeit, ihr Bleiben zu einem Symbol ihrer Zuneigung zu machen. Nach außen hin leben sie genauso wie die anderen in einer Zwangsgemeinschaft. Daß sie freiwillig bleiben, können eigentlich nur wohlhabende Männer beweisen. Der Mann mit Durchschnittseinkommen kann seine Geliebte durch seine Anwesenheit im Haus nicht ehren, denn er könnte ja ohnehin nicht weg.

Und trotzdem würden sich viele Männer gegen die Reform sträuben. Die neue Unabhängigkeit würde vor allem jene ängstigen, die durch ihre Erziehung besonders gründlich auf die Rolle des Befehlsempfängers vorbereitet wurden oder schon so lange daran gewöhnt sind, daß sie sich etwas anderes gar nicht mehr vorstellen können. Sie wissen, daß es dann niemand mehr gäbe, der ihnen Tag für Tag und Stunde um Stunde vorschreibt, was sie aus ihrem Leben machen sollen. Nicht nur für den kleinen Angestellten, sondern auch und vor allem für den Manager mit dem vollen Terminkalender wäre die Aussicht auf mehr Zeit – Zeit für sich selbst – ein echtes Schreckgespenst. Er kann aufgrund seiner Stellung wohl über andere entscheiden, doch über ihn selbst wird allzeit disponiert. Zumindest während einer Übergangsphase würde sich ein solcher Mann »herrenlos« und darum absolut verloren fühlen.

Es ist daher ratsam zu überlegen, auf welche Weise sich das psychische Trauma mildern ließe, das die Reform wohl oder übel für die meisten Männer mit sich brächte. Die Sache wäre ja irreversibel: Wenn sich die Gefängnistore einmal geöffnet hätten, gäbe es kein Zurück in die Geborgenheit des heutigen Lebensstils. Nur der Reiche hätte das Privileg, die neue Freiheit auszuprobieren und gegebenenfalls zu seiner alten Rolle zurückzukehren: Da hier die Rendite besonders hoch ist, fände sich immer eine Frau, die seine Sklaverei bewundert und wieder das Kindchen für ihn spielt. Die übrigen Männer würden sich wohl oder übel in ihrer Unabhängigkeit einrichten müssen. Ihre Frauen würden sie nicht lange fragen, wie sie mit der neuen Situation zurechtkommen. Wenn sie sie nicht mehr brauchen, werden sie ihnen all die Freiheiten, die sie ihnen im Lauf eines ganzen Lebens mit den subtilsten Methoden abgenommen haben, an einem einzigen Tag zurückgeben.

Denn eines ist sicher: Wenn Frauen für den dressierten Mann keine Verwendung mehr haben, werden sie die Dressur unverzüglich einstellen. Und damit würden die heutigen Maßstäbe für Männlichkeit von selbst hinfällig: Gutmütigen Ehemännern würde nicht mehr erzählt, wie brutal sie ihre Partnerinnen unterdrücken. Strebsamen Heiratskandidaten würde nicht mehr bescheinigt, wie erotisch sie auf Frauen wirken. Wohlsituierte ältere Herren würden nicht mehr erfahren, wie geborgen sich ein junges Mädchen in ihren Armen fühlt. An durchschnittlichen Liebhabern würden nicht mehr überdurchschnittliche Fähigkeiten festgestellt und überdurchschnittlichen würde nicht mehr sexueller Mißbrauch vorgeworfen. All das war notwendig, um Männer zu immer besseren Leistungen zu animieren, ihnen immer neue Zugeständnisse zu entlocken und sie sich ansonsten so gut wie möglich vom Leib zu halten. Nach der Reform würde nicht einmal mehr die hinterwäldlerischste Zeitung schreiben, daß Frauen versklavt in einer »Männergesellschaft« leben und daß Sex die Vergewaltigung eines Schwächeren sei. Denn mit der Einschüchterung der Männer wäre ab sofort niemandem mehr gedient, und deshalb fände sie auch nicht mehr statt.

Zu den schmerzlichen Symptomen des Dressurentzugs – Unsicherheit und Lebensangst – käme daher noch ein weiteres Trauma, und dieses wäre wohl für den Mann am schwersten zu ertragen: die Erkenntnis einer unendlichen

Blamage. Denn das ganze Ausmaß der Manipulation, der er heute ausgeliefert ist, wird ihm wohl erst dann bewußt werden, wenn diese einmal ausbleibt. Erst dann wird er wirklich wissen, wie komisch er in seiner Paraderolle wirkte, mit wieviel Souveränität man die Fäden hielt, an denen er seine Kunststückchen vollbrachte, mit wieviel Zynismus seine Partnerin applaudierte, mit wieviel schauspielerischem Können sie die Rolle der Hilflosen spielte. Und er wird wissen, daß er selbst – ähnlich dem Stier, den man in die Arena treibt – von der Stunde seiner Geburt an niemals auch nur die geringste Chance gehabt hatte. Auch wenn es vorübergehend einmal schien, als sei er Sieger – auch wenn bisweilen ein Torero auf der Strecke blieb –, tauchte dann immer wieder ein anderer auf, der das rote Tuch vor ihm schwenkte und ihm zum Schluß unter dem Beifall des Publikums den Gnadenstoß versetzte.

Nach der Reform würde der Dressierte sich eingestehen müssen, daß alle seine bisherigen Anstrengungen umsonst waren. Zum Beispiel hatte er geglaubt, er habe sich mit seinem Fleiß ein Heim geschaffen, doch wenn er nun endlich Zeit hätte, dort zu leben, müßte er feststellen, daß er in diesem Heim nur stört – daß eigentlich kein Platz für ihn vorgesehen ist, da Heime für ihre Bewohner eingerichtet werden, er selbst jedoch als Besucher gilt. Auch hatte er geglaubt, es gäbe Menschen, die zu ihm gehören, doch wenn er nun endlich bei ihnen wäre, müßte er sich damit abfinden, daß zumindest seine Kinder mit ihren Gefühlen längst mit ihrer Mutter verwachsen sind und daß die Auswahl der gemeinsamen Freunde seit einer Ewigkeit von anderen getroffen wurde. Vor allem aber hatte er geglaubt, er sei durch alle seine Mühen wenigstens ein Mann geworden, doch auch das würde sich als Illusion erweisen, weil alles, was einmal als männlich galt, nun nicht mehr männlich wäre, und weil man jetzt ganz offensichtlich etwas anderes von ihm erwarten würde.

Doch was würde man erwarten? Zumindest in diesem Punkt – bei der Suche nach einer neuen Rolle – wären die Frauen den Männern behilflich.

Das zweite Geschlecht

Der weibliche Zuhälter wäre also aus dem täglichen Leben verschwunden. Denn einerseits würden Frauen ohne allzu große Anstrengung ihr eigenes Geld verdienen, und andererseits wären die Gehälter der Männer zu niedrig, als daß es sich noch lohnte, sie abzurichten. Die männliche Hure – der Mann, der seine ganze Kraft und seine ganze Gesinnung zum Nutzen einer Frau dem meistbietenden Firmeninhaber zur Verfügung stellt – käme damit schnell aus der Mode. Denn wenn man ihn nicht mehr zum Geldverdienen bräuchte, würde man endlich daran denken, den Mann seiner eigentlichen Bestimmung zuzuführen und ihn für die Liebe zu entdecken. Und da er im Augenblick für diesen Zweck nur ausnahmsweise geeignet ist, würde er sich selbstverständlich ändern.

Doch in welcher Richtung? Erinnern wir uns, daß Liebe normalerweise nur unter der Voraussetzung intellektueller Ähnlichkeit und äußerlicher Gegensätzlichkeit gedeihen kann (DAS POLYGAME GESCHLECHT, Kap. »Was ist ein Sexpartner?«), das heißt zwischen Partnern, die sich verstehen, jedoch in Erscheinung und Verhalten möglichst verschieden sind. Das erste Problem – das des intellektuellen Niveaus – könnte nur von den Frauen bewältigt werden. Da man eine geistige Entwicklung nicht willkürlich zurücknehmen kann und sich Einsichten nicht einfach annullieren lassen, könnten die Männer, selbst wenn sie es wünschten, nicht auf Kommando dümmer werden. Frauen jedoch könnten auf Kommando etwas dazulernen, und dank des echten Wettbewerbs, zu dem es dann erstmals auch für sie käme, müßten sie genau das tun. Wenn Frauen sich ihre Dummheit nicht mehr leisten könnten, wären sie früher oder später geistig so flexibel wie ihre Partner, und damit wäre automatisch eine der beiden Voraussetzungen für Liebe geschaffen. Bei der zweiten, weit wichtigeren Voraussetzung käme es jedoch ausschließlich auf die Männer an. Denn bisher sind nur Frauen in ihrem Äußeren – in Kleidung, Mimik und Gebärden – so gegensätzlich wie nur möglich. Nur sie tun alles und oft sogar zuviel, um sich vom virilen Prototyp auf jede erdenkliche Art zu unterscheiden: Da gegensätzlich – weiblich – wirkende Frauen von Männern eindeutig bevorzugt werden, garantiert das eine größere Auswahl. Wenn Frauen ihre Partner nicht mehr wegen ihrer Nützlichkeit, sondern ebenfalls ihrer Gegensätzlichkeit wegen wählten, würden auch Männer so gegensätzlich – so männlich – wie nur möglich werden. Denn wenn Frauen den Streber nicht mehr bräuchten, wenn sie entweder virile Männer nähmen oder keine, würden Männer, die nicht allein bleiben wollen, sich dieser Bedingung anpassen und so werden, daß sie gefallen. Das heißt, daß sich dank des neuen weiblichen Ausleseprinzips beide Partner dann erstmals aus dem gleichen Grund füreinander entscheiden würden: Weil sie sich wegen ihrer Gegensätzlichkeit zueinander hingezogen fühlten – weil sie sich *gegenseitig* begehrten. Wie wir noch sehen werden, würde dies nicht nur die Beziehungen zwischen Mann und Frau, sondern die ganze Sozialstruktur revolutionieren.

Doch worin würden nun diese Eigenschaften bestehen, die Männer für Frauen begehrenswert machen? Es gibt ein paar angeborene Männlichkeitsmerkmale, deren Attraktivität nicht zu leugnen ist: Männer mit breiten Schultern, kräftigen Armen, tiefer Stimme, starkem Bartwuchs werden ihren Geschlechtsgenossen gegenüber immer einen gewissen Vorteil haben, denn sie wirken schon von vornherein ziemlich gegensätzlich zu Frauen. Doch viel wichtiger als die angeborenen sind die erworbenen Eigenschaften. Ein Mann, der den Mann gut spielt – ein gut *gemachter* Mann –, kann einen *geborenen* leicht übertrumpfen. Denn da es sehr wenig wirklich perfekte Männer und Frauen gibt, hat das Heer der Unvollkommenen sich zur Wehr gesetzt und eine Anzahl von Gesetzen für »typisch männliches« und »typisch weibliches« Aussehen und Verhalten erlassen, deren Befolgung das Fehlen angeborener Gegensätze – Mangel an Schönheit – wettmachen kann. Diese Regeln sind inzwischen so sehr Teil unserer Begriffe Männlichkeit und Weiblichkeit geworden, daß ein »Geborener« seine ganze Virilität zerstören kann, wenn er sie nicht beachtet. Ein Lächeln zuviel oder ein falsch gewähltes Kleidungsstück kann ihn so »unmännlich« erscheinen lassen, daß er neben seinem schmächtigen Konkurrenten, der die Regeln beherrscht, nicht die geringste Chance hat. Eine »kalte Schönheit« – eine Frau, die sich keine weiblichen Eigenschaften zulegen mußte, weil sie durch ihr Aussehen ohnehin die Aufmerksamkeit der Männer auf sich zog – hat vor einer weniger schönen, aber »weiblichen« Rivalin – einer gut *gemachten* Frau – bestenfalls einen Vorsprung von zwei Tagen.

Daß Menschen die Fähigkeit besitzen, bestimmte Eigenschaften zu erwerben, bedeutet jedoch auch, daß bis zu einem gewissen Grad jeder jede beliebige Eigenschaft erwerben kann und daß jede erlernbare geschlechtstypische Attitüde nicht nur von Männern, sondern auch von Frauen erlernt werden könnte. Natürlich wird sich eines der beiden

Geschlechter aufgrund seiner Konstitution oder seines Hormonhaushalts beim Erlernen einer bestimmten Gangart oder Mimik immer leichter tun als das andere. Doch mit etwas Geduld könnte auch dieses andere Geschlecht sich die Gangart oder Mimik aneignen. Das heißt, man könnte alle Eigenschaften, die wir heute als typisch männlich oder als typisch weiblich bezeichnen, willkürlich über die Geschlechter verteilen, so daß – wäre es erwünscht – ein robuster Mann zart wie ein weiblicher Teenager und dieser draufgängerisch wie ein Raudi wirken könnte.

Nach allem, was man heute weiß, sind Männer – abgesehen von den biologischen Unterschieden – nicht »von Natur aus« so und Frauen »von Natur aus« anders. Selbst Eigenschaften, die noch bis vor kurzem als unbestritten angeboren galten – wie etwa die größere weibliche Sprachbegabung –, werden inzwischen von einigen Forschern als erworben angesehen. So haben Kagan und Levy beobachtet, daß Mütter sich mit ihren kleinen Töchtern ausgiebiger unterhalten als mit ihren kleinen Söhnen und diesen somit unbewußt zu einem Vorsprung verhelfen, der schwer wieder aufzuholen ist. Das bessere räumliche Denkvermögen des Mannes, Bedingung für besseres technisches Verständnis, könnte wiederum auf bestimmte Spiele zurückzuführen sein, die man bei Jungen fördert. Es entwickelt sich nach Beobachtungen von E. Bing (vgl. TIME MAGAZINE, 20. MÄRZ 72) auch bei kleinen Mädchen, wenn ihre Mütter sie im gleichen Maß wie ihre kleinen Söhne sich selbst überlassen. Lediglich die größere männliche Aggressivität gilt heute als hormonell bedingt und somit als angeboren. Aus der Sanftheit der Männer, die bestimmten Kulturkreisen oder Sekten angehören, darf man jedoch schließen, daß Aggressivität sich durch ein entsprechendes Training ohne weiteres in Grenzen halten läßt.

Wenn geschlechtstypische Eigenschaften erwerbbar sind, sollte man sie dann mit der Reform nicht gleich auch neu verteilen? Sollte man dann nicht versuchen, nicht nur für Männlichkeit, sondern auch für Weiblichkeit neue Maßstäbe zu setzen, damit keiner je wieder übervorteilt werden kann? Und wenn ja, welchem Geschlecht sollte man dann das eine und welchem das andere der beiden Extreme zuweisen? Sollte man die Männer aggressiv sein lassen oder die Frauen? Sollten die Männer zart und sensibel wirken oder die Frauen? Sollten sich Männer oder Frauen schminken? Sollten sich Männer oder Frauen beim Gehen in den Hüften wiegen? Sollten Männer oder Frauen weinen?

Zum Glück können sich all diese Fragen niemals stellen. Denn auch in diesem Punkt wären wir ja bei der Reform auf den guten Willen der Frauen angewiesen, und diese würden einer Neuverteilung der geschlechtstypischen Qualitäten niemals zustimmen. Was weiblich ist, wissen die Frauen ganz genau. Weiblich ist immer diejenige der beiden extremen Eigenschaften, die sich am leichtesten erwerben läßt und die später die größeren Vorteile bringt.

So ist es zum Beispiel weiblich, wenn man seine Gefühle zeigt – wenn man weint, lacht, schwatzt, kichert, kreischt, wann immer einem danach zumute ist. Selbstbeherrschung macht Mühe, Unbeherrschtheit nicht – und deshalb ist Selbstbeherrschung die männliche Eigenschaft. Nur Künstler dürfen sich wie Frauen gehen lassen – sie sollen es sogar –, denn anders als bei den übrigen Männern werden bei ihnen Emotionen honoriert.

Weiblich ist auch, wenn man sich schminkt, schmückt und extravagant kleidet. Wer sein Aussehen nicht korrigieren kann, ist im Nachteil, und deshalb gelten Ungeschminktheit, Schmucklosigkeit, Einheitsfrisuren und Uniformität der Kleidung als männlich. Frauen können sich schminken oder nicht, sich mit Schmuck behängen oder nicht, ihre Haare lang, kurz, glatt, gelockt, blond oder brünett tragen, mit verschiedenen Absatzhöhen ihre Größe variieren, Hosen oder Röcke tragen, zurückhaltende oder schrille Farben wählen, durchsichtige Stoffe oder Tweed, schlichte Schnitte oder Schleifen und Volants. Ein Mann, der auch nur eine dieser Verwandlungsmöglichkeiten für sich in Anspruch nimmt und zum Beispiel seine Haare färbt oder mit Plateausohlen seine Größe korrigiert, gilt bereits als dermaßen unmännlich, daß er nur dann eine Frau findet, wenn er sie hervorragend versorgen kann.

Auch wer durch Kleidung und Gebärden den Geschlechtstrieb seines Gegenpols mobilisieren darf, ist weiblich. Denn wer begehrt wird, ist im Vorteil, und wer kalt bleibt, bleibt souverän. Auch wenn es sich hier eindeutig um die Betonung ihrer Virilität handelte, wären Männer, die etwa durch ärmellose Kleidung auf eine gut entwickelte Bizepsmuskulatur aufmerksam machen wollten oder durch Schaumstoffeinlagen ein voluminöses Glied vorzutäuschen suchten, in den Augen der Frauen absolut unviril. Herausfordern darf immer nur ein Geschlecht, und dieses ist dann automatisch weiblich. Nur Homosexuelle können es sich leisten, dieses Gesetz zu umgehen. Sie suchen ja keine Frauen, sondern Männer.

Und da man sich passive Qualitäten leichter aneignet als aktive, ist man auch immer dann am weiblichsten, wenn man sich am passivsten gibt. Wenn man sanft, zart, nachgiebig, beeinflußbar und verletzbar wirkt. Denn Aggressivität, Draufgängertum, Konsequenz, Integrität und Selbstsicherheit machen als Charaktereigenschaften die weitaus größeren Schwierigkeiten und bleiben daher den Männern vorbehalten.

Mit anderen Worten: Das bequemere, einträglichere und

sympathischere der beiden Extreme ist bereits in festen Händen. Denn während der Mann bei der Arbeit war, hat die Frau die geschlechtstypischen Eigenschaften aufgeteilt und dabei ein für allemal bestimmt, welche ihr selbst gehören. Der neue Mann könnte also nicht so werden, wie er wollte, sondern nur so, wie Frauen nicht sind. Das heißt, er müßte mit jenen Eigenschaften vorliebnehmen, die Frauen für ihn übrigließen, und *männlich* werden, indem er *unweiblich* wird. Denn da die Frau als erste wählen durfte, entschied sie sich natürlich für das vorteilhaftere Extrem. Sie wählte Emotionalität statt Selbstbeherrschung, Vielfalt statt Uniformität, Zurschaustellung statt Verschleierung, Passivität statt Aktivität. Der Mann kann jetzt nur noch ihr Gegenteil werden: das *zweite*, das *andere* Geschlecht.

Frauen würden also nach der Reform in allem, was ihr geschlechtstypisches Verhalten betrifft, zunächst einmal so bleiben, wie sie heute sind. Männer jedoch würden so werden, wie sie heute zu sein glauben. Denn mit einer kräftigen Muskulatur wäre es dann in der Regel nicht mehr getan. Damit ein Mann auf Frauen wirklich männlich wirkte, müßte er sich auch wie ein Mann verhalten. Denn während man bei seinem Versorger tolerant ist und Gesinnungsprostitution lobt, Verrat bestärkt, Indiskretion fördert, Eitelkeit duldet, Selbstgefälligkeit unterstützt, Rührseligkeit ignoriert und weibische Kleidung oder weibisches Gehabe stillschweigend übersieht, würde man seinem Liebhaber solche Qualitäten nicht verzeihen. Männlichkeit bedeutete dann nicht mehr die steile Berufskarriere, sondern physische und psychische Stärke, die durch ein entsprechendes Aussehen und Verhalten ständig neu bewiesen werden müßte. Sobald der Verdacht bestünde, daß Titel oder Beförderung durch Schwäche – übergroße Nachgiebigkeit, Folgsamkeit oder Verrat der eigenen Meinung – eingehandelt worden wären, würden diese Siege sich automatisch gegen den Sieger wenden.

Natürlich könnte der Mann aus dieser Rolle ausbrechen und weiterhin die Qualitäten des Strebers kultivieren, doch falls ihm diese Attitüde nicht sehr viel einbrächte, bliebe er dabei höchstwahrscheinlich mit sich allein. Und selbstverständlich könnten sich Männer nach der Reform auch wie Frauen benehmen – sie könnten ihre Emotionen zeigen, sich schminken und verkleiden –, nur würden sie dann eben keine Frauen finden. Auch wenn es dann vielleicht seltener hieße, »ein richtiger Junge weint nicht«, würde ein »richtiger« Junge immer noch nicht weinen. Ein Mann, der nach jedem Vorwurf in Tränen ausbricht, wäre den meisten Frauen einfach nicht verschieden, nicht unweiblich genug. Heulen dürfte auch nach der Reform nur ein Geschlecht. Welches das sein würde, ist bereits jetzt entschieden.

Dann wären wir also wieder soweit? Dann würden die Frauen die neue Männlichkeit genauso bestimmen, wie sie die alte bestimmt haben? Dann wären die Eigenschaften des freien Mannes genauso von Frauen manipuliert wie die des dressierten? Wo läge hier ein Fortschritt? Wäre das nicht wie in jenen Geschichten des Marquis de Sade, in der der Peiniger sein Opfer nur entkommen läßt, um es eine Weile später an einem anderen Ort genüßlich wieder einzufangen? Genauso ist es. Und dennoch würde es sich lohnen. Denn anders als in den Geschichten des Marquis käme es hier trotzdem zum Happy-End.

Sex zu Dumpingpreisen

Denn dadurch, daß sie sich den Frauen ein letztes Mal auslieferten, hätten die Männer dann zum ersten Mal auch die

Frauen in der Hand. Nur der Versorger läßt sich kaltblütig manipulieren: Keine seiner Eigenschaften könnte eine Frau um ihren Schlaf bringen. Ihrem Geliebten gegenüber wären jedoch auch Frauen machtlos. Wenn Männer sich nach der Reform etwas besser zur Liebe eigneten, würden sie auch Leidenschaften erwecken, und wenn sie begehrenswerter wären, würde man sie auch tatsächlich begehren. Das heißt, die Frauen würden ihre Liebe nicht mehr spielen, sie würden sie empfinden. Auf diese Weise wäre dann erstmals die Macht gleichmäßig verteilt. Männer wären zwar nach wie vor den Frauen verfallen, aber diese endlich auch den Männern.

Eine erste praktische Auswirkung dieser neuen Situation wäre die Aufhebung der Preisbindung für die Benutzung der weiblichen Vagina. Denn wenn Männer und Frauen sich *gegenseitig* begehrten, gäbe es keinen Grund mehr dafür, daß ein Geschlecht für Sex bezahlt und das andere sich bezahlen läßt. Wenn die Mehrzahl der Frauen sich nur noch mit Männern einließe, die sie liebte, wäre Sexualität, die ja ein Teil der Liebe ist, in der Regel gratis. Wenn sich nach der Reform Frauen genauso freizügig zur Verfügung stellten, wie dies heute Männer tun, und wenn diese dank des geringeren Berufsstreß dann auch Zeit und Energie hätten, um sich ihren Leidenschaften zu widmen, so hätte das auf gesellschaftlicher Ebene folgende Konsequenzen:

a) *Rückgang des Bordellwesens:* Durch das veränderte Sexualverhalten der sogenannten anständigen Frauen wären die sogenannten unanständigen früher oder später arbeitslos. Dies wäre die einzige Möglichkeit, das blühende Bordellwesen westlicher Industrieländer gewaltlos zu beseitigen. Das Trauma, das hier durch die geschäftstüchtige Zurückhaltung der bürgerlichen Frauen sowohl einer weiblichen Minderheit als auch der männlichen Mehrheit entsteht, wäre damit aus der Welt geschafft. Dies würde auch den bürgerlichen Frauen Vorteile bringen. Denn auch wenn er dies hinter einer draufgängerischen Attitüde verbirgt, weiß doch jeder Mann, der ein Bordell aufsucht, daß Frauen ihn entweder so uninteressant oder so abstoßend finden, daß er dafür bezahlen muß, um eine von ihnen berühren zu dürfen. Der Gang zur Prostituierten ist daher immer mit einer Demütigung verbunden, für die der Mann sich früher oder später an anderen Frauen rächen wird.

b) *Rückgang der »ehelichen Verfehlungen«:* Frauen, die mit Männern verheiratet sind, die sie nicht begehren, revanchieren sich für den Verlust an sexueller Befriedigung durch Märtyrergehabe, Herrschsucht oder Untreue. Frauen, deren Männer als Folge beruflicher Überlastung weder Zeit noch Kraft für Sexualität aufbringen, werden ebenfalls früher oder später ihr Glück bei einem andern suchen. Männer, die von ihren Frauen nicht begehrt werden, müssen sich logischerweise nach einem neuen Sexpartner umsehen. Da nach der Reform Ehepartner sich gegenseitig begehren würden, wären sie sich auch treuer als bisher.

c) *Rückgang der Sexualdelikte:* Daß durch eine neue weibliche Freizügigkeit Männer seltener als bisher in Versuchung kämen, sich sexuelle Kontakte mit Gewalt zu verschaffen, liegt auf der Hand. Vor allem das häufige Delikt der »ehelichen Vergewaltigung« würde mit der Reform zurückgehen. Hierzu kommt es, weil ein Mann, der Nacht für Nacht neben einer Frau schlafen muß, die sich ihm verweigert, beinahe zwangsweise irgendwann die Beherrschung verliert. *Er hat sie ja geheiratet, weil er sie begehrte.* Durch gegenseitiges Verlangen wäre die Ursache des Delikts beseitigt. Die Frau selbst würde auf die naheliegende Idee kommen, mit dem Mann zu schlafen, der bei ihr im Bett ist.

d) *Senkung der weiblichen Frigiditätsquote:* Alle Untersuchungsergebnisse deuten darauf hin, daß bei Partnern, die sich gegenseitig begehren, der sexuelle Appetit gleich groß ist. Eine frigide Frau ist daher entweder sexuell abnormal veranlagt, oder sie hat den falschen Partner: Sie hat aus Opportunismus einen Beschützer geheiratet – einen »Vater« – oder aus Mitleid einen Schützling – ein »Kind«. Es ist keine Krankheit, wenn sie mit keinem dieser Wahlverwandten schlafen will. Eine Frau mit Orgasmusschwierigkeiten braucht daher auch keine Psychoanalyse, sondern einen Mann. Durch ein neues Partnerwahlprinzip bekäme sie ihn.

e) *Sex ohne Service:* Entgegen den Befürchtungen der Männer würde sich trotz des verstärkten weiblichen Begehrens in der Regel bei der Frau kein aggressives Sexualverhalten entwickeln. Da die Lust beider Partner davon abhängt, ob es der Frau gelingt, den Mann zu provozieren, würden sich sexuell interessierte Frauen stets so verhalten, daß sie ihrem Ziel möglichst nahe kämen. Dies könnte im einen Fall durch Aggressivität, im andern durch Passivität geschehen und hinge stets von den Präferenzen des männlichen Partners ab. Sex würde also aus biologischen Gründen im großen und ganzen jeweils so stattfinden müssen, wie es dem Mann gefällt. Der Nahkampf um den weiblichen Orgasmus, mit dem sich heutzutage Männer bei Frauen, die es gratis tun, eine Wiederholung des seltenen Vergnügens zu sichern suchen, dürfte damit der Vergangenheit angehören. Der für den Mann so demütigende Service nach Gebrauchsanweisung käme endgültig aus der Mode.

f) Aufhebung der Trennung von Sex und Liebe: Die besondere Nomenklatur, die eine sexuelle Leidenschaft heute
zu etwas Minderwertigem abzustempeln sucht – zu »nur
Sex« –, würde ebenfalls verschwinden. Sie ist nur notwendig, solange die Ehefrau als Schutzobjekt gesehen
wird, das wegen einer neuen Liebe nicht im Stich gelassen
werden kann (DAS POLYGAME GESCHLECHT, Kap. »Das
Vatersyndrom«). Nach der Reform wäre der Mensch,
mit dem man am liebsten schläft, immer auch der, den
man am meisten liebt. Mit einer großen neuen Leidenschaft wäre auch jeweils eine neue Gemeinschaft möglich. Denn da es zwischen Mann und Frau keine materiellen Abhängigkeiten mehr gäbe, müßte man auch nicht
mehr aus Mitleid oder Pflichtbewußtsein bleiben. Zumindest in der Mittel- und Unterschicht wäre Liebe der
einzige Heiratsgrund, und das Ende einer Liebe wäre der
einzige Grund zur Scheidung. Soweit es nicht aus biologischer Unzulänglichkeit oder aus Altersgründen erfolgte,
wäre das Ende der tätigen Liebe immer auch das Ende der
Liebe selbst.

g) Blondinen werden teurer: Die Tatsache, daß man Liebe
nicht mehr kaufen muß, würde auch bedeuten, daß man
sie nicht mehr kaufen kann. Für den Mann »in den besten
Jahren« hätte dies unangenehme Folgen. Wenn er nicht
sehr viel verdiente, könnte er sich eine bedeutend jüngere
Frau oder Freundin nicht mehr leisten. Denn wenn diese
ohne allzu großen Streß auch anderweitig zu Geld käme,
würde sie selbstverständlich lieber mit Männern ihres Alters schlafen. Damit würde man sich endgültig von der
Vorstellung trennen, daß ein Mann durch seine sexuelle
Erfahrung für Frauen attraktiver wird. Er wird durch
sein Gehalt oder seinen Status attraktiv, und diese sind in
der Regel kurz vor der Pensionierung am höchsten.

Weiblichkeit wird weiblicher

Während die Frauen die Männer auf ein neues Rollenverhalten festlegten, wären aber auch sie selbst immer mehr auf
ihre weibliche Rolle fixiert. Denn sie würden ja den Männern, die sie sich nach ihrem Wunschbild geschaffen haben,
auch ihrerseits zu gefallen suchen – sie würden nicht nur lieben, sondern auch wiedergeliebt sein wollen. Auch Frauen
würden also immer mehr so werden, wie sie beim andern
Geschlecht die größeren Chancen haben: Eine Vermännli-
chung des Mannes würde eine Verweiblichung der Frau bedingen. Dank einer Erotisierung der zwischenmenschlichen
Beziehungen, die es in diesem Maßstab wohl noch nie gegeben hat, wären die Regeln für geschlechtstypisches Verhalten absoluter und zuverlässiger als je zuvor. Was ein »richtiger« Mann und eine »richtige« Frau ist, wüßte man wieder
ganz genau.

Das klingt zunächst beängstigend, denn alle Bemühungen
laufen ja derzeit darauf hinaus, Rollenzwänge abzubauen
und der Individualität einen möglichst großen Spielraum zu
geben. Diese Forderung geht jedoch an der Wirklichkeit
vorbei, denn sie berücksichtigt nicht, daß eine Gesellschaft
ohne solche Zwänge überhaupt nicht existieren kann. Wer
genau hinsieht, wird beobachten, daß sich überall dort, wo
man für Entfaltung von Individualität sorgt, sofort wieder
neue Verhaltensmuster bilden – wo man zunächst ein Maximum an Toleranz vermutet, findet man schließlich nichts
weiter als neue Stereotypen. Im Studentenmilieu westlicher
Großstädte gilt ein Mädchen heutzutage bereits als hinter-
wäldlerisch, wenn es nicht zumindest mit sporadischen lesbischen Erfahrungen prahlen kann, und ein orthodoxer Hete-
rosexueller, der in der künstlerischen Avantgarde Fuß fas-
sen wollte, müßte seine altmodische Vorliebe für Frauen

zumindest so lange verheimlichen, bis dort die sexuelle Nostalgie in Mode kommt. Daß auch im bürgerlichen Milieu Frauen sich heute zuweilen wie Männer und Männer wie Frauen geben, liegt nicht an einem Abbau der Rollen, sondern am Abbau der Gesetze, die außenseiterisches Benehmen unter Strafe stellen. Doch solche Personen werden vom Geschlecht, das sie kopieren, immer als gleichgeschlechtlich betrachtet. Man hat an ihnen nicht das geringste erotische Interesse.

Rollenzwänge können daher zwar verändert, aber nicht aufgehoben werden. Man könnte wohl auf andere Weise männlich oder weiblich sein, ein Angleichen der Geschlechterrollen liegt jedoch absolut außerhalb des Möglichen. Eine Gesellschaft ohne allgemein anerkannte Verhaltensnormen wäre schon deshalb nicht denkbar, weil es ohne solche Normen weder Gruppen- noch Selbstbewußtsein gäbe, weil man dann weder ein Gefühl von Geborgenheit noch ein Gefühl von Individualität haben könnte. Man muß wissen, wie es die Allgemeinheit macht, damit man es entweder genauso oder anders machen kann. Dies ist nicht nur aus psychologischen Gründen notwendig: Durch das Einhalten allgemeiner Verhaltensnormen beschützt man die Art, und durch das Abweichen von diesen Normen beschützt man sich selbst. Ohne das Bewußtsein, in einigen Punkten anders zu sein oder zu handeln als die Masse – ohne Selbstbewußtsein –, hätte man auch keine Lust, für sich zu sorgen. Man wüßte gar nicht, daß es einen gibt.

Rollenzwänge zerstören also nicht die Individualität, sondern ermöglichen sie erst. Zur Persönlichkeit wird man nicht, indem man tut, was man gerade will, sondern indem man alles auf eine ganz bestimmte Art und Weise tut, indem man alles anders macht. Vor allem Menschen mit besonders großem Geltungsbedürfnis – mit besonders geringem

Selbstbewußtsein – brauchen gesellschaftliche Zwänge, denn erst der Verstoß gegen die Normen der andern oder deren Übererfüllung ermöglicht es ihnen, sich von der Allgemeinheit abzusetzen und etwas Besonderes zu werden: Sünder, Verbrecher, Revolutionär, Heiliger, Genie. Doch auch die weniger Ehrgeizigen könnten ohne Regeln nicht leben. Leute, die sich nicht um die Meinung der Leute kümmern, gibt es nicht. Wer erlebt, daß sein Verhalten weder Lob noch Tadel provoziert und seine Handlungen ohne Echo bleiben, erlebt seinen eigenen Tod. Die vorübergehende Liberalisierung gesellschaftlicher Verhaltensregeln ist daher stets durch ein Ansteigen der Selbstmordrate gekennzeichnet, denn dieser Schritt ist hier manchmal die letzte Möglichkeit, einer allzu toleranten Umwelt ein Urteil abzuringen. Selbstmord ist der Versuch, durch eine spektakuläre Tat noch einmal lebendig zu werden.

Der Individualismus ist daher nicht durch Rollenzwänge bedroht, sondern überall dort, wo Außenseiter mit Gewalt dazu gebracht werden, sich der Masse anzugleichen. Wer eindeutige Verhaltensnormen begrüßt, muß daher gleichzeitig dafür sorgen, daß anders Denkende und anders Handelnde nicht verfolgt werden können. Starre Geschlechterrollen sind erst dann unmoralisch, wenn sie dazu benutzt werden, dem eigenen Geschlecht Privilegien zuzuschanzen. Wer für eine Erotisierung der Mann-Weib-Beziehungen eintritt, muß deshalb auch darauf achten, daß kein Geschlecht durch sein geschlechtstypisches Verhalten übervorteilt werden kann. Gegen ein Rollenverhalten, mit dem keiner dem anderen schadet, ist jedoch nichts einzuwenden. Wenn Frauen durch ein kindliches Gehabe keine materiellen Vorteile mehr hätten, könnte man sie so kindlich sein lassen, wie sie wollten. Wenn sie durch ihre Tränen wohl den männlichen Beschützertrieb mobilisieren könnten, dies je-

doch im täglichen Leben keinerlei Konsequenzen hätte –
denn wovor sollte ein Mann eine erwachsene, berufstätige
Frau in unserer westlichen Welt beschützen können: vor
Kriegen, vor Wirtschaftskrisen? –, könnte man sie ruhig
heulen lassen.

Sie würden ohnehin bald wieder aufhören. Da Mitleid den
Sextrieb ihrer Partner lahmlegt, würden Frauen nur noch so
lange weinen, wie man sie nicht allzusehr bedauert. Sobald
ihre Emotionen nicht mehr den Eindruck von Weiblichkeit,
sondern den von Kindlichkeit vermitteln, würden sie sich
von selbst bremsen. Denn im Unterschied zu heute würden
sie dann ja nicht mehr die Töchter, sondern die Frauen ihrer
Männer sein wollen – sie würden nicht mehr Väter suchen,
sondern Liebhaber. Sie würden also hauptsächlich auf die
sexuelle Liebe der Männer spekulieren und deren Nächstenliebe so gut wie möglich auf Kinder, Alte, Kranke und andere Hilfsbedürftige ablenken.

Und so wie mehr Weiblichkeit eine Zensur der Emotionalität bedeuten würde, könnte auch bei anderen weiblichen
Eigenschaften das Mehr von nun an in einem Weniger bestehen. Daß Frauen nach der Reform immer femininer würden, hieße zum Beispiel nicht, daß sie sich dann noch mehr
maskieren würden – also noch abenteuerlicher kleiden,
noch auffälliger schminken, noch penetranter parfümieren
und noch mehr mit Schmuck behängen würden als heute.
Im Gegenteil: Eine Akzentuierung der Geschlechterrollen
könnte sich hier gerade in Zurückhaltung ausdrücken.
Mehr Weiblichkeit könnte auch in der Rückkehr zu einer
gewissen Art von »Natürlichkeit« bestehen.

Dadurch, daß man seinem Mann heute nach der Geburt der
Kinder eigentlich nicht mehr gefallen muß – und da kein
erotisches Interesse vorhanden ist, auch nicht will –, konnte
die weibliche Rolle vor allem bei Frauen gutverdienender

Männer immer mehr »entarten«. Diese Auswüchse einer scheinbaren Rollenerfüllung wären durch die Reform beschnitten. All die einsamen Maskenbälle, die Frauen heutzutage für Frauen inszenieren und die ihre Ehemänner wie höhere Gewalt ertragen, wären in einer Welt, in der Frauen sich für ihre Männer und nicht für ihre Freundinnen zurechtmachten, überflüssig. Man würde sich nur noch so weit verkleiden wollen, daß man von seinem Mann auch bei unverhofften Begegnungen wiedererkannt wird, und sich nur noch so schminken, daß er sich bei seinen Umarmungen – an denen man ja nun interessiert wäre – nicht allzusehr beschmiert. Natürlich würde man weiterhin zuweilen Männerkleidung tragen. Doch nur, um den Unterschied zwischen einem Mann und einer Frau durch die Ähnlichkeit der Kluft herauszustellen, und nicht, um ihn zu verbergen.

Und auch das andere Extrem, die Frau des »Versagers«, die sich wie zur Strafe für dessen beruflichen Mißerfolg im Lauf der Jahre immer mehr gehenläßt, wäre nach der Reform nicht mehr möglich – die Schlampe käme genauso aus der Mode wie die Maskierte. Durch eine totale ökonomische Unabhängigkeit von Mann und Frau wäre die Leibeigenschaft aufgehoben: Jeder könnte jedem jederzeit davonlaufen. Wer den anderen zum Bleiben veranlassen wollte, müßte vor allem dafür sorgen, daß er von ihm geliebt wird: Er müßte sich so männlich oder so weiblich wie nur möglich gebärden.

Männerberufe – Frauenberufe

Eine der interessantesten Folgen der Betonung der Geschlechterrollen wäre jedoch deren Auswirkung auf die Berufstätigkeit von Mann und Frau. Denn der vor allem vom

Mann gefürchtete berufliche Konkurrenzkampf bliebe gerade durch eine Reform, nach der die Geschlechter gleichmäßig am Erwerbsleben teilnähmen, aus. Berufe bieten hervorragend Gelegenheit, das geschlechtstypische Rollenverhalten noch weiter auszubauen – noch männlicher oder noch weiblicher zu werden –, und es wäre seltsam, wenn man sich diese entgehen ließe.

Daß der Beruf den Menschen prägt, ist allgemein bekannt. Richter, Politiker, Lehrer, Vertreter oder Schneider nehmen überall auf der Erde die gleiche, durch die Art ihrer Aufgabe bestimmte Haltung an und ähneln sich daher in ihrem Auftreten so sehr, daß man den Beruf eines Fremden oft schon an Äußerlichkeiten erraten kann. Obwohl zum Beispiel zwischen Frankreich und Brasilien geographisch und intellektuell gesehen ganze Welten liegen, wird man in einem französischen Film einen Fernfahrer oeer eine Kindergärtnerin auf die gleiche Weise charakterisiert finden wie in einem brasilianischen. Selbst wenn sich bei stark reduzierter Arbeitszeit die berufstypische Haltung weniger ausprägte als heute, blieben doch noch genügend Anhaltspunkte, um einen Menschen zumindest teilweise durch seinen Beruf zu porträtieren.

Dies setzt weitere Akzente im männlichen und weiblichen Rollenverhalten. Denn, wie bereits gesagt, geschlechtstypische Eigenschaften sind weitgehend willkürlich. Als Mann oder Frau wird man nicht geboren, sondern programmiert. Indem man auch die berufstypischen Eigenschaften zu geschlechtstypischen umfunktioniert, kann man Männlichkeit und Weiblichkeit noch mehr nuancieren. Denn wenn ein Beruf in der Regel vom männlichen und ein anderer in der Regel vom weiblichen Geschlecht ausgeübt wird, dann kann man durch die Wahl der einen oder anderen Tätigkeit auch seine erotische Anziehungskraft steigern. Wenn fast alle Fernfahrer Männer und fast alle Kindergärtner Frauen sind, dann wird einem ein Mann, der mit dem Beruf des Fernfahrers nach und nach auch dessen Attitüde übernimmt, noch viriler erscheinen, und eine Frau, die als Kindergärtnerin arbeitet, noch femininer. Umgekehrt jedoch wird jemand, der in einem geschlechtsfremden Beruf arbeitet und damit in gewisser Weise eine »unmännliche« oder »unweibliche« Haltung auf sich überträgt, an erotischer Anziehung einbüßen.

Über solche Konventionen kann man sich hinwegsetzen: Homoerotische und geschlechtsneutrale Menschen, oder solche von besonderer Begabung für ein bestimmtes Metier, könnten und würden gerade in nichtgeschlechtsspezifischen Berufen reüssieren. Wer den Drang verspürte, sich auf eine ganz bestimmte Art zu betätigen, oder einen geschlechtsfremden Beruf gerade dazu benutzen wollte, das erotische Interesse seines eigenen Geschlechts zu mobilisieren, könnte dies in einer Gesellschaft, in der alle Berufe beiden Geschlechtern offenständen, auch tun. Es ist sogar anzunehmen, daß in jeder Branche einige der Spitzenpositionen von Mitgliedern des konträren Geschlechts besetzt wären. Personen, bei denen der Drang und das Talent zu diesem Beruf so groß waren, daß ihnen jedes Rollenverhalten gleichgültig wurde, und die eben wegen dieser besonderen Begabung auch leicht aufstiegen. Freilich müßten diese Personen auf eine erotische Ausstrahlung weitgehend verzichten. Wenn zum Beispiel Landesverteidigung ein männliches Spezialgebiet bliebe, dann könnte eine Frau in der Regel nicht als Wehrexperte *und* als Frau Karriere machen. Wenn Mode ganz in weibliche Regie überginge, dann könnte ein Mann nicht zugleich als Couturier *und* als Mann erfolgreich sein. Das wäre jedoch nicht tragisch, denn nach ihrer eigenen Wertskala – falls sie die der Mehrheit hätten, würden sie sich ja anders entscheiden – werden diese Außenseiter dafür durch ihre Tätigkeit entschädigt. Homoerotiker wären ohnehin auf den Applaus des anderen Geschlechts nicht angewiesen.

Diese Aufteilung in Männer- und Frauenberufe wäre übrigens kein Novum, sondern lediglich eine Verdeutlichung der jetzigen Zustände. Denn die Berufstätigen heute haben bereits eindeutige Zeichen gesetzt, welche Berufe sie als männlich und weiblich gelten lassen. Es gibt zwar in jeder Branche ein paar Außenseiter – es gibt weibliche Bauarbeiter und Piloten, männliche Hebammen und Kindergärtner –, doch diese sollen durch ihr Beispiel eigentlich nur beweisen, daß jeder alles kann. Auf die »Eroberung« des geschlechtsfremden Berufes wird man freiwillig verzichten. Gerade in den Jahren, in denen er seine Berufswahl trifft – während der Pubertät –, ist das erotische Interesse eines Menschen am größten. Er wird daher auf die sexuelle Valenz, die er sich mit einer geschlechtstypischen Tätigkeit verschaffen kann, noch weniger verzichten wollen als zu jedem anderen Zeitpunkt. Ob das nun für ihn gut ist oder nicht, ist eine überflüssige Frage – wo immer sich im Leben eine Gelegenheit bietet, das Gegensätzliche an Mann und Frau noch stärker herauszustellen, wird die Mehrheit sie sich zunutze machen. Mit Aufklärung ist da wenig auszurichten, denn sobald dieses Gesellschaftsspiel einen bestimmten Sektor erfaßt hat, ist es für jede Gegenmaßnahme zu spät: Wer geliebt werden will – also jeder –, spielt es mit. Die Alternative, falls es überhaupt eine gäbe, wäre eine Welt ohne Erotik. Eine Welt, in der Liebe Freundschaft oder Nächstenliebe wäre und das, was zwischen Mann und Frau geschieht, eine sexuelle Perversion. Man muß nicht lange überlegen, um zu entscheiden, welcher der beiden Welten man den Vorzug gibt, zumal sich auch in einem Milieu mit ausgeprägtem Rollenverhalten noch immer genug Gelegenheit für Sympathie und Altruismus bietet.

Falls als Folge der Verdeutlichung der Geschlechterrollen nicht ohnehin eine Trennung der Berufe einträte, müßte man die Tätigkeiten von Mann und Frau im Interesse der Chancengleichheit voneinander trennen. Um in einem Metier aufsteigen zu können, muß man die Möglichkeit haben, sein geschlechtstypisches Verhalten vorübergehend auf Eis zu legen. Das heißt Frauen müssen sich zum Beispiel »unweiblich« aggressiv, Männer »unmännlich« nachgiebig zeigen können. In Gegenwart des anderen Geschlechts ist dies oft schwierig. Statt aggressiv zu reagieren, wie es für ihr berufliches Fortkommen nötig wäre, wird sich eine Frau, die »Frau bleiben« will, ihren männlichen Kollegen gegenüber häufig unangebracht passiv und sanft geben. Statt einen Befehl seines weiblichen Vorgesetzten ordnungsgemäß auszuführen, wird ein Mann, der durch weibliche Bevormundung seine Virilität gefährdet sieht, sich unter Umständen seinem Auftrag grundlos widersetzen. Die wenigen Außenseiter, die nach der Reform in geschlechtsfremden Berufen anzutreffen wären, müßte man in diesem Sinn nicht fürchten. Da sie häufig entweder geschlechtsneutral oder homoerotisch wären, könnte man sich in ihrer Gegenwart ohne Hemmung seiner geschlechtstypischen Attitüde entledigen. Das Verhältnis zwischen Vorgesetzten und Untergebenen wäre so frei von Erotik wie das Milieu einer Herren- oder Damensauna.

Aber nicht nur im Interesse der Chancengleichheit der Geschlechter bräuchte man eine solche Aufteilung der Berufe, sondern auch im Interesse gleicher Aufstiegschancen innerhalb der Geschlechter selbst. Erotik kann ja im Beruf nicht nur Nachteile, sondern auch Vorteile bringen. All jene besonders attraktiven Frauen, die man heute in den Betrieben

kaum antrifft, weil sie von Männern so besonders gern aus-
gehalten werden, wären dann ja ebenfalls am Erwerbsleben
beteiligt und würden in einer geschlechtlich heterogenen
Berufswelt natürlich von ihren männlichen Vorgesetzten
unverhältnismäßig gefördert werden. Auffallend virile
Männer wiederum würden ihre weiblichen Chefs – vielleicht die gleichen, die vorher von männlichen Leidenschaften in diese Position katapultiert wurden – ebenfalls zu
emotional motivierten Beförderungen verleiten. Da zum
Wohl der Wirtschaft oben jedoch nicht die Schönsten, sondern die Besten sein sollten, wäre dies nicht nur ungerecht,
sondern auch unrentabel.

Mit anderen Worten: Männer und Frauen würden die
Trennung der Berufe nicht nur wollen, sondern sogar brauchen. In bezug auf die geschlechtstypische Verteilung selbst
wären jedoch nach der Reform keine großen Überraschun-
gen zu erwarten. Dadurch, daß in westlichen Industrieländern heute bereits etwa 40 Prozent der Frauen arbeiten –
wenn auch ein großer Teil nur stundenweise –, sind die sexuellen Fronten ziemlich genau abgesteckt. Berufe, in denen
es schon heute eine weibliche Mehrheit gibt, würden mit
Ausnahme einiger Positionen total weiblich werden, und
solche, in denen während der letzten Jahre ein deutliches
Vordringen der Frauen zu beobachten war, würden nach
und nach ebenfalls in weibliche Regie übergehen.

Dieser Wandel käme jedoch ganz ohne Gewaltmaßnahmen.
Da Männer – zu Recht – befürchten würden, wegen ihres
Berufs für »unmännlich« gehalten zu werden, sobald dort
zu viele Frauen auftauchten, würden sie diesen verlassen
wie Ratten ein sinkendes Schiff. Diese »Flucht« würde jedoch nicht durch eine plötzlich einsetzende Kündigungs-
welle vor sich gehen, sondern ganz einfach durch Ausblei-
ben männlicher Nachwuchskräfte. Während die in dem

Zweig bereits etablierten Männer aufgrund ihres Dienstalters oder ihrer Kenntnisse meist in höhere Stellungen avancierten – Vorgesetzter in einem Frauenberuf zu sein, wäre in dieser Übergangsphase noch nicht »unmännlich« –, würde der Unterbau immer mehr von Frauen erobert, bis diese nach »Herauswachsen« der männlichen Arbeitskräfte den ganzen Beruf oder die ganze Branche okkupierten. Dies war auch in der Vergangenheit nicht anders: Alle heutigen Frauenberufe waren ja zu irgendeiner Zeit einmal Männerberufe. So gab es zum Beispiel in keinem Kontor weibliche Angestellte und an keiner Schule weibliche Lehrer, während heute in westlichen Industrieländern bereits 70 bis 80 Prozent der Büroangestellten und Lehrer Frauen sind. Irgendwann wäre diese Verdrängung der Männer abgeschlossen, denn mehr als die Hälfte aller Berufe könnten die Frauen ja nicht beanspruchen. Spätestens zu diesem Zeitpunkt wären Männer- und Frauenberufe dann eindeutig definiert.

Welche Berufe oder Branchen nach der Reform vorwiegend männlich oder weiblich wären, läßt sich bereits jetzt voraussagen. Denn die Frauen, die ja die Macht haben und deshalb auch hier wieder bestimmen würden, was männlich und weiblich ist, würden sich für ihren Beruf nach folgenden Kriterien entscheiden:

a) Weiblich wäre der weniger anstrengende Beruf

Bei den ungelernten Tätigkeiten würden Frauen noch weiter in jene Sparten vordringen, in denen man sich körperlich weniger verausgabt. Bei leichterer Fabrikarbeit – vorwiegend am Fließband also –, bei der Gebäudereinigung, beim Verkaufspersonal träfe man fast ausschließlich Frauen, während die körperlich schwereren Arbeiten in den Fabriken, an Hochöfen, in Gießereien, auf Baustellen, in der Landwirtschaft, bei Transportunternehmen, Müllabfuhr und Straßenreinigung eine Domäne der Männer blieben.

b) *Weiblich wäre der weniger gefährliche Beruf*
Risikoreiche Berufe blieben auch nach der Reform Männersache: Polizisten, Bergarbeiter, Ärzte in Nervenheilanstalten, Mitglieder von Rettungsmannschaften und Notdiensten wären im allgemeinen Männer.

c) *Weiblich wäre der weniger unsympathische Beruf*
Tätigkeiten, durch die man sich ein allzu brutales oder kaltblütiges Image geben könnte, würden von Frauen gemieden: Schlächter, Jäger, Pelztierzüchter, Bestattungsunternehmer, Staatsanwälte und Gerichtsvollzieher wären Männer. Und obwohl Frauen gerade für den Beruf des Chirurgen durch Nähen und Handarbeit frühzeitig trainieren, bliebe auch dieses zum Frauenberuf prädestinierte Metier eine hauptsächlich männliche Angelegenheit.

d) *Weiblich wäre der weniger abstoßende Beruf*
Tätigkeiten, die die Mehrheit als unappetitlich oder ekelerregend empfindet, blieben auch nach der Reform Männerreservate: Leichenbeschauer, Angestellte der Morddezernate, Müllverwerter, Kloakenreiniger, Fachärzte für Proktologie, Haut- und Geschlechtskrankheiten, pathologische Anatomie und Gerichtsmedizin wären auch nach der Reform Männer. Da Frauen hier nicht zu ersetzen sind, wäre die einzige weibliche Tätigkeit dieser Art nach wie vor die der Toilettenfrau.

e) *Weiblich wäre der weniger mobile Beruf*
Handelsvertreter, Fernfahrer, Schiffs-, Flugzeug- und Bahnpersonal wären hauptsächlich männlich. In der Personenbeförderung fände man im Nahverkehr meist Frauen, im Fernverkehr meist Männer. Wo Taxifahrer gefährdet sind, wären sie männlich, andernorts weiblich.

Da der Glamour der Flughosteß in dem Maß verblaßt, wie der Massentourismus zunimmt, wären auch hier bald immer mehr Männer.

f) *Weiblich wäre der weniger zeitraubende Beruf*
Während bei zeitlich schwer regulierbaren, sogenannten selbständigen Tätigkeiten weiterhin Männer dominierten, gäbe es bei Beamten und Angestellten immer mehr Frauen. Büros, Banken, Behörden, staatliche und private Institute hätten also, sofern man für ein Ressort nicht »typisch männliche« Kenntnisse bräuchte, vorwiegend weibliches Personal und auch eine vorwiegend weibliche Personalleitung. In Gerichtssälen und Krankenhäusern würden auch in höchsten Ämtern Frauen überwiegen, während sich unter frei praktizierenden Juristen und Ärzten nach wie vor mehr Männer befänden. Auch Parteipolitiker wären aus diesem Grund überwiegend Männer, während bei zeitlich regulierbaren politischen Tätigkeiten – soweit für sie nicht »typisch männliche« Kenntnisse erforderlich wären – die Frauen in der Mehrheit wären. In allen Ämtern, in denen man auf Erfolgs- oder Provisionsbasis arbeitet, gäbe es also mehr Männer, und überall dort, wo man mit zwar niedrigeren, aber regelmäßigen Einkünften und festen Stundenplänen rechnen kann, mehr Frauen.

g) *Weiblich wäre der weniger einsame Beruf*
Da Tätigkeiten, in denen man viel menschlichen Kontakt hat, im allgemeinen begehrter sind, würden Frauen sich unter Berufen, die eine längere Ausbildung voraussetzen, jene reservieren, in denen man unmittelbar mit oder an Menschen arbeitet, ohne daß die Tätigkeit besonders gefährlich, unappetitlich, unsympathisch oder zeitraubend wäre. Erziehungs- und Sprachwissenschaften, Journalismus, Medizin, Pharmakologie, Jura, Psychologie, So-

zialfürsorge, Theologie wären also eher weibliche Tätigkeiten, während Wirtschaftswissenschaften, Technik, Mathematik, Architektur, Biologie, Physik, Chemie, Philosophie, Geschichtsforschung usw. hauptsächlich den Männern überlassen blieben.

Im *Erziehungswesen* etwa läge der Unterricht in Kindergärten und an Grundschulen fast ganz in weiblicher Hand, während an höheren Schulen die einzelnen Fächer je nach Disziplin entweder von Männern oder Frauen gelehrt würden. Ein Teil dieser »Männerfächer« würde allerdings noch an jene Frauen gehen, die sich zunächst durch ein Studium auf einen geschlechtsfremden Beruf – etwa Mathematik – vorbereiten, später jedoch durch Ausübung eines Lehramts weibliche Valenzen zurückerobern wollen. Schuldirektoren wären an Grundschulen in der Regel weiblich, an höheren Schulen männlich oder weiblich, während bei den Schulbehörden – wo es ja wieder mehr um allgemeine Erziehungsfragen geht – das weibliche Personal überwiegen würde. Diese Dominanz der Frauen im Erziehungswesen würde sich bis in die entsprechenden Ministerien fortsetzen. Da Kinder dann jedoch Gelegenheit hätten, auch im Alltag Männer kennenzulernen – sie würden zu Hause von Müttern *und* Vätern erzogen –, wäre ein weibliches Monopol auf diesem Sektor nicht mehr so gefährlich. Heute erzieht zu Hause die Mutter und in der Schule die Lehrerin. Bis ein junger Mensch einen Mann genauer kennenlernt, muß er nicht selten seinen Eintritt in die Berufswelt abwarten.

Bei den *Sprachwissenschaften* würden die Frauen dort dominieren, wo es Gelegenheit zu Kontakten gibt – sie wären also Dolmetscher und Sprachlehrer –, und dort verzichten, wo Sprache mit Einsamkeit verbunden ist: Freie Übersetzer, Sprachforscher wären meist Männer.

Im *Journalismus* träfe man vor allem in den Redaktionen, sofern für ein Ressort nicht »typisch männliche« Spezialkenntnisse erforderlich sind, immer mehr Frauen. Freie Journalisten, Sonderkorrespondenten, Berichterstatter aus Kriegs- und Katastrophengebieten wären hingegen in der Regel Männer, denn hier müßte man auf Erfolgsbasis arbeiten, unregelmäßige Arbeitszeit oder große Gefahren in Kauf nehmen. Wo politische Ämter von männlichen Politikern besetzt blieben, wäre auch die politische Berichterstattung in der Regel männlichen Journalisten überlassen, und das gleiche würde umgekehrt für die weiblichen Politressorts gelten. Der Konsument des Produkts, auf den es ja schließlich ankommt – der Leser, Hörer oder Fernsehzuschauer –, würde hier einen Geschlechtsfremden in der Regel nicht akzeptieren. Dies gälte auch für die Sportberichterstattung.

In der *Medizin* blieben – mit Ausnahme der bereits erwähnten gefährlichen, unerquicklichen oder zeitraubenden Fachrichtungen – lediglich Forschung, Strahlenheilkunde und die kompliziertere technische Diagnostik in Männerhand. Das Schicksal der Gynäkologen müßte durch tiefenpsychologische Untersuchungen geklärt werden. Daß hier in westlichen Ländern der Anteil der Ärztinnen auch heute viel geringer ist als auf anderen Fachgebieten, scheint darauf hinzudeuten, daß bei weiblichen Medizinern eine psychische Sperre gegen die medizinische Betreuung ihres eigenen Geschlechts vorliegt.

In der *Zahnmedizin*, wo das Berufsimage dank der weitgehend schmerzfreien Behandlungsmethoden immer positiver wird, gäbe es immer mehr Frauen.

Pharmakologie wäre, soweit sie auf den Verkauf von Arzneimitteln vorbereitet, selbstverständlich eine weitgehend weibliche Domäne.

Auch die *Justiz* wäre, solange sie sich im Gericht abspielt oder bei geregelter Arbeitszeit, als Frauenberuf zu verstehen: Man befaßt sich mit dem im weitesten Sinn unterhaltsamen Aspekt eines Vergehens, während der gefährliche den – männlichen – Polizisten überlassen bleibt. Auch wäre das, was in den Augen der Bevölkerung bei öffentlichen Verhandlungen als »das Böse« gilt – die Anklage –, meist von Männern vertreten, während »das Gute« – die Verteidigung – in der Regel Frauen obläge. Sowohl im Zivil- als auch im Strafrecht bliebe jedoch die Beschäftigung mit Disziplinen, die »typisch männliche« Kenntnisse voraussetzten (beispielsweise Wirtschaftsdelikte), Sache der Männer.

Psychotherapie wäre, wie schon heute die schnell wachsende Zahl weiblicher Psychologiestudenten beweist, der akademische Frauenberuf par excellence: Neurotiker sind selten gefährlich und so unterhaltsam wie sonst kaum jemand. Männer hätten allenfalls bei der Ausarbeitung neuer Behandlungsmethoden eine Chance.

Die neue Disziplin *Sozialfürsorge* mit ihren verschiedenen Bereichen, wo sich ja abgesehen von der Möglichkeit, sich als »gut« zu definieren, ein Maximum an interessanten menschlichen Kontakten ergibt, wäre natürlich ebenfalls vorwiegend weiblich besetzt.

In der *Theologie* – letzten Endes einer Art konfessionell gebundener Psychotherapie und Sozialfürsorge – käme es nach der Reform zu einem Erdrutsch. Da man wegen der weiblichen Selbstversorgung die Autorität des Priesters nicht länger zur Einschüchterung der Männer mißbrauchen müßte (DER DRESSIERTE MANN, Kap. »Dressur durch Bluff«), wären bald – wenn auch einstweilen nur dort, wo es die Glaubensgrundsätze erlauben – die meisten klerikalen Ämter von Frauen besetzt. Da es sich hier um überschaubare Aktivitäten mit großer Kontaktmöglichkeit handelt, wären Frauen in hohem Maß an der Eroberung des Pfarramts interessiert.

h) Weiblich wäre der weniger »männliche« Beruf
Die Wissenschaft ist sich heute darüber einig, daß bei Männern technisches Verständnis und Aggressivität weit stärker entwickelt sind als bei Frauen und daß diese wiederum in allen Disziplinen, die mit sprachlicher Gewandtheit zu tun haben – also mit Kommunikation im weitesten Sinn –, den Männern überlegen sind. Frauen träfen demzufolge nicht nur eine auf Privilegien bedachte, sondern auch eine »natürliche« Berufswahl. Dieses Kriterium würde sich mit den weiter oben genannten überschneiden: Die weniger anstrengenden, weniger gefährlichen, weniger unsympathischen, weniger abstoßenden, weniger mobilen, weniger zeitraubenden oder weniger einsamen Berufe würden von Frauen nicht nur aus Opportunismus gemieden werden, sondern zum Teil auch deshalb, weil sie nicht talentiert dazu sind (weil sie nicht dafür erzogen werden) oder weil die physischen Anforderungen des Metiers die Körperkräfte einer Frau tatsächlich übersteigen. Umgekehrt würden solche Berufe von Männern aus eben diesen Gründen bevorzugt werden.

Frauenberufe wären nach diesem Prinzip: Kinderpflege (Erziehungswesen), Krankenpflege (Gesundheitswesen), Nahrungsmittelherstellung (zum Direktkonsum, Nahrungsmittelindustrie), Kontaktpflege (Hotel- und Gaststättengewerbe, Fremdenverkehr, Public Relations, Handel), Sprachpflege (Journalismus, Verlagswesen, Übersetzung), Raumpflege (Gebäudereinigung), Dekoration (Innenarchitektur), Mode (Schneiderateliers, Bekleidungs- und Accessoiresindustrie), Schönheitspflege

(Kosmetikindustrie, Verschönerungs- und Fitneßinstitute). In allen diesen Branchen wären Frauen weitgehend souverän und müßten nur noch in einigen atypischen Ressorts entweder von atypisch ausgebildeten Frauen oder von Männern vertreten werden. Im Handel würde man Männer nur noch dort antreffen, wo für den Kauf oder Verkauf einer Ware spezifisch männliche Kenntnisse oder weite Reisen erforderlich wären.

Männerberufe wären hingegen weiterhin Landwirtschaft, Rohstofförderung und die Mehrzahl der Handwerke samt ihrer industriellen Ausweitung: holz- und metallverarbeitende Industrie, Baugewerbe, Mechanikerwerkstätten, Elektroindustrie usw. In allen diesen Bereichen wäre nur das Büropersonal weiblich, und nur leichtere körperliche Tätigkeiten würden von Frauen ausgeführt werden.

Die Frage, ob es angeborene Begabungen gibt, wird zur Zeit ebenso heftig diskutiert wie die nach der Angeborenheit männlicher und weiblicher Eigenschaften: Manches spricht dafür, anderes dagegen. Tatsache ist, daß das, was später als das besondere Talent eines Menschen in Erscheinung tritt, sich bei näherer Untersuchung eigentlich immer als das Ergebnis bevorzugter Förderung entpuppt. Dabei kommt es nicht so sehr auf die fachkundige Anleitung an als auf den frühzeitig und großzügig gespendeten Applaus. Die Mutter eines späteren Violinvirtuosen oder Komikers muß nicht in erster Linie musikalisch oder witzig sein – wichtig ist, daß sie ihrem Kind von klein an sagt, wie musikalisch es selbst sei, oder daß sie über dessen Witze ausgiebig lacht. Auch »typisch männliche« und »typisch weibliche« Berufsbegabungen sind somit aller Wahrscheinlichkeit nach auf bewußte oder unbewußte Förderung von Anlagen zurückzuführen, die bei beiden Geschlechtern vorhanden sind, wenn auch vielleicht bei einem mehr als beim andern.

Doch gerade wenn das zutrifft, dann ist es kein Drama, wenn bei Männern und Frauen gegensätzliche Talente gefördert werden und die Geschlechter in der Folge zu ganz verschiedenen Berufen tendieren. Die nicht angewandte spezielle Fähigkeit – also die »unmännliche« oder »unweibliche« – kann ja unter ihrer Verdrängung durch die angewandte in der Regel nicht leiden. Sie ist, da sie nicht entwickelt wurde, gar nicht vorhanden. Für das Wohl der Allgemeinheit ist es jedoch sinnvoller, wenn man die Polarisierung der Talente frühzeitig in die Wege leitet. Da man in einem größeren Zeitraum entsprechend mehr Erfahrung speichert, wird die spätere Leistung um so größer sein, je früher man sich auf seine geschlechtstypischen Aufgaben spezialisiert. Das heißt, es ist für uns alle besser, wenn der Gesellschaft gründlich männlich oder weiblich ausgebildete Facharbeiter zur Verfügung stehen, als in beiden Richtungen oberflächlich ausgebildete Hilfsarbeiter. Und falls die Vertreter der biologistischen Auffassung recht hätten und Männer und Frauen tatsächlich von Natur aus enorm verschieden wären, dann wäre eine frühzeitige Förderung der typisch männlichen und weiblichen Talente ohnehin das beste, was uns passieren könnte.

Man könnte es natürlich auch anders machen. Man könnte mit dem Geburtenregister in der Hand von Haus zu Haus gehen und sagen, im Jahre soundso werden voraussichtlich soundsoviel technisch- und soundsoviel kontaktbegabte Menschen notwendig sein, also wird dieses Kind »männlich« und jenes »weiblich« erzogen. Doch der natürliche Weg – die geschlechtsspezifische Erziehung – ist ganz eindeutig rationeller. Er ist zwar nicht absolut gerecht, aber gerechter als diese Alternative. Außerdem verhütet er auch individuelles Unglück. Da wir nun einmal trotz aller Aufklärung immer einen erotisch attraktiven Partner jedem andern vorziehen werden, ist in unserer Gesellschaft ein von progressiven Eltern zu geschlechtsuntypischem Verhalten erzogener Mensch nicht selten zur Einsamkeit verurteilt. Und diese ist für die meisten Leute schwerer zu ertragen als ein brachliegendes Talent.

Wirklich ungerecht und diskriminierend kann eine geschlechtsspezifische Berufsausbildung nur dann sein, wenn die Geschlechter nicht paritätisch am Erwerbsleben teilnehmen. Wenn also heute in den meisten Familien die Männer arbeiten und die Frauen nicht, dann muß man einen Teil der Männer indirekt dazu zwingen, Aufgaben zu übernehmen, für die sie nicht ausgebildet wurden und die sie außerdem als »unmännlich« und demütigend empfinden. So werden etwa Männer, bei denen ja von Kind an »typisch männliche« Begabungen und Aggressivität gefördert wurden, laufend als Kellner, Köche, Damenfriseure, Damenschneider oder Kosmetikvertreter zweckentfremdet, ohne daß sich jemand etwas dabei dächte. Erst wenn man sich vorstellt, wie es wäre, wenn man Hausfrauen en masse zum Straßenbau abkommandierte oder Säuglingsschwestern für die Arbeit in Schlachthäusern verpflichtete, kann man ungefähr ermessen, was das für diese Männer bedeutet. Nur dadurch, daß die Frauen außer der sinnvollen Polarisierung noch eine künstliche eingeführt haben und es für männlich erklärten, wenn man andere ernährt, und für weiblich, wenn man sich ernähren läßt, werden diese Tätigkeiten für Männer einigermaßen erträglich.

Sozial gefährlich, wie manche glauben, könnte eine geschlechtstypische Berufsausbildung nur dann sein, wenn man etwa die eine Art mehr bräuchte als die andere. Das Geschlecht, dessen Tätigkeit lebensnotwendig ist, könnte dann theoretisch durch gezielte Streiks das andere erpressen. Doch männliche und weibliche Talente sind im Leben absolut gleichrangig: Alle Berufe, die es gibt, sind notwendige Berufe. Bei gleich starker Erwerbstätigkeit der Geschlechter könnte eine grobe Unterscheidung in Männer- und Frauenberufe daher niemals bedrohlich werden. Einem Streik der Metallarbeiter – einem Männerstreik – könnte man einen Streik des Gesundheitswesens – einen Frauenstreik – entgegensetzen. Und falls etwa die – vorwiegend männliche – Polizei ihr eigenes Geschlecht unverhältnismäßig protegierte, könnte man sie durch die – vorwiegend weibliche – Justiz zur Raison bringen.

Es ist natürlich kein Zufall, daß die Summe der männlichen und weiblichen Berufe genau die Aktivitäten ergibt, die die heutige Gesellschaft zum Überleben braucht. Wer in der geschlechtstypischen Erziehung eine erotische Raffinesse sieht, erkennt nur die Spitze des Eisbergs. Im Grunde erziehen wir die Geschlechter nur deshalb unterschiedlich, weil dies die einfachste Methode ist, die zur Erhaltung der Gruppe notwendigen Spezialisten auszubilden. Daß sich dabei das erziehende Geschlecht den besseren Part aussuchen kann, steht auf einem anderen Blatt. Und auch daß dieses dank seiner Macht seine eigenen Pflichten später anderen aufhalsen kann, spielt in diesem Zusammenhang keine Rolle.

Wenn man die Sache unter diesem Aspekt betrachtet, dann ist es auch kein Zufall, daß die Geschlechterrollen sich im Lauf der Zeit wandeln. Denn in dem Maß, wie die Umwelt sich ändert, ändern sich auch die Ansprüche, die wir an geschlechtstypisches Aussehen oder Verhalten stellen. Erotisch ist eine Eigenschaft immer nur so lange, wie sie zur Erhaltung der Art gebraucht wird. So ist es zum Beispiel der Existenz von Maschinen zu verdanken, daß man es sich heute leisten kann, auch körperlich weniger robuste Männer schön zu finden, und der Erfindung des Muttermilchersatzes, daß auch kleinbusige Frauen mit Begeisterung geheiratet werden. Wir wissen instinktiv, daß wir starke Muskeln und üppige Milcherzeugungsorgane zur Arterhaltung nicht mehr brauchen und können es uns daher leisten, unsere Ansprüche auf diesem Gebiet herabzuschrauben. Auf der anderen Seite brauchen wir heute zum Überleben in unserer hochtechnisierten Welt die Fähigkeit zur Abstraktion und – um die durch die Technik und den wachsenden Komfort entstehende Entfremdung und Isolierung wieder auszugleichen – ein Maximum an Kontaktfähigkeit. Männer mit »kühlem« Verstand und emotionale, warmherzige Frauen finden sich daher gegenseitig ungemein anziehend.

Diese Polarisierung wäre, wie bereits erwähnt, natürlich auch in entgegengesetzter Richtung denkbar, doch ohne sie kämen wir nicht aus. Da abstrahierendes und konkretisierendes Denken, technisches und sprachliches Begreifen, Beherrschtheit und Emotionalität sich offensichtlich schwer in ein und demselben Menschen vereinen lassen, werden wir als Erzieher das eine Geschlecht immer stärker auf technischen Fortschritt programmieren und das andere immer stärker auf Erhaltung der psychischen Harmonie. Das Spezialistentum, das man heute im Berufsleben immer mehr konstatiert, bedingt also auch eine immer tiefergehende Differenzierung der Geschlechter. Da es nur zwei davon gibt, muß es sich dabei zwangsweise um eine Polarisierung handeln: Alles, was Männer können, müssen Frauen nicht können, und umgekehrt. Bei technischem oder menschlichem Versagen holt man sich den Fachmann jeweils aus dem Geschlecht, das dazu erzogen wurde, solche Pannen zu beheben.

Politik, Militär, Gewerkschaften

Politik ist ein Metier, das ohne weiteres von Frauen beherrscht werden könnte. Die Fachkenntnisse, die hier verlangt werden, halten sich in Grenzen, die Entscheidungen, die zu fällen sind, werden mehr oder weniger von den Ereignissen vorgezeichnet, und wie man aus den Memoiren der Staatsmänner ersieht, sind die diplomatischen Manöver meist sehr viel einfallsloser, als sie dem Laien erscheinen. Und diejenigen Fähigkeiten, auf die es für einen politischen Erfolg am meisten ankommt – Redegabe, Formulierungskunst, Kontaktfähigkeit –, sind bei Frauen erwiesenermaßen stärker vorhanden als bei Männern, sei es nun aufgrund von Veranlagung oder aufgrund geschlechtstypischer Erziehung.

Doch obwohl Frauen damit eigentlich zum Berufspolitiker prädestiniert wären, blieben hier auch nach der Reform die wichtigeren Ämter von Männern besetzt. Denn um ein erfolgreicher Politiker zu werden oder zu bleiben, muß man sowohl die Sieben-Tage-Woche als auch den Fünfzehn-Stunden-Tag akzeptieren. Und wenn Frauen das schon heute nicht tun, dann wären sie noch weniger dazu bereit, wenn alle anderen Leute nur noch fünf Stunden arbeiteten. Außerdem müssen Spitzenpolitiker auf Kinder verzichten. Wer sich trotzdem fortpflanzt, bleibt zum Alimentenzahler degradiert, denn er sieht seine Kinder unter der Woche meist überhaupt nicht und am Wochenende bestenfalls für ein paar Stunden und im Beisein anderer. Auch zu diesem Verzicht wären Frauen nur selten bereit, sei es aus Veranlagung, Rollenbewußtsein oder Egoismus.

Man bliebe also voraussichtlich auch nach der Reform bei der Gewohnheit, reifere Damen guten Willens in Repräsentationsämter und traditionelle Frauenministerien zu katapultieren und alles übrige den Männern zu überlassen. Zwar tauchte dann vielleicht etwas häufiger als heute eine Margaret Thatcher oder Golda Meir auf, die dieses schöne Ungleichgewicht ins Wanken brächte, doch letzten Endes würde dies am männlichen Übergewicht nicht viel ändern. Wie schon an anderer Stelle erörtert, wäre all dies jedoch kein Grund zur Aufregung. Da demokratische Politiker ihre Politik heute weitgehend an den Ergebnissen der Meinungsumfragen orientieren und genau das zu tun versuchen, was die Wähler für richtig halten, könnte hier ein männliches Übergewicht den Frauen niemals gefährlich werden. Wo die Meinungen gemacht werden, nach denen die Politiker dann handeln – in der Schule, im Elternhaus, im Freundeskreis, unter Arbeitskollegen –, wären Frauen ja mindestens gleich stark vertreten, das heißt, im Erziehungswesen würden sie sogar eindeutig dominieren. Allerdings würden sie nach und nach bei den Wahlen ihre absolute Mehrheit verlieren: Wenn Frauen gleich stark belastet wären, würden sie Männer nicht mehr um durchschnittlich neun Jahre (USA) oder sechseinhalb Jahre (EG) überleben. Einige Jahrzehnte nach der Reform hielten sich männliche und weibliche Wählerstimmen annähernd die Waage.

Auch beim *Militär* könnte nach der Reform die Frau eine nicht unbedeutende Rolle spielen. Daß Männer früher zur Verteidigung ihrer Sippe oder ihres Landes besser geeignet waren als Frauen, steht außer Zweifel: Sie sind stärker, aggressiver, werden nicht schwanger und waren vor der Einführung des Frauenwahlrechts auch nominell für solche Konflikte verantwortlich. Diese Situation hat sich inzwischen aber grundlegend verändert: Bei der heutigen Art der Kriegführung kommt es nicht mehr auf Körperstärke und Aggressivität an, sondern auf physische und psychische Widerstandskraft. Und wenn Frauen auch nicht widerstandsfähiger sind als Männer – ihre höhere Lebenserwartung und niedrigere Selbstmordquote sind ihrem sorgloseren Lebensstil zuzuschreiben –, so besteht doch kein Grund zur Annahme, sie seien es weniger. Da man auch das Problem unerwünschter Schwangerschaften inzwischen gelöst hat, gibt es also kein einleuchtendes Motiv mehr dafür, Frauen den Militärdienst zu erlassen und ihnen die Grauen der Kriegsschauplätze zu ersparen. Denn seit sie das Wahlrecht haben, sind sie ja für jede Politik, die zum Krieg führt, ebenso verantwortlich wie Männer.

Der ausschlaggebende Grund für eine Befürwortung weiblicher Gleichverpflichtung bei Verteidigungsaufgaben wäre jedoch, daß diese dazu beitragen könnte, das politische Interesse der Frauen zu mobilisieren und das Kriegsrisiko zu senken. Denn es ist ein Unterschied, ob man für eine falsche politische Entscheidung eventuell selbst mit dem Leben bezahlen muß oder ob das ein anderer für einen tut. Wenn auch weibliche Wähler damit rechnen müßten, für eine aggressive Politik ihrer Regierung in den Krieg geschickt zu werden, so hätte dies insofern eine positive Wirkung, als dann bei Wahlen die Partei mit dem pazifistischeren Programm auf jeden Fall die größeren Chancen hätte. Nicht weil Frauen pazifistischer wären als Männer, sondern weil es dann in jedem Land doppelt soviel Leute gäbe, die Angst um ihr Leben hätten.

Doch wenn es schon bisher Grund genug gab, für weibliche Gleichverpflichtung beim Wehrdienst einzutreten, so würde dieses Problem durch die Reform noch aktueller. Denn das Geschlecht, das Militärdienst ableisten muß, gerät ja mit seiner Berufsausbildung um Jahre ins Hintertreffen. Die Frauenrechtler meinen zwar, daß diese Benachteiligung der Männer durch die weibliche Gebärtätigkeit ausgeglichen wird, doch dieser Vergleich ist nicht stichhaltig. Soweit er den Zeitverlust betrifft: Nach der Reform könnten Eltern ja wählen, wer von beiden nach der Geburt eines Kindes seine Berufstätigkeit – bei vollem Gehalt – für ein Jahr unterbricht. Bisher ist es aber so, daß eine Frau sich durch das Gebären lebenslange Freiheit verschaffen kann, während der Mann gerade durch die Geburt seiner Kinder endgültig angebunden wird: Er muß also seinen Militärdienst ableisten und zusätzlich bis zur Pensionsgrenze noch seinen »Arbeitsdienst«.

Außerdem müßte man, sollte der Vergleich der Frauenrechtler zutreffen, Frauen zum Gebären verpflichten können, wie man Soldaten zum Kämpfen verpflichtet. Das heißt, man müßte Gebärverweigerung ebenso mit Gefängnis bestrafen können wie Wehrdienstverweigerung oder Desertion. Schon hieran wird erkennbar, wie absurd es ist, eine biologische Funktion einer politischen Verantwortung gleichzusetzen. Zudem haben ja auch Männer biologische Funktionen – sie sind zum Beispiel Samenspender –, die dann ebenfalls honoriert werden müßten. In den USA werden 90 Prozent der kleinen Jungen einer Vorhautbeschneidung unterzogen. Müßte man sie für diesen Eingriff, der mit tagelangen Schmerzen verbunden ist, nun nicht dadurch entschädigen, daß man ihnen einen Teil der Schulzeit erläßt? Sollte man ihre Klassenkameradinnen verpflichten, ihnen zum Ausgleich den Schulranzen zu tragen?

Doch selbst wenn Wehrpflicht mit Gebärpflicht aufzuwiegen wäre, dann wäre damit das Eigentliche am Wehrdienst noch immer nicht abgegolten. Denn das Eigentliche ist ja nicht Strammstehen- und Schießenlernen, sondern Töten und Sterben. Nur für Menschen in Staaten, die noch nie oder schon lange keine Kriege hatten, ist dies ein theoretisches Problem – und selbst hier könnten Soldaten von einem Tag zum andern in Bürgerkriege oder UN-Aktivitäten verwickelt werden. In den meisten Ländern ist jedoch die Erinnerung an vergangene Kriege noch überaus lebendig. Vietnam, Korea, Indochina, Algerien liegen noch nicht allzu lange zurück. Die Gefallenen sind noch nicht vergessen, und die Verletzten trifft man überall. In Deutschland wird man schwer einen Mann über fünfundvierzig finden, der nicht irgendein körperliches Handikap aus dem letzten Weltkrieg hat. Hier gibt es auch den wohl gespenstischsten Literaturpreis der Welt: den Hörspielpreis der Kriegsblinden. Diese Blinden – Männer – sind nun schon seit dreißig Jahren blind. Die abenteuerliche Geschichte ihrer Verletzung will aber niemand von ihnen hören, denn da sie auf der falschen Seite kämpften, sind sie heute nicht einmal Helden. Die Frauen, die diese »falsche Seite« seinerzeit durch ihre Stimmenmehrheit mit heraufbeschworen hatten, sind weitgehend unversehrt.

Alle diese Argumente sollte man aber bei der Diskussion um die Reform am besten vollkommen vergessen. Die Unlust der Frauen, sich hier ihrer Verantwortung zu stellen, ist dermaßen ausgeprägt, daß der ganze Plan an diesem einen Punkt scheitern könnte. Es handelt sich darum, das Mögliche zu erreichen. Eine freiwillige Gleichverpflichtung der Frauen bei Verteidigungsaufgaben ist jedoch unmöglich, und eine Gleichverpflichtung gegen ihren Willen wäre es ebenfalls. Daß die Männer aufbegehrten, ist gerade hier

ausgeschlossen: Die meisten von ihnen könnten den An-
blick bewaffneter Frauen nur schwer ertragen. Dabei wäre
gerade diese Einstellung dem Frieden förderlich. Wenn es
nämlich weibliche Soldaten gäbe, würden Männer noch
mehr darauf achten, ihr eigenes Wahlrecht so zu handhaben, daß diese niemals schießen müßten.

Gegen eine Streitmacht aus Berufssoldaten, die vielen als
Ausweg aus diesem Dilemma erscheint, sprechen die gleichen Argumente, die für die weibliche Wehrpflicht sprechen. Wenn bei Wahlen nur noch ein Bruchteil der Bevölkerung den Kriegsschauplatz fürchten muß, wird das Risiko
kriegerischer Auseinandersetzungen noch größer. Vor allem für Länder wie die USA, wo Konflikte bisher immer
weit von der Heimat ausgetragen wurden, könnte die Abschaffung der Wehrpflicht zugunsten eines Berufsheeres die
falsche Lösung sein. Der Wähler kann hier in Zukunft un-
liebsame Konsequenzen seiner politischen Entscheidungen
einer gutbezahlten Söldnertruppe überlassen, deren ferne
Aktivitäten er in größter persönlicher Sicherheit auf dem
Fernsehschirm verfolgt. Hier würde nicht nur das Kriegsrisiko steigen, es würden auch eindeutig die Grenzen unserer
Dienstleistungsgesellschaft überschritten. Denn auch wenn
Berufssoldaten sich freiwillig verpflichten, so hat doch kein
Volk das Recht, sich das Leben und die Gesundheit einer
meist armen Minderheit mit Steuergeldern zu kaufen.

Mit anderen Worten: Trotz der Reform würde die Militär-
uniform weiterhin die Livree des Dieners bleiben – des Dieners ihrer Majestät, der Frau. Die kurzgeschorenen Rekru-
ten hätten auch in Zukunft den Stellenwert von Schlacht-
vieh: Man könnte sie jederzeit stellvertretend in den Tod
schicken. Alle Maßnahmen werden sich hier darauf beschränken müssen, die Wehrpflicht selbst zu humanisieren,
das heißt, Ausbildungszeitverkürzung und Anerkennung

der Wehrdienstverweigerung aus Gewissensgründen. Da es ein Land für Leute, die keine Waffe in die Hand nehmen wollen, nicht gibt – es wäre längst erobert –, muß man jedem das Recht einräumen, in dem Land, in dem er gerade lebt, nach seiner eigenen Moral zu handeln.

Das einzige Terrain, wo man nach der Reform wirklich auf einer weiblichen Gleichverpflichtung bestehen müßte, wären die *Gewerkschaften*. Frauen dürften sich überall gehen lassen, nur hier nicht. Wenn sie nicht wollten, daß ihre Dienste schlechter bezahlt würden als die der Männer, müßten sie sich in gleicher Zahl wie diese aktiv an der Gewerkschaftsarbeit und an den Tarifverhandlungen beteiligen. Wie gefährlich hier weibliche Nachlässigkeit sein kann, hat die Vergangenheit bewiesen. Da berufstätige Frauen in westlichen Industrieländern höchstens ein viertelmal so häufig Gewerkschaften beitreten wie berufstätige Männer, sich dort dann aber so gut wie nie aktiv an der Arbeit beteiligen, konnten die berüchtigten Frauenlohngruppen entstehen; das heißt, Tätigkeiten, mit denen überwiegend Frauen beschäftigt sind, werden im Vergleich zu Arbeiten, mit denen überwiegend Männer beschäftigt sind, zuweilen zu schlecht bezahlt. Hier hatten sich die Frauen einmal zuviel auf ihre Kavaliere verlassen: Statt für ihre Kolleginnen mitzukämpfen, dachten die Männer zunächst einmal an Lohnzulagen für ihre eigenen Bereiche. Die zwangsläufige Folge dieses weiblichen Leichtsinns waren die »Leichtlohngruppen«, die uns die Frauenrechtler als Beweis männlicher Unterdrückungstaktik präsentieren wollen. Um sie für immer abzuschaffen, muß man jedoch nicht auf die Barrikaden steigen, sondern in die Gewerkschaften eintreten, auch wenn das weniger unterhaltsam und weniger aufsehenerregend ist. Da nach der Reform männliche und weibliche Tätigkeitsbereiche noch mehr voneinander getrennt wären als heute, könnten sonst – bei ungenügendem gewerkschaftlichem Engagement der Frauen – alle »Frauenberufe« zu Berufen mit schlechterer Bezahlung werden, und das Gejammer ginge von vorne los.

Hausarbeit ist nicht teilbar

Da nach der Reform beide Ehepartner nur fünf Stunden am Tag berufstätig wären, hätten auch beide Zeit genug, sich um Haushalt und Kinder zu kümmern. Die Pflichtenverteilung innerhalb der Familie wäre damit eine rein private Abmachung, die mit juristischen Mitteln nicht beeinflußt werden könnte. Diese Pflichten wären jedoch angenehmer als heute, denn die Hausarbeit wäre noch mehr automatisiert, und dank weiblicher Selbstversorgung, die eine Erpressung mit Geiseln überflüssig machte, kämen in der Regel nur noch Kinder zur Welt, die auch vom Mann gewünscht wären.

Bei der Verteilung dieser innerfamiliären Pflichten würde sich jedoch am heutigen Rollenschema nicht viel ändern. Die mehr weibliche Familienarbeit – Kochen, Waschen, Putzen – würde nach wie vor meist von Frauen erledigt werden, und die eher männliche – Chauffieren, Reparieren, Gärtnern – von Männern. Nicht etwa, weil das eine Geschlecht vom andern dazu gezwungen würde, sondern weil beide es so wollten. Wenn die Frauen schon heute einen Mann, der sich zuviel im Haushalt umtut, nicht als »richtigen« Mann betrachten, wieviel weniger später, wo doch die Partnerschaft auf erotischer Basis aufgebaut sein wird. Hausarbeit wäre also nach der Reform noch weniger teilbar als heute, weil Männer und Frauen eine solche Teilung noch weniger wünschen würden als heute. Alle Tätigkeiten für die Familie, die man mit diesem Wort bezeichnet, blieben der Hausfrau überlassen, und alles, was man Zeitvertreib oder Steckenpferd nennt, im Grunde jedoch ebenfalls im Interesse der Familie geschieht, bliebe für den Mann.

Es ist deshalb zu befürchten, daß Frauen trotz der Reform nicht aufhören würden, über ihre Rolle zu klagen. Denn auch wenn sie keinesfalls mit ihren Partnern tauschen wollten, würden sie doch weiterhin mit Hilfe der Hausarbeit Schuldgefühle in ihnen zu züchten suchen. Wer daran gewöhnt ist, seine Familie durch eine Opferlamm-Attitüde zu terrorisieren, oder die Anwendung dieser Technik im Augenblick bei seiner Mutter noch erlernt, wird auf diesen Machtfaktor nicht ohne weiteres verzichten wollen. Es ist daher unumgänglich, den weiblichen Aufgabenbereich innerhalb der Familie – Hausarbeit – eindeutig zu definieren und genau festzustellen, wieviel Zeit man dafür braucht.

Man muß zu diesem Zweck keine großen soziologischen Untersuchungen anstellen, denn diese sind teuer, zeitraubend und bringen auf diesem Gebiet immer falsche Ergebnisse. Alle populär gewordenen Statistiken über die Tätigkeit der Hausfrau beruhen auf dem gleichen Prinzip: Ein paar hundert oder tausend Frauen verschiedener sozialer Schichten dürfen nach eigenem Ermessen festlegen, welche ihrer Aktivitäten sie Arbeit nennen und wieviel Zeit sie dafür brauchen. Auf dieser Grundlage wird dann das Arbeitspensum der einzelnen Hausfrau berechnet. Die Ergebnisse sind entsprechend deprimierend: Die Rechercheure kommen auf sechzig, achtzig und manchmal sogar hundert Stunden, die die Hausfrau wöchentlich an »Gratisarbeit« leistet. Da die kostspieligen Recherchen meist von mächtigen Hausfrauenverbänden oder auflagenstarken Frauenzeitschriften finanziert werden, bleibt natürlich niemand von diesen Horrormeldungen verschont. Um die Öffentlichkeit zu schockieren, werden sie ja eigens angefertigt.

Doch auch wenn die beauftragten Rechercheure durchwegs Akademiker sind, die sich streng an die Regeln der Statistik halten, haben diese Untersuchungen mit Wissenschaftlichkeit nichts zu tun. Hausfrauen sind insgesamt gesehen ein Interessenverband, dessen Mitglieder selbstverständlich auch bei getrennten Befragungen und ohne Absprache ihre Leistungen entsprechend hoch ansetzen. Falls man diese Methode auf die Industrie übertragen würde und vergleichbare Gruppen – unkündbare Gehaltsempfänger, falls es sie gäbe – ihr Arbeitspensum pro Zeiteinheit selbst bestimmen ließe, müßte man die Arbeitsplätze verzehnfachen.

Bei der Hausarbeit wird die Sache aber noch dadurch kompliziert, daß hier der Übergang von Pflicht zu Vergnügen so fließend ist, daß eine Trennung auch für wahrheitsliebende Menschen kaum möglich ist. Die Arbeitszeit der Nur-Hausfrau läßt sich durch Befragung genausowenig ermitteln wie die von Profisportlern oder Künstlern, denn sie alle haben das, was sie ohnehin gern tun, zu ihrem Beruf gemacht. Die laut Umfrage liebste Freizeitbeschäftigung der Frau – Nähen, Handarbeiten, Dekorieren der Wohnung – kann sowohl als Arbeit als auch als Vergnügen bewertet werden. Dies gilt auch für viele andere Aktivitäten. Kochen, Braten und Kuchenbacken sind nur für manche Leute eine Plage. Andere – darunter viele Männer – können sich nichts Schöneres vorstellen, als in stundenlanger »Arbeit« eine exquisite Mahlzeit herzuzaubern. Anders als in der Industrie ist man hier ja zugleich Fabrikant und Konsument seines Produkts, und anders als bei regulären Erwerbstätigkeiten, wo man mitunter jahrelang auf ein Lob der Vorgesetzten warten muß, kann man hier bei akzeptabler Leistung jeden Tag aufs neue ein »Erfolgserlebnis« haben.

Außerdem müßte man bei solchen »Hausfrauenreports« auch noch eindeutig zwischen Arbeit und Anwesenheit unterscheiden, was ebenfalls nicht ganz einfach ist. Es gibt Frauen, die sogar das Spielen mit ihrem Baby als Arbeitszeit ansehen, obwohl sie es doch, wenn die Zeugung nicht versehentlich geschah, eigens zu diesem Zweck haben wollten.

Schließlich, so argumentieren sie nicht ohne Logik, wird ja auch eine Kinderschwester dafür bezahlt. Auch die Überwachung von Schulaufgaben wird häufig als Arbeitszeit bezeichnet, obwohl sich die Beteiligung der Mütter hier schon aus pädagogischen Gründen darauf beschränken muß, zuweilen ein Zwischenergebnis zu kontrollieren, und obwohl die Mehrheit der Frauen bekennt, daß sie beispielsweise bei Mathematikaufgaben überhaupt nicht helfen kann. Daß alle diese fleißigen Mütter nach mehrmaligem Durchlaufen des Lehrplans wenigstens eine Fremdsprache gelernt haben müßten, fällt ohnehin niemand auf.

Und wer sich zu seinem eigenen Vergnügen – Männer sind an so etwas nur ausnahmsweise interessiert – in seiner Wohnung Zimmerpflanzen, Nippes oder Hochglanzpolitur leistet, betrachtet selbstverständlich auch das Gießen, Abstauben und Polieren noch als Arbeit, für die er zu bedauern ist. Das ist zwar etwa so, als würde man von der Öffentlichkeit verlangen, daß sie die Skiläufer wegen des Schleppliftfahrens bemitleidet, doch da es sich um Auftragsarbeit handelt, sind die »Meinungsforscher« auch hier wieder großzügig. Die Zeit ist wohl nicht fern, in der uns die Frauen und ihre Hofsoziologen auch den Tratsch mit der Nachbarin als honorarpflichtige Public-Relations-Aktivität präsentieren und die Massenmedien für den Beischlaf mit dem Ehemann Sondervergütungen fordern werden. Denn schließlich gibt es Frauen, die auch dafür bezahlt werden – weshalb also

sollte ausgerechnet die Hausfrau hier wieder einmal Gratisarbeit leisten?

Wer wirklich wissen wollte, wie lange Hausfrauen arbeiten,
dürfte also keinesfalls Hausfrauen befragen. Man müßte
genau umgekehrt vorgehen. Nicht die unkontrollierten Angaben vieler Frauen würden für die Arbeitszeit einzelner
stehen, sondern die kontrollierte Arbeitszeit einzelner
würde zum Modell erhoben, an dem man die Arbeitszeit der
übrigen kontrollieren kann. Hausfrauen, die dieses Zeitbudget überschritten, wüßten dann eindeutig, daß in ihren
Aktivitäten ein gewisser Prozentsatz versteckter Vergnügungen enthalten ist, oder sie könnten sich die Überschrei-
tung mit mangelnder Selbstdisziplin erklären.
Eine solche Haltung wäre nicht nur wissenschaftlicher,
sondern auch fairer als das, was die Wissenschaft, wenn
auch in allerbester Absicht, heute mit ihren Studienobjekten
macht. Viele Nur-Hausfrauen sind ausgesprochene Le-
benskünstler: Außerhalb ihrer kurzen Arbeitszeit, in der sie
ohnehin nur ihren eigenen Anweisungen folgen, tun sie
mehr oder weniger das, was sie gern tun. Doch auch der
lebenslustigsten Frau vergeht der Spaß an ihren täglichen
Freuden, wenn man ihr in ihrer Frauenzeitschrift und auf
ihrer Frauenseite immer wieder vorrechnet, daß das alles in
Wahrheit Arbeit sei. Denn auch wenn diese Rechnungen
letzten Endes nur dazu präsentiert werden, den berufstätigen Teil der Bevölkerung einzuschüchtern und ihr selbst
Privilegien zu garantieren, so muß man doch berücksichtigen, daß es auch Frauen gibt, die hier nicht zwischen den
Zeilen lesen können. Wenn man einer solchen Hausfrau
immer wieder suggeriert, daß man sie wie einen Dienstboten behandelt und sie durch das Leben, das sie zu Hause
führt, ein anderes, viel schöneres versäumt, kann man sie

mit der Zeit tatsächlich gegen ihre Familie aufhetzen. Anstatt sich bei ihrem Mann dafür zu bedanken, daß er ihr Kinder schenkt, von denen er selbst kaum etwas hat, ihr materielle Sicherheit bietet und ein Leben in Freiheit und Souveränität ermöglicht, während er selbst die Befehle seiner Vorgesetzten befolgen und seinen Kunden schmeicheln muß, wirft sie ihm dann vor, daß er ihr Leben ruiniert, und fordert Dank von ihm. Und auch dieser Mann, der im Glück seiner Frau wenigstens eine gewisse Rechtfertigung für sein eigenes Unglück finden könnte und durch ihre Zufriedenheit wenigstens auf Umwegen auch selbst zufrieden werden könnte, wird so mit Hilfe der Wissenschaft zum zweiten Mal betrogen.

Nach der Veröffentlichung des ersten Teils dieser Abhandlung, der die Behauptung enthielt, die Arbeit eines Vier-Personen-Haushalts sei mehr oder weniger in zwei Stunden am Tag zu bewältigen, wurde diese These in mehreren Ländern im Auftrag von Tageszeitungen überprüft (in Deutschland beispielsweise von der ABENDZEITUNG, München) und jedesmal bestätigt. Die durchwegs positiv eingestellten freiwilligen Versuchspersonen überschritten in keinem Fall die angegebene Stundenzahl. Gegenproben sind auch dort möglich, wo Frauen im eigenen Interesse den Zeitaufwand für ihre Arbeit abschätzen wollen: Wenn »Zugehfrauen« beschäftigt werden, müssen diese oft in vier Vormittagsstunden den Hausputz einer ganzen Woche erledigen. Die Aktivität der eigentlichen Hausfrau beschränkt sich dann auf Kochen, Einkaufen und das Ein- und Ausräumen von Schränken und Automaten.

Diese hier ausdrücklich noch einmal vertretene Norm für den Zeitaufwand in einem Vier-Personen-Haushalt (zwei Erwachsene, zwei Kinder, 80–120 qm Wohnfläche) setzt sich aus folgenden Einzelwerten zusammen:

Kochen
Frühstück	10 Minuten pro Tag
kalte Mahlzeit	10 Minuten pro Tag
warme Mahlzeit (reine Arbeitszeit, nicht Kochzeit)	30 Minuten pro Tag

Tischdecken
(für 4 Personen,
dreimal täglich 5 Minuten)   15 Minuten pro Tag

Geschirrspülen
(85 Einzelteile, kein Abtrocknen)   30 Minuten pro Tag

Staubsaugen
(bzw. Kehren oder Wischen)   15 Minuten pro Tag

Betten machen
(4 Stück)   10 Minuten pro Tag

Aufräumen
(einschließlich Müllentleeren)   10 Minuten pro Tag

Küche putzen   20 Minuten pro Woche

Bad und Toilette putzen   20 Minuten pro Woche

Waschen
(3 Trommeln, einschließlich Wäsche-
aufhängen und Wechseln der Bettwäsche)   40 Minuten pro Woche

Wäschepflege
(einschließlich Bügeln der nicht bügelfreien
Stücke, Bettwäsche gilt als bügelfrei)   60 Minuten pro Woche

Einkaufen
(wöchentlicher Großeinkauf oder mehrere
Kleineinkäufe)   120 Minuten pro Woche

Fensterputzen
(20 qm Fläche bei Verwendung
selbsttrocknender Mittel)   60 Minuten pro Monat

Insgesamt ergibt das einen monatlichen Zeitaufwand von 83,33 Stunden – auf die Woche umgerechnet 19,39 Stunden, auf den Tag umgerechnet 2,77 Stunden.

Dieses Zeitbudget gilt für einigermaßen routinierte Hausfrauen, die in bezug auf Reinlichkeit hohe Ansprüche stellen. Es kann daher durch Intensivierung der Anstrengung – Akkordarbeit – oder lässige Haushaltsführung – Schlamperei – noch erheblich reduziert werden, ohne daß die Hausfrau selbst oder gar das Familienleben darunter leiden müßte. Übrig blieben etwa zwei Stunden konzentrierter Arbeit – die Zeit, die ein Mann morgens und abends damit verbringt, sein Auto durch den Berufsverkehr zu steuern.
Doch gehen wir von den kontrollierbaren 2,77 Arbeitsstunden aus. Dieses Pensum gilt für alle Haushalte mit bis zu zwei Kindern, in denen wenigstens eine Waschmaschine vorhanden ist. Das heißt, es gilt in westlichen Industrieländern für praktisch alle Haushalte dieser Größe, und in Ländern auf dem Weg zur Industrialisierung – also etwa Spanien, Italien, Portugal und die lateinamerikanischen Länder – für die Haushalte der Mittelschicht und der oberen Mittelschicht, soweit sie nicht mehr als vier Personen umfassen. Dieser Zeitaufwand wird jedoch bei größerem Maschineneinsatz noch erheblich verringert. Durch eine Geschirrspülmaschine, die diesen Arbeitsvorgang von einer halben Stunde auf die zehn Minuten verkürzt, die man für das Ein- und Ausräumen des Automaten benötigt, reduziert sich die tägliche Arbeitszeit der Hausfrau auf 2,44 Stunden. Wenn sie außerdem noch einen Wäschetrockner anschafft, durch den das Aufhängen und Abnehmen von etwa 90 Wäschestücken entfällt, wird sich ihr wöchentlicher »Waschtag« von 40 auf 20 Minuten verkürzen, und ihre tägliche Arbeitszeit schrumpft damit auf 2 Stunden 24 Minuten.

Es muß hier betont werden, daß die Automatisierung der Hausarbeit nicht nur ein finanzielles Problem ist. So gibt es zum Beispiel in US-Haushalten sechsmal so häufig Geschirrspülmaschinen wie in Westdeutschland. Da es sich um Länder mit vergleichbarem Pro-Kopf-Einkommen und ähnlichen Anschaffungspreisen handelt, darf man annehmen, daß für den Kauf solcher Geräte nicht nur das Gehalt des Familienoberhauptes ausschlaggebend ist, sondern auch das Ausmaß seiner Manipuliertheit. US-Ehemänner sind durch die Massenmedien – vor allem durch die Werbespots, in denen der überlasteten Hausfrau alle sieben Minuten Arbeitserleichterungen angeboten werden – so hervorragend abgerichtet, daß sie ihre Frauen auch dann noch für Sklavinnen halten würden, wenn diese nicht einmal mehr die tägliche Mahlzeit aufwärmen müßten und wenn die Kinder nicht erst um vier Uhr nachmittags aus der Schule zurückkämen, sondern ganz dort blieben. Bei deutschen Ehemännern wird diese Gehirnwäsche zur Zeit noch etwas amateurhafter betrieben. Solange sie bei der Rückkehr Wäsche auf der Leine flattern sehen und nach dem Abendessen aus der Küche Geschirr klappern hören, werden sie ihre Frauen eher für ausgelastet halten, als wenn sie Tasten drücken. Es handelt sich daher bei mangelhafter Mechanisierung der Hausarbeit oft auch um bewußte Sabotage. So behaupten viele westdeutsche Hausfrauen, daß maschinell getrocknete Wäsche nicht gut rieche und maschinell gespültes Geschirr nicht richtig sauber werde. Ihr jährliches Budget für Neuanschaffungen – etwa 1000 Dollar in der Grundschicht, 1500 Dollar in der Mittelschicht – legen sie daher lieber in Gegenständen an, die ihnen Arbeit machen, als in solchen, die ihnen Arbeit sparen. Der deutsche Durchschnittshaushalt gibt zum Beispiel allein für neue Gardinen und Tapeten alle zwei Jahre soviel aus, wie eine Geschirrspülmaschine kosten würde. Da nach der Reform Hausfrauen auch allesamt berufstätig wären, müßten sie sich dann nicht mehr auf so umständliche Weise ihre Existenzberechtigung verschaffen. Dort, wo es möglich wäre, könnten sie sich reinen Gewissens von Robotern bedienen lassen.

Man kann jedoch, abgesehen vom Automatisieren, den Zeitaufwand für Hausarbeit auch noch durch Delegieren verkürzen. So wird man eine ganze Stunde sparen, wenn man zweimal in der Woche andere kochen läßt – wenn man beispielsweise, wie in vielen Familien üblich, einmal ein Restaurant aufsucht und einmal ein Fertiggericht verwendet. Auch an größere Kinder werden häufig Aufgaben delegiert: Wenn sie nur sechsmal in der Woche den Tisch decken und zweimal staubsaugen, verringert sich die wöchentliche Arbeitszeit der Hausfrau um eine weitere Stunde.

Schließlich eignet sich auch der Ehemann in gewisser Weise zum Delegieren von Hausarbeiten und läßt sich weibliche Familienpflichten übertragen. Solange man das, worum man ihn bittet, nicht eindeutig als Hausarbeit bezeichnet, wird er es seiner Frau bei Berufstätigkeit beider Partner abnehmen. Ein solcher Vorgang ist zum Beispiel das Einkaufen: In Familien, die nur ein Auto besitzen, betrachtet der Mann es als sinnvoll, wenn er zumindest einen Teil des Einkaufs erledigt – womit sich die Arbeitszeit der Hausfrau weiter reduziert. Auch gibt es Männer, die gern kochen und die nach der Reform auch Zeit dazu hätten – da Feinschmeckerköche und Barbecuefans dafür eine Tradition geschaffen haben, fühlen sie sich beim Kochen heute nicht mehr »unmännlich«. Damit hier aber auch der Frau keine Illusionen geraubt würden, müßte sich das Engagement des Mannes in Grenzen halten. Nur solange er selten kocht – solange er jeden Handgriff überlegen und jeden Gegenstand suchen muß –, wirkt ein Mann in der Küche deplaciert und gerade dadurch viril. Da für Familienmenüs das gleiche gilt wie für Industrieprodukte – je größer das Monopol des Fabrikanten, desto schlechter die Qualität seines Produkts –, wäre hier eine gewisse Wettbewerbssituation zwischen Mann und Frau jedoch für alle von Nutzen.

Bei allem, was sonst noch anfällt, könnte man jedoch auf den Mann kaum rechnen. Wer seinen Partner um Hilfe bei der Hausarbeit bitten wollte, müßte den betreffenden Arbeitsgang vorher »virilisieren«. Das heißt, er müßte beispielsweise besonders schwere Mülleimer verwenden oder mit defekten Elektrogeräten hantieren, damit die Sache »für eine Frau« zu anstrengend oder zu gefährlich würde. Wie sich von selbst versteht, stünde hier der Aufwand für die Hilfeleistung in keinem Verhältnis zur Erleichterung, die damit erreicht wird. Alles andere wäre jedoch utopisch: Da Frauen niemals das Oberkommando in ihrem Reich abgeben würden, wären sie bei der Hausarbeit automatisch die Vorgesetzten ihrer Männer und müßten deren Arbeit dirigieren. Da sich eine solche Situation nicht mit der männlichen Rolle vereinbaren ließe, würden die meisten Männer dies ablehnen.

Abgesehen davon wären ja an diesem Punkt die Lasten ohnehin schon ziemlich gleichmäßig verteilt. Bei Berufstätigkeit beider Partner übernehmen Männer in der Regel auch heute schon folgende Pflichten:

1. Sie erledigen Besorgungen und chauffieren Frau und/oder Kinder nach Feierabend, am Wochenende und im Urlaub. In Familien mit nur einem Auto – der Mehrheit – fährt der Mann pro Woche durchschnittlich 250 Kilometer im Dienst der Familie.

2. Wo es einen Garten gibt – bei der Mehrheit der Familien mit Kindern –, erledigt meist der Mann die Gartenarbeit.
3. Die offizielle Familienschreibarbeit – Briefwechsel mit Behörden, Rechnungen, Steuererklärungen – wird in der Regel vom männlichen Partner übernommen.
4. Der Mann wäscht das Familienauto und kümmert sich um den Service, er übernimmt kleinere Reparaturen in Haus und Garten, erledigt Malerarbeiten usw.

Sicher blieben der Frau trotzdem mehr Familienpflichten – im einen Fall handelte es sich um Minuten, im anderen vielleicht sogar um Stunden. Vor allem in ärmeren Familien wären die Männer ihren Frauen gegenüber im Vorteil, denn das Arbeitspensum des Mannes hängt ja in erster Linie davon ab, ob man ein Auto oder einen Garten besitzt, was für die Grundschicht seltener zutrifft als für die Mittelschicht.
Doch wenn man bedenkt, daß durch die hier beschriebene Pflichtenteilung – die das heutige Rollenschema erhalten würde – die Gesetze der Erotik respektiert werden und daß Frauen durch das Wahrnehmen ihres Teils immerhin die Regie über Wohnungseinrichtung, Speisezettel und häusliche Geselligkeit behielten, wäre nach weiblicher Wertskala ein eventueller Nachteil sicher ausgeglichen. Daß manche Leute Geben für seliger denn Nehmen halten, sei in diesem Zusammenhang nur nebenbei erwähnt.
Obwohl man es eigentlich kaum zu hoffen wagt, wäre es sogar möglich, daß sich einige Jahre nach der Reform bei den Frauen so etwas wie ein umgekehrter Ehrenkodex durchsetzt. Da sie dann ihre Privilegien durch Zurschaustellung von Fleiß nicht mehr kaschieren müßten, könnte es nämlich passieren, daß plötzlich diejenige als bessere Hausfrau gälte, die zuerst die Hände in den Schoß legt.

Eine klassenlose Gesellschaft für Kinder

In der vorne erwähnten Aufstellung über Hausfrauenarbeit ist die *Arbeit,* die man mit Kindern hat, inbegriffen, denn während der Zeit, in der sie am meisten Mühe verursachen – im ersten Lebensjahr –, stünde ja jedem ein bezahlter Pfleger zur Verfügung. Die bloße *Beschäftigung* mit Kindern – Spielen, Belehren, Unterhalten, Spazierengehen, Zubettbringen usw. – wurde ausdrücklich nicht berücksichtigt. Ziel der Reform ist es unter anderem, die Einstellung zu Kindern so zu ändern, daß man ihre Gesellschaft als Ehre und Freude betrachtet. Denn seit es eine brauchbare Geburtenregelung gibt, sind Kinder Menschen, die man aus freien Stücken einlädt, am eigenen Leben teilzunehmen. Wer das Zusammensein mit ihnen als lästige Pflicht bezeichnet, verstößt daher gegen die elementarsten Gesetze der Gastfreundschaft – vor allem, da diese Gäste keine Gelegenheit hatten, die Einladung abzulehnen.
Die Forderung nach Institutionen, die Müttern den Umgang mit ihren Kindern abnehmen, muß diesen Kindern aber nicht nur taktlos, sondern auch unlogisch erscheinen. Denn welchen Sinn sollte es haben, Kinder zu bekommen, die man sowieso nicht sehen will? Wer lädt sich schon Gäste ins Haus, denen er nicht begegnen möchte? Sie können nicht ahnen, daß sie hier nicht als Gäste, sondern als Gegenstände betrachtet werden, als »Privateigentum an Menschenleben«, das man in Zukunft nach Belieben, sooft und solange man will, irgendwo abgibt. Und so müssen Kinder jeden Tag von neuem Zeuge werden, wie Frauen von einer Gesellschaft mit »genügend« Kinderkrippen und Ganztagsschulen schwärmen, in der sie sich dann endlich auch selbst einmal »realisieren« können, und wie man sich immer perfektere Modelle ausdenkt, um sich seiner Kinder, sobald

sie geboren sind, möglichst schonend wieder zu entledigen. Wo dieses »Paradies« bereits verwirklicht ist und Kinder ihren Eltern tatsächlich nur noch abends begegnen, wird in der Öffentlichkeit alles diskutiert, nur nicht die Auflösung dieser Anstalten. Je nachdem, ob ihre Väter viel oder wenig verdienen, werden Kinder in die eine oder andere Art von Gefängnis abgeschoben, und je nachdem, ob sie männlich oder weiblich sind, bleiben sie bis an ihr Lebensende unter Verwahrung oder werden später auf freien Fuß gesetzt. Wobei natürlich auch die Bedingungen, unter denen sie in Verwahrung bleiben oder frei herumlaufen, noch davon abhängen, wieviel ihr Vater damals, als sie klein waren, nach Hause brachte. Auch der Beruf, den man ergreift, und der Mann, den man bekommt, wird von der ökonomischen und sozialen Situation des Elternhauses bestimmt. Selbst wenn Söhne oft »mehr« als ihre Väter werden, so werden sie meist doch nur etwas mehr. Und selbst wenn Töchter in der Regel die soziale Leiter hinaufheiraten, so können sie doch nur ausnahmsweise – wenn sie besonders hübsch sind – mehrere Stufen auf einmal nehmen.

Durch die hier vorgeschlagene Reform könnte man mit verhältnismäßig einfachen Maßnahmen – Kürzung der Arbeitszeit und der Schulzeit, Einführung von Gesamtschule, Pfleger- und Kindergehalt – das Leben der Kinder total revolutionieren. Denn man könnte sowohl die Kindergefängnisse abschaffen als auch die sozialen Unterschiede nivellieren. Dort, wo es aus humanen Motiven unbedingt notwendig wäre – im Kindesalter –, hätte man nach der Reform eine klassenlose Gesellschaft, und dort, wo es aus wirtschaftlichen Gründen unumgänglich ist – bei den Erwachsenen –, hätte man eine leistungsfördernde Klassengesellschaft. Dies wäre zwar wiederum nicht die absolute Gerechtigkeit, aber es wäre die beste, die zu haben ist.

Denn wenn man auch bei den Erwachsenen die Klassen abschaffte, wären Kinder zwar ebenfalls klassenlos, doch mit dem Unterschied, daß es ihnen statt gleich gut dann gleich schlecht ginge. Ohne Streben nach Gewinn und Sozialprestige bei den Erwachsenen – das dann freilich auf bestimmte Stunden beschränkt bliebe – könnte man Kindern nicht den materiellen Komfort bieten, der ihnen zusteht – die Einladung in unsere Welt wäre eine Einladung in die Wüste. Und das, was sie noch nötiger brauchen als Komfort – die Geborgenheit in einer Familie –, müßte man ihnen ebenfalls versagen. Da ein durch Plan vorgeschriebenes wirtschaftliches Verhalten die Produktivität der Bürger senkt und ein selbstgewähltes sie steigert, wären Eltern in einer sozialen Planwirtschaft – einer klassenlosen Gesellschaft für alle – den ganzen Tag von zu Hause fort, während man in einer sozialen Marktwirtschaft – einer klassenlosen Gesellschaft für Kinder – ihre Abwesenheit auf den halben Tag beschränken könnte. Und ihre Geschwister, mit denen sie im einen Fall aufwachsen könnten, würden ihnen im anderen Fall bestenfalls auf dem Gefängnishof begegnen.
Eine klassenlose Gesellschaft für Kinder würde sich also hauptsächlich auf folgenden Gebieten auszeichnen:

Alle Kinder hätten Eltern

Nach der Reform müßten Kinder nicht mehr ihre Tage in Krippen, Horten und Ganztagsschulen verbringen, denn keines hätte länger als fünf Stunden Unterricht, und auf alle würde zu Hause jemand warten. Die Kinder der Alleinstehenden müßten nicht mehr in Heimen vegetieren, die der Armen müßten sich nicht mehr mit umgehängtem Wohnungsschlüssel auf der Straße herumtreiben, und die der Emanzipierten müßten nicht mehr bis zum Abend in einsamen Bungalows auf die Rückkehr der Erwachsenen warten. Da ausgeruhte Eltern nachweislich seltener Kindsmißhandlungen begehen als erschöpfte, wären die Eltern des Fünf-Stunden-Modells auch mildere Eltern. Doch auch die Allgemeinheit würde profitieren: Wenn man davon ausgeht, daß in westlichen Industrieländern etwa 75 Prozent der Verbrechen von ehemaligen Heim- und Fürsorgezöglingen verübt werden, kann man annehmen, daß nach einer Reform, die jedem Kind ein Zuhause garantiert, auch die Kriminalität zurückgehen würde. Es gäbe also weniger Gefahren und – durch den Abbau von Heim- und Gefängniskapazitäten und durch Einsparungen im Fürsorge- und Justizwesen – auch weniger Kosten.

Alle Kinder hätten materielle Sicherheit

Durch das Kindergehalt wäre dafür gesorgt, daß jedes Kind so viel Nahrung, Kleidung und Wohnraum hat, wie es zum Leben unbedingt braucht. Als schwächstes Glied der Gemeinschaft wäre es somit auch das am besten beschützte: Wirtschaftskrisen würden nicht mehr zuerst die Armen und dann die Reichen treffen, sondern zuerst die Erwachsenen und dann die Kinder. Doch auch innerhalb der Familie würde sich die Position des Kindes stärken: Eine eigene Rente würde es aus dem Status des Almosenempfängers befreien und zum zahlenden Gast seiner Eltern machen. Was es von diesen erhielte, wäre nicht mehr Gnade, sondern Recht. Damit könnte sich anstelle der Schuld- und Abhängigkeitsgefühle, die heute in den meisten Fällen die Beziehung des Kindes zu den Eltern ruinieren, erstmals so etwas wie Sympathie und Zuneigung entwickeln. Denn nur, wenn man dem andern nicht verpflichtet ist – nur wenn man ihn nicht lieben muß –, kann man ihn lieben.

Alle Kinder hätten gleiche Erziehungschancen

Nach der Reform wäre nicht mehr das Gehalt des Vaters ausschlaggebend für den späteren Beruf eines Menschen, sondern seine Neigung, das Leitbild, das er zu Hause erhält, und die Prognosen der Arbeitsmarktforscher. Durch ein integriertes Gesamtschulsystem gäbe es die heute übliche Diskriminierung der ärmeren Schüler nicht mehr: Jeder könnte lernen, soviel er wollte. Auch hiervon würde die Allgemeinheit profitieren: Durch Mobilisierung von Begabungsreserven würde die Qualität der Dienstleistungen steigen, durch Chancengleichheit wäre der soziale Friede besser gesichert als je zuvor, und die Ausbildung der Frauen wäre nicht mehr die gigantische Fehlinvestition, die sie heute ist.

Alle Kinder wären erwünscht

Früher hatten Kinder hauptsächlich die Funktion von Arbeitskräften: In der Agrargesellschaft mußten sie den Erwachsenen von klein an helfen und außerdem deren Altersversorgung übernehmen. Heute haben sie hauptsächlich die Funktion von Geiseln: Der Mann arbeitet für die Frau, doch damit er das tut, braucht sie zunächst ein oder zwei Kinder von ihm. Nach der Reform müßten Kinder weder als Arbeitskräfte noch als Geiseln herhalten, denn es gäbe nichts, wobei sie einem helfen könnten, und niemand, der sich durch sie erpressen lassen müßte. Die Gründe für das Gebären wären damit zwar noch immer egoistisch – man würde sich Kinder als Gesellschafter, Liebessymbole oder Unsterblichkeitsgaranten wünschen –, doch es wäre erstmals ein Egoismus, der den Kindern schmeichelt.
Damit Kinder nicht das Produkt eines Zufalls wären, müßte die klassenlose Gesellschaft für Kinder auch über eine klas-

senlose Familienplanung verfügen. Das heißt, es müßte kostenlose Sexualberatung, kostenlose Verhütungsmittel und dort, wo es als letzter Ausweg betrachtet wird – und zwar von der Mutter und nicht von der Gesellschaft –, kostenlosen Schwangerschaftsabbruch geben. Wenn Kinder künftig glücklicher sein sollen als heute, muß man vor allem dafür sorgen, daß die Kinder, die mit Sicherheit unglücklich wären, weil sie von ihrer Mutter – aus welchen Gründen auch immer – nicht erwünscht sind, gar nicht erst entstehen. Da keine Frau zum Vergnügen einen Schwangerschaftsabbruch vornehmen läßt, ist es absurd, bei einer Legalisierung dieses Mittels einen Mißbrauch zu fürchten.

Gegner und Befürworter des Schwangerschaftsabbruchs vertreten zwei Moralauffassungen, die auch nach der Reform gleichberechtigt nebeneinander existieren könnten. Die einen können es nicht mit ihrem Gewissen vereinbaren, wenn aus einem Embryo kein Mensch wird, und die anderen können es nicht mit ihrem Gewissen vereinbaren, wenn aus einem Embryo ein unglücklicher Mensch wird. Dem einen geht es also um die Quantität, dem andern um die Qualität des menschlichen Lebens auf unserem Planeten. Die Tatsache, daß Familien, die verlassene Kinder aufnehmen, den Schwangerschaftsabbruch als letzten Ausweg häufiger befürworten als verurteilen – dies hat zum Beispiel die Motivforschung bei Pflegeeltern von Vietnamwaisen ergeben –, scheint diese These zu bestätigen. Der Wunsch, unglückliches Leben zu vermeiden, scheint parallel zu gehen mit dem Wunsch, sich unglücklichen Lebens anzunehmen. Auffallend ist jedoch, daß beinahe alle Befürworter der Todesstrafe auch Gegner des Schwangerschaftsabbruchs sind. Hier handelt es sich also nicht immer um den Schutz des Lebens, sondern um Macht über das Leben anderer – das der Kriminellen, das der werdenden Mütter und Väter. Das heißt, es handelt sich nicht um eine andere Moral, sondern um eine besondere Form von Unmoral.

Es ist jedoch zu vermuten, daß trotz aller dieser Hilfen zur Vermeidung unerwünschter Schwangerschaften nach der Reform die Gebärfreudigkeit steigen würde. Nach dem sogenannten Pillenknick – dem plötzlichen Abwärtstrend der Geburtenkurve nach Einführung der oralen Ovulationshemmer – würde sich die Kurve nach Einführung des Fünf-Stunden-Modells abermals verändern, doch diesmal in entgegengesetzter Richtung. Denn Kinder würden dann weder über das freiwillig gewünschte Maß hinaus an einen Partner ketten, noch würde man fürchten müssen, daß man sie nicht versorgen kann. Und man hätte Zeit, viel Zeit. Eines der vielen aufregenden Dinge, die man in dieser Zeit unternehmen würde, wäre zweifellos, neues Leben zu erzeugen und zu beobachten, wie es sich entwickelt. In jenen westlichen Industrieländern, in denen man sich wegen des Bevölkerungsrückgangs bereits ernsthaft Sorgen macht, wäre dies vielleicht die einzige Möglichkeit, die Geburtenziffer wieder anwachsen zu lassen. Ganz abgesehen davon, daß dies auch die einzige Art staatlicher Geburtenförderung wäre, die man Kindern gegenüber verantworten kann.

Wie an anderer Stelle gesagt, würde während des vollbezahlten Säuglingspflegejahres sicher meist die Mutter und nicht der Vater bei dem Neugeborenen bleiben. Männer und Frauen würden die Versorgung eines Säuglings nach wie vor als »typisch weibliche« Tätigkeit betrachten und sich deshalb schon aus Gründen der Erotik so entscheiden. Doch auch dies wäre ein privater Vertrag zwischen den Partnern, der niemand etwas anginge. Da die Eltern auf Wunsch ihre Rollen auch tauschen könnten und es außerdem mehrere andere Möglichkeiten gäbe – zum Beispiel alternierende Schichten oder die Anstellung eines Säuglingspflegers –, könnte sich niemand benachteiligt fühlen. Schon gar nicht der, der bei seinem Kind bleiben dürfte.

Nach Vollendung des ersten Lebensjahres käme das Kind dann in den Kindergarten, der fünf Stunden dauern würde plus die Zeit, die der Erwachsene, der es dort hinbringt und wieder abholt, für seinen Arbeitsweg benötigt. Damit es aber bei dieser Umstellung nicht zu einem Trauma kommen könnte, müßte es eine Möglichkeit geben, die Bezugsperson – also meist die Mutter – für einige Tage in das Kindergartenmilieu zu integrieren, indem man ihr dort zwischenzeitlich irgendwelche Aufgaben überträgt. Sobald sich das Kind an die neue Umgebung gewöhnt hätte, könnte man es ohne Schaden für einige Stunden am Tag dort allein lassen – der Kontakt zu Gleichaltrigen wäre dann für seine weitere Entwicklung sogar unbedingt notwendig. Wie sich von selbst versteht, würde diese Maßnahme die Chancengleichheit noch weiter untermauern. Benachteiligungen, die sich aus dem häuslichen Milieu ergeben, könnten durch eine bereits im zweiten Lebensjahr beginnende »Vorschulerziehung« weitgehend ausgeglichen werden. Selbstverständlich wäre der Besuch des Kindergartens trotzdem keine Pflicht. Wer eine andere Lösung vorzöge – Betreuung durch Großeltern, Hauspersonal, Berufstätigkeit in verschiedenen Schichten –, müßte sein Kind erst bei Beginn der Schulzeit Fremden überlassen.

Es blieben also auch auf dem Gebiet der Kindererziehung die geschlechtsspezifischen Rollen gewahrt, ohne daß einem der Geschlechter daraus Nachteile entstünden. Denn sicher würden sich Frauen auch nach der Reform auf eine andere Art als Männer mit ihren Kindern beschäftigen – nämlich auf eine typisch weibliche. Sie würden ihnen häufiger beim Baden, Essen oder Anziehen helfen, während Männer häufiger mit ihnen spielen, ihnen etwas beibringen oder sich sonstwie mit ihnen abgeben würden. Doch auch diese Aufgabenteilung wäre ausschließlich Privatangelegenheit der Eltern. Zeit für ihre Kinder hätten beide Partner.

Und sicher würden auch nach der Reform in vielen Familien die Frauen abends seltener ausgehen als die Männer. Doch auch das wäre nicht unbedingt eine Benachteiligung. Denn daß das Glück, in einer verrauchten Kneipe ein Glas Bier zu trinken, so viel größer ist als das, das man empfindet, wenn man in einem stillen Haus den Schlaf eines kleinen Kindes bewacht, müßte erst noch bewiesen werden.

Scheidung auch für Arme

In Zahlen gesehen ist eine Ehescheidung eine einzigartige Häufung von Glück. Derjenige, der sie will, hat in der Regel eine neue Liebe gefunden (die immerhin so überwältigend ist, daß er seine Familie dafür aufgibt). Derjenige, der sie nicht will, wird in der Regel wenig später – laut Statistik nach zwei bis drei Jahren – eine neue Liebe finden (zu der er dann sagt, daß es ein Glück war, daß er damals verlassen wurde, weil man sich sonst nie getroffen hätte). Und auch die Kinder dieser beiden erwartet – nach Zahlen – eine Bereicherung: Statt zweier Erwachsener, die sich streiten, stehen ihnen nun vier Erwachsene, die sich nicht streiten, zur Verfügung.

Die reizenden kleinen Geschwister lassen in der Regel ebenfalls nicht lange auf sich warten.

Daß zumindest ein Partner die Scheidung meist als Unglück empfindet, hängt nur zum Teil mit dem erlittenen Verlust zusammen. Was einem das Ende einer abgestandenen Liebe schmerzlicher empfinden läßt als das einer stürmischen Liaison – obwohl es doch eigentlich umgekehrt sein müßte –, ist vor allem die Zahl der Zeugen, die hier verwickelt sind. Da Heirat die größte Ehre ist, die man seinem Geliebten erweisen kann, ist Scheidung auch seine größtmögliche Kränkung. Je mehr Menschen man verkündet hat, daß ein ganz bestimmter Mensch einen für interessanter hält als alle – und eine Eheschließung ist noch immer der optimale Weg, um einen solchen Triumph unter die Leute zu bringen –, desto mehr werden auch hinterher erfahren müssen, daß dieser Mensch einen bei näherer Betrachtung ziemlich mittelmäßig fand. Um dieses zweite Werturteil vergessen zu machen, gibt es eigentlich nur eine Möglichkeit, nämlich in zäher Kleinarbeit jeden einzeln davon zu überzeugen, daß in Wirklichkeit der andere – der, der einen verlassen hat – der Mittelmäßige war. Wie sich von selbst versteht, kann dieser umständliche Weg, die eigene »Ehre« wiederherzustellen, den Beginn der statistisch garantierten nächsten Liebe – 70 Prozent der Frauen und 80 Prozent der Männer heiraten nach einer Scheidung wieder – nur verzögern. Und auch das Glück des ehemaligen Partners wird danach weniger leuchten. Denn immerhin hat er ja dank seiner neuen Liebe seinen guten Ruf verloren.

Doch obwohl man es damit eigentlich genug sein lassen könnte, schreitet man heutzutage nach dieser Quälerei zur Exekution. Nach dem Kampf um die Ehre folgt der Kampf ums mehr oder weniger komfortable Überleben. Da in den meisten Familien nur einer gearbeitet hat, muß man diesen vor der endgültigen Trennung zu möglichst hohen Abfindungen und Alimentenzahlungen verpflichten. Der wiederum wird sich dagegen nach Leibeskräften wehren: Er muß ja nicht nur diese Familie versorgen, sondern auch die nächste. Was immer den Preis der Freiheit hochtreiben oder senken kann, findet daher in dem nun beginnenden Duell skrupellos Verwendung: Die Liebe der Kinder, die Achtung von Freunden, Bekannten und Kollegen, Kenntnisse über private oder berufliche Verfehlungen, alles wird in die Waagschale geworfen. Jede verletzbare Stelle des andern, die man in den vielen Jahren einer intimen Gemeinschaft entdecken konnte, wird nun vorsätzlich angepeilt, alle Schwächen, die er einem vertrauensvoll preisgab, werden auf ihre Verwertbarkeit hinsichtlich einer Erpressung getestet. Und so entstehen nach und nach jene privaten Höllen, die nicht nur die letzten Monate einer Ehe ruinieren, sondern auch das, was vorher war. Jetzt endlich, glaubt man, zeigt der andere sein wahres Gesicht. Doch es ist ebensowenig das wahre Gesicht wie das, das er vor der Hochzeit zeigte: Es ist lediglich das andere Extrem – das Gesicht, das er zeigt, wenn er emotional nichts mehr zu verlieren und materiell alles zu gewinnen hat. Leider aber wird es gerade dieses Gesicht sein, an das man sich sein Leben lang erinnert und das aus Jahren, die eigentlich glücklich waren, noch nachträglich verlorene Jahre macht. Und es wird auch dieses Gesicht sein, das verhindert, daß man sich später je wieder lieben kann.

Nur eine Gruppe bleibt vor all dem verschont: die Männer mit niedrigem Einkommen. In der Unterschicht können nur Frauen zweimal heiraten: Sie müssen weder für die Männer sorgen, die sie verlassen, noch für die, zu denen sie ziehen. Ein Mann, dessen Verdienst für zwei Familien nicht ausreicht, kann hingegen nur dann ein neues Leben beginnen, wenn er entweder in den Untergrund geht oder so weit fort, daß ihn keiner findet – das heißt, im Fall einer neuen Leidenschaft muß er auf seine Kinder, seine Eltern, seine Freunde, seinen Beruf und seine Heimat für immer verzichten. Doch auch damit ist es hier nicht getan: Während Männer der Mittel- und Oberschicht von ihren Kindern lediglich getrennt werden (da sie vorher gearbeitet haben, nimmt man ihnen mit der Begründung, daß sie ja arbeiten müssen, bei einer Scheidung auch regelmäßig ihre Kinder), müssen die der Unterschicht auch noch die Courage haben, diese in Heime, Horte oder Krippen zu verbannen. Denn die Fürsorgeunterstützung ist auch in den reicheren Ländern selten hoch genug, daß die Mutter nach einer solchen Trennung nach wie vor zu Hause bleiben könnte. Wie sich von selbst versteht, wird ein armer Mann aus all diesen Gründen meist freiwillig auf jeden neuen Anfang verzichten. Da er so oder so im Unglück leben müßte, bleibt er lieber dort, wo er schon ist.

All das könnte nun durch die Reform anders werden. Nach Einführung des hier vorgeschlagenen Modells könnten sich nicht mehr nur die Reichen, sondern auch die Armen scheiden lassen, und zwar sooft sie wollten. Und auch die Prozedur selbst hätte mit dem heutigen Massaker nur noch entfernte Ähnlichkeit. Denn die Familienstruktur wäre dann absolut variabel: Wie bei einem Baukastensystem könnten sich zwei oder mehr Menschen zusammentun und wieder trennen, ohne daß es dabei mehr als emotionale Komplikationen gäbe. Da in den meisten Ehen beide Erwachsene einen Beruf ausüben würden und auch die Kinder ein selbständiges Einkommen bezögen, müßte man sich im Fall einer Scheidung weder um Unterhaltszahlungen noch um Abfindungen streiten, und auch eine Aufsplitterung der Rentenansprüche wäre überflüssig, denn jeder der beiden Berufstätigen hätte ja automatisch seine eigene Altersversorgung. Wohnungsprobleme könnten nach der Trennung entweder durch Umzug in kleinere Wohnungen oder durch Abvermietung gelöst werden. Im letzten Fall wäre dann auch gleich der Wohnraum für den nächsten Partner reserviert. Eventuell vorhandenes Vermögen müßte lediglich halbiert werden. Bei Wohnungseigentum könnte man einen

Kredit aufnehmen und dann den Partner auszahlen und das eigene Defizit auch hier durch Abvermietung ausgleichen.

Doch auch die Kinder müßten nach der Reform keinem vorenthalten werden. Da beide Eltern Zeit für sie hätten, könnten sie sich entscheiden, bei wem sie sich jeweils aufhalten wollten. Die »elterliche Gewalt« müßte nur noch dann auf einen der Partner übertragen werden, wenn das Kind zu klein für eine Entscheidung wäre und die Eltern sich über seinen Hauptwohnsitz nicht außergerichtlich einigen könnten. Allerdings käme es aus diesem Grund dann häufiger zu Auseinandersetzungen als heute. Während sich jetzt nur Männer, die nach ihrer Scheidung nicht arbeiten müssen, um das Sorgerecht für ihre Kinder bewerben können – also vermögende Männer oder solche, die emanzipiert genug sind, sich von ihren Exfrauen »aushalten« zu lassen –, könnte dann praktisch jeder Vater einen solchen Antrag stellen, denn er hätte ja für die Versorgung seiner Kinder gleich günstige Voraussetzungen anzubieten wie die Mutter. Doch auch der Verlierer dieses Kampfes müßte nicht mehr so untröstlich sein wie heute. Während dies jetzt unmöglich ist, bliebe ihm beim Fünf-Stunden-Modell – vorausgesetzt, er lebte am gleichen Ort – genug Zeit, um seine Kinder aus früheren Ehen so häufig zu sehen, wie er es wünschte.

Wahrscheinlich wäre dieser »Verlierer« jedoch auch nach der Reform meist der Mann. Mit der gleichen Selbstverständlichkeit, mit der man erwarten würde, daß die Mutter und nicht der Vater das Kind während seines ersten Lebensjahres betreut, würde man auch der Mutter und nicht dem Vater im Streitfall das Sorgerecht übertragen. Da man sich an irgendeinem Gesichtspunkt orientieren müßte, würde die Rechtsprechung diese »Leistung« vielleicht sogar zur

Richtschnur nehmen. Frauen, die sich benachteiligt fühlten, weil es auch nach der Reform zur Rollenerwartung gehörte, daß sie und nicht ihre Männer das Füttern, Baden und Wickeln eines Neugeborenen übernähmen, könnten sich damit trösten, daß ihnen aus genau dem gleichen Grund im Fall einer Scheidung das Kind viel sicherer wäre.

Das alles klingt, als könnte sich unsere heutige Gesellschaft nach der hier vorgeschlagenen Reform in ein Sodom und Gomorrha verwandeln: Jeder wäre frei, seinen Mann oder seine Frau jederzeit zu verlassen und sich mit jedem beliebigen anderen zusammenzutun. Diese Sorge ist jedoch völlig unbegründet: Wenn es wirklich zu einem Anstieg der Scheidungsziffer käme, wäre dieser keinesfalls bedeutend. Denn es gäbe dann in den Ehen wohl mehr Freiheit als heute, aber auch mehr Liebe. All die Frauen, die sich jetzt bei der Partnerwahl vorwiegend nach praktischen Gesichtspunkten entscheiden, würden dann Männer nehmen, die sie liebten und mit denen sie folglich auch interessantere Ehen führen würden. Doch nicht nur das erotische, auch das intellektuelle Bündnis zwischen Ehepartnern stünde auf einer solideren Basis. Während sich jetzt Mann und Frau nach einigen Ehejahren oft durch einen Abgrund voneinander getrennt fühlen (sie durfte alles vergessen, er mußte immer mehr dazulernen), würden sie dann in ihrer intellektuellen Entwicklung miteinander Schritt halten, denn dank des beruflichen Wettbewerbs könnte sich keiner von beiden den Luxus der Dummheit leisten. Damit genösse die Familie, deren Interessen man heute durch komplizierte Gesetze gewährleisten muß, den umfassendsten und zuverlässigsten Schutz, den man sich denken kann. Die Liebe und das Verständnis, das die Erwachsenen füreinander empfänden, wären der beste Garant für das Wohlergehen der Kinder. Und auch die Tatsache, daß Väter zu ihren Kindern einen viel innigeren Kontakt hätten, würde die Stabilität der Gemeinschaft festigen. Ein Kind, das man täglich um sich hat, kann man noch schwerer verletzen als eines, das man nur als Wochenendbesucher kennenlernt.

Falls aber eine Trennung der Ehe trotz allem unausweichlich würde, wären die Kinder gerade dadurch, daß diese möglich ist, am besten abgesichert. Ein ruhiges Leben mit Vater oder Mutter wäre für sie auf jeden Fall weniger schlimm als der ewige Streit zwischen zwei Menschen, die sich gegen ihren Willen aneinandergekettet fühlen. Denn Ehen sind ja nicht schon deshalb ein Erfolg, weil die Kontrahenten am Ende das gleiche Grab belegen. Manche Ehe läßt sich gerade dadurch »retten«, daß man sie rechtzeitig abbricht.

Dank der Reform – dank der Erleichterung der Ehescheidung – könnte man also die Institution Ehe in ihrer heutigen Form beibehalten. Dies käme allen zustatten: denen, die verheiratet sind, denen, die sowieso heiraten würden, denen, die heute aus Angst vor den Folgen nicht zu heiraten wagen, und denen, die nicht heiraten können, weil ihr Partner bereits mit einem anderen verheiratet ist.

Damit wäre auch das Problem der Junggesellen – die ja als einzige durch die Reform wirklich finanziell geschädigt wären – auf elegante Weise gelöst: Es gäbe weniger. Da auch Homosexuelle nach Möglichkeit in Zweiergemeinschaften leben würden – die sich dann wie alle anderen Ehen materiell ergänzen könnten –, blieben eigentlich nur noch Leute allein, die keinen Partner finden, und solche, die absolut keinen wollen. Sie hätten zwar viel weniger Geld als heute, aber dafür auch viel mehr Zeit. Wer dennoch Wert auf ein hohes Einkommen legte, könnte einen der zahlreichen selbständigen Berufe ergreifen, in denen man sich bis zur Erschöpfung verausgaben kann.

Man muß nicht mehr jung sein, man wird nicht mehr alt

Abgesehen von allen anderen Nachteilen beschert uns die jetzige Sozialstruktur auch noch den, daß sie uns alt macht, bevor wir es wirklich sind. Denn wo Frauen hauptsächlich wegen ihres Aussehens und Männer hauptsächlich wegen ihrer Leistung geliebt werden, fühlen erstere sich alt, wenn ihre Haut erschlafft, und letztere, wenn ihre Arbeitskraft nachläßt. So kommt es, daß die inoffizielle Altersgrenze für Frauen heute etwa bei dreißig und für Männer bei fünfzig Jahren liegt. Da die Reform hier ganz neue Maßstäbe setzen würde, ließe sich so auch dieses Phänomen beseitigen.

Für *Frauen* würde sich die heutige Altersgrenze um etwa vierzig Jahre verschieben: Statt mit dreißig, wäre man nach der Reform erst mit sechzig oder siebzig Jahren alt, oder vielleicht sogar noch später. Dies geschähe aufgrund folgender Kettenreaktion:

1. Veränderung des weiblichen Verhaltens
Sobald die Frau den Mann als Vater nicht mehr bräuchte, würde sie ihm auch nicht mehr das Kind vorspielen: Wenn Frauen sich selbst versorgten, würden sie sich Männern gegenüber nicht mehr schutzbedürftiger geben, als sie sind. Wer schutzbedürftig wirken will, muß vor allem jung und unerfahren wirken: Er braucht eine zarte, glatte Haut und eine große Fähigkeit zum Staunen, er muß die Zahl seiner Liebhaber in Grenzen halten und von einem bestimmten Alter an sein Geburtsdatum unterschlagen. Da die Frauen auf die Vorteile dieser Rolle nicht mehr angewiesen wären, würden sie nach der Reform den »Babylook« an den Nagel hängen und sich jeweils so erwachsen geben, wie sie sind.

2. Veränderung des weiblichen Leitbildes

Als Folge dieses neuen Verhaltens würde sich auch das weibliche Leitbild ändern. Die ewig junge Frau ist heute in der Werbung nur deshalb dominierend, weil sie den Idealtyp des weiblichen Großkonsumenten verkörpert. Die jugendliche Naive kann wie keine andere den Beschützerinstinkt eines Mannes mobilisieren und mit der geringsten Anstrengung – durch Heirat – die steilste gesellschaftliche Karriere machen. Nach einer Reform, die einerseits Frauen zur eigenen Karriere animiert und andererseits durch Beschneidung der Einkommen dem männlichen Beschützer engere Grenzen setzt, würde sich dieses Ideal von Grund auf wandeln. Das neue Vorbild wäre die erwachsene, selbständige Frau, die statt an den Vaterinstinkt an den Sexualtrieb des Mannes appelliert. Damit würden Frauen nicht nur dem Mann, sondern auch sich selbst einen Gefallen tun. Während ein jugendliches Aussehen von einem bestimmten Alter an absolut unerreichbar ist, läge dieses neue Ideal wenigstens einigermaßen innerhalb ihrer biologischen Möglichkeiten – die Diskrepanz zwischen der Frau, die man sein sollte, und der, die man ist, wäre nicht mehr so groß wie heute. Das Gefühl, alt zu sein, das jetzt schon aufkommt, wenn man einen Mann nicht mehr zu seinem Vater machen kann, könnte sich dann erst einstellen, wenn man ihn nicht mehr in sein Bett bekommt. Und das wäre meist erst Jahrzehnte später.

3. Veränderung des weiblichen Geschmacks

Hinzu käme, daß Frauen, wenn sie statt Väter Liebhaber wollten, in der Regel nicht dem älteren, sondern dem gleichaltrigen Partner den Vorzug gäben. Auch dies würde dazu beitragen, ihr vorzeitiges »Altern« zu beenden. Heute wissen zwar alle Frauen, weshalb ein Mann nicht schön und auch nicht jung sein muß, aber bei den Männern wissen es nur die mit den kleinen Gehältern. Die besser verdienenden sind davon überzeugt, daß sie dank ihrer größeren »Dynamik« – der gleichen, die sie mehr verdienen läßt – eben auch sexuell länger attraktiv bleiben als ihre Konkurrenten. Wenn weder Männer noch Frauen in der Regel bedeutend jüngere Partner nähmen, würde es auch nicht mehr so aussehen, als sei eine Frau über Dreißig sexuell weniger begehrenswert als ein gleichaltriger Mann.

4. *Veränderung der weiblichen Attraktivität*
Diesem neuen Verhalten würde noch entgegenkommen, daß es dem Mann dann auch weniger schwerfallen würde, sich zugunsten einer Frau seines eigenen Alters zu entscheiden. Solange er nur die Wahl zwischen einer geistlosen Zwanzigjährigen und einer geistlosen Vierzigjährigen hat, nimmt er natürlich die jüngere, weil deren Äußeres in höherem Maß sein ästhetisches Empfinden befriedigt. Nach der Reform würde jedoch das Alter für eine Frau nicht mehr nur Verlust, sondern auch Gewinn bedeuten. Da sie sich den Luxus der Dummheit nicht mehr leisten könnte, würde sie im Lauf der Jahre nicht nur älter, sondern auch interessanter werden.

Das alles heißt nun nicht, daß Frauen nach der Reform vor dem Altern keine Angst mehr haben müßten. Auch wenn sie statt an Schutz dann mehr an Sex dächten, wären ihnen doch auch in dieser Rolle Grenzen gesetzt. Nur wenigen Menschen gelingt es, über das siebzigste Lebensjahr hinaus eine erotische Ausstrahlung zu bewahren. Doch sie müßten ihr Alter, da es später käme, dann weniger fürchten als heute, und sie müßten es auf jeden Fall weniger fürchten als die Männer.

Denn für diese bringen die Jahre ja ein echtes biologisches Handikap: Meist fallen ihnen die Haare aus, und auch die Potenz läßt von einem bestimmten Zeitpunkt an zu wünschen übrig. Von beiden Plagen bleiben Frauen verschont. Sie müssen weder ab Dreißig um ihre Frisuren bangen, noch müssen sie fürchten, daß ihnen ab Sechzig ihre Vagina versagt. Die Falten, die sie haben werden, bleiben auch ihren Partnern nicht erspart. Daß heute ältere Frauen meist weniger schön sind als ihre Begleiter, liegt weniger an der Beschaffenheit ihrer Haut, als an der Art, wie sie diese zu verbergen suchen. Wie alles, was in der Natur vorkommt, kann der Alterungsprozeß eines Menschen von sich aus niemals häßlich sein. Erst wenn Jugend simuliert, ein straffer Busen vorgetäuscht, Haaren eine Farbe gegeben wird, die sie normalerweise nur mit Zwanzig haben, und Falten mit Make-up verkleistert werden, wirkt ein Mensch auf unangenehme Weise alt, weil er dann auf seine Umgebung widernatürlich wirkt.

Für *Männer* würde sich die heutige Altersgrenze durch die Reform weniger stark verschieben als für Frauen, doch etwa zwanzig Jahre kämen auch für sie dabei heraus. Statt mit fünfzig, wäre ein Mann dann erst mit siebzig Jahren alt, und häufig erst noch später. Die Gründe wären folgende:

1. Kürzere Arbeitszeit

Das Tagespensum eines Arbeitnehmers ist heute so kalkuliert, daß seine Arbeitskraft optimal verwertet werden kann. Er lebt, um zu arbeiten, denn die Ruhepausen sind gerade so lange, daß sie zur Regeneration ausreichen. Da man sich bei dieser Kalkulation am idealen Arbeitnehmer orientiert, das heißt, am jüngeren Mann, der sich auf dem Gipfel seiner Leistungsfähigkeit befindet, liegt es auf der Hand, daß ein älterer Arbeitnehmer diesen Rhythmus nicht beibehalten kann, ohne dafür mit dem Verschleiß seiner Gesundheit oder gar frühem Tod zu bezahlen. Bei einer Herabsetzung der Arbeitszeit auf fünf Stunden könnte jedoch auch ein Mann über Fünfzig seinen Arbeitgeber noch zufriedenstellen. Neben der körperlichen Belastung wäre ja auch die seelische geringer: Die Gefahr einer Entlassung oder Degradierung, die heute wie ein Damoklesschwert über ihm schwebt, wäre durch die Reform weitgehend aus der Welt geschafft, denn er wäre bei weniger Arbeitsstunden genauso leistungsfähig wie seine jüngeren Kollegen. Käme es dennoch zur Entlassung, wäre die Katastrophe weniger groß. Er wäre ja nicht der einzige, der für Einkommen und Sozialprestige seiner Familie verantwortlich ist. Seine Frau würde im allgemeinen nicht mehr ihn zur Karriere antreiben, sondern, falls überhaupt, sich selbst.

2. *Höhere Lebenserwartung*

Erheblich kürzere Arbeitszeiten würden die Lebenserwartung der Männer innerhalb weniger Jahrzehnte der der Frauen angleichen: Sie könnten dann in westlichen Industrieländern genau wie Frauen damit rechnen, durchschnittlich fünfundsiebzig Jahre alt zu werden, und würden sich entsprechend später »am Ende ihrer Tage« fühlen. Neueste Statistiken zeigen, daß sich die Lebenserwartung der Männer trotz des medizinischen Fortschritts verringert. Der immer größere Berufsstreß führt zu einer Zunahme der Kreislauferkrankungen, die an erster Stelle der Todesursachen stehen. Nach der Reform würde sich die Lebenserwartung für beide Geschlechter in dem Maß erhöhen, wie man die medizinische Versorgung verbessert.

3. *Größeres Selbstbewußtsein*

Nach der Reform könnte man sich zwar wie bisher von

einer bestimmten Altersgrenze an pensionieren lassen – und diese wäre im Unterschied zu heute für beide Geschlechter gleich –, doch wenn man wollte, könnte man auch bis an sein Lebensende im Beruf bleiben. Es ist absurd, daß man heute statt einer Verkürzung der Arbeitszeit überall die Herabsetzung des Rentenalters diskutiert und daß man Männern in einem Alter, in dem sie alle Freuden des Lebens genießen könnten – zum Beispiel Sex, Sport, Trinkgelage und üppige Mahlzeiten oder die Gesellschaft ihrer Kinder –, daß man ihnen da ihre ganze Freiheit nimmt und sie in einem Alter, in dem sie nicht mehr viel versäumen – für Sex ist es beinahe zu spät, für Sport sind sie wegen ihres früheren Lebensstils zu wenig durchtrainiert, kulinarische Ausschweifungen werden meist vom Arzt verboten, und ihre Kinder haben das Haus längst verlassen –, daß man sie da zur Freiheit geradezu verurteilt. Denn Männer und Frauen über Sechzig sind zwar meist zu alt, um den ganzen Tag zu arbeiten, doch eine geregelte Beschäftigung und die Aufrechterhaltung alter Gewohnheiten wäre für viele gerade dann eine psychische Notwendigkeit. Gerade ab Sechzig, wenn man vieles nicht mehr machen kann, braucht man den Beweis, daß man wenigstens noch für einiges zu gebrauchen ist.

Frauen haben es auch hier leichter als Männer. Sie behalten durch ihre Funktionen im Haushalt auch im Alter ihren gewohnten »Arbeitsplatz« und werden nicht selten auch bei ihren Enkelkindern wieder gebraucht. Das heutige Sozialproblem der alten Leute – das in erster Linie ein Problem der alten Männer ist – entsteht aus dem Teufelskreis der Vierzig- beziehungsweise Fünfzig-Stunden-Woche. Diese Arbeitszeiten sind zu lang, als daß man neben seinem Beruf noch Interessen entfalten und menschliche

Kontakte knüpfen könnte, die einem später über den »Pensionierungsschock« hinweghelfen. Wenn man endlich Zeit für sich hat, fällt man meist in eine absolute Leere, denn es ist nichts da, wofür man diese Zeit gebrauchen könnte, und niemand, der darauf wartet, sie mit einem zu verbringen. Nach der Reform hätten Menschen einerseits Gelegenheit, während ihrer aktiven Jahre außerberufliche Interessen und Kontakte zu pflegen, und andererseits wären sie auch nach Sechzig noch in der Lage, normal ihrer Arbeit nachzugehen. Sie könnten sich also aussuchen, welche Art Leben sie im Alter führen möchten, sowohl die eine als auch die andere wäre nicht völlig trostlos.

Natürlich heißt das nicht, daß man es sich leisten könnte, die Berufswelt zu einem Reservat für Senilität zu machen. Die wirtschaftliche Wettbewerbsfähigkeit, von der ja das Glück aller abhängt, hätte vor dem Glück des einzelnen auf jeden Fall Vorrang. Auch ein älterer Mensch, der seiner Aufgabe nicht mehr gewachsen wäre, müßte seinen Arbeitsplatz räumen. Er könnte sich dann, genau wie ein jüngerer Kollege, auf einen günstigeren Posten versetzen lassen, oder – dies wäre sein Privileg – sich ins Privatleben zurückziehen.

4. *Mehr Würde*

Es hat seinen guten Grund, wenn Parteien Kandidaten nominieren, die nah an der Pensionierungsgrenze sind oder diese schon überschritten haben, wenn man Ärzten in diesem Alter die besten Diagnosen zutraut und Juristen die besten Plädoyers. Diese Leute haben zusätzlich zu ihrem Schulwissen im Laufe von Jahrzehnten eine Qualität erworben, die man bei jüngeren Menschen nicht erwarten kann: Erfahrung. Seltsamerweise scheint diese Qualität jedoch nur bei Politikern und Freiberuflern von einiger Bedeutung zu sein, denn wo man diesen ein Maximum an Vertrauen entgegenbringt, spricht man dem einfachen Mann der »Männergesellschaft« das Mißtrauen aus. Dem Mann auf der Straße gibt man zu verstehen, daß er zwar diesem oder jenem greisen Staatsmann getrost sein Schicksal in die erfahrenen Hände legen könne, er selbst sei jedoch bereits zu senil, als daß man sich noch auf ihn verlassen wolle. Sobald er sein sechzigstes oder fünfundsechzigstes Lebensjahr überschritten hat, erklärt man ihn für untauglich und schickt ihn in den Ruhestand. Auch das würde sich ändern. Bei einer Arbeitszeit von fünf Stunden könnte man die physische und psychische Leistungsfähigkeit der meisten älteren Arbeitnehmer auf dem notwendigen Niveau halten und zugleich von ihrer enormen Berufserfahrung profitieren. Dies käme der Wirtschaft nicht nur auf direktem Weg zugute, sondern, durch die damit verbundene Entlastung der Altenfürsorge, auch indirekt. Wenn man älteren Menschen das Gefühl gibt, für andere etwas wert zu sein, bleiben sie länger gesund. Indem man einem erfahrenen Industriearbeiter die gleiche Achtung entgegenbringt wie einem erfahrenen Politiker, Arzt oder Juristen, erhielte das Alter aller Bürger eine neue Würde. Wie in der Zeit vor der Industrialisierung wäre es wieder ein Synonym für Abgeklärtheit und Weisheit und nicht wie heute für Wertlosigkeit, Überflüssigkeit und Abfall.

5. *Verzögerte Altersimpotenz*
Die sexuelle Potenz eines Mannes wird von seinem Alter, der erotischen Anziehungskraft seiner Partnerin, dem Ausmaß seiner körperlichen und seelischen Belastung, seiner bisherigen Koitusfrequenz und von seinem Selbstbewußtsein bestimmt. Da sich, abgesehen vom Alter, alle diese Faktoren mit der Reform zu seinen Gunsten verän-

dern würden, bliebe er dann auch länger potent und würde sich entsprechend länger jung und begehrenswert fühlen. Er würde nicht nur öfter als heute das wohl moralischste aller menschlichen Vergnügen genießen – beim Sex wird keinem etwas genommen und jedem etwas gegeben –, sondern hätte auch nicht mehr das Gefühl, seine Partnerinnen zu frustrieren und auf deren Diskretion angewiesen zu sein. Da seine Frau dann meist nicht jünger wäre als er, könnte er darauf hoffen, daß der Beginn seiner Altersimpotenz etwa in die Zeit fiele, in der auch bei ihr das sexuelle Verlangen allmählich schwächer wird.

Im einzelnen würden die erwähnten Faktoren die Sexualpotenz des Mannes auf folgende Weise steigern:

a) Da seine Partnerin mehr als bisher an seiner Libido interessiert wäre, würde sie sich auch mehr als bisher darum bemühen, für ihn anziehend zu bleiben.

b) Da er weniger arbeiten müßte, wäre er auch weniger erschöpft und könnte sich ausgiebiger sexuellen Aktivitäten hingeben.

c) Da er besser im Training wäre, blieben seine Sexualdrüsen länger leistungsfähig. Für einen Mann über Fünfzig sind viel Sex und viel Arbeit nicht zu vereinbaren. Da er die Arbeit nicht reduzieren kann, reduziert er den Sex. Diese jahrzehntelange Unteraktivität läßt sich später, wenn er endlich Zeit hat, schwer kompensieren.

d) Da die männliche Sexualpotenz wie keine andere Körperfunktion vom Zustand der Psyche abhängt, blieben Männer nach der Reform auch aus psychischen Gründen länger potent. Heute wird das altersbedingte Versagen eines Mannes durch die äußeren Umstände endgültiger gemacht, als es ist, denn dessen erste Anzeichen fallen meist in die Jahre, in denen er sich auch in seinem Beruf

am Ende fühlt. Da nach der Reform ältere Männer beruf-
lich länger aktiv bleiben könnten und ganz allgemein
mehr Ansehen genössen, hätten sie auch mehr Selbstbewußtsein.

Eine sozialere Marktwirtschaft

Parlamentarische Demokratien sind Mehrheitsdiktaturen,
denn hier entscheidet die Mehrheit der Bürger in freier Wahl
über das Schicksal aller. Parlamentarische Demokratien
sind daher immer zugleich feministisch und links. Da die
Mehrheit der Wähler weiblich ist und den unteren Schichten angehört, könnte man hier nichts tun, was den Interessen der Frauen oder des weniger wohlhabenden Teils der
Bevölkerung zuwiderläuft. In den hochentwickelten westlichen Industrieländern sind bis zu 55 Prozent der Wähler
weiblich und 83 bis 87 Prozent gehören der Grundschicht
und der unteren Mittelschicht an (dem Milieu der Arbeiter,
Bauern, kleinen Beamten und kleinen Angestellten).
Weil das so ist – weil demokratische Regierungen feministisch und links sein müssen –, erkennt man echte Demokratien am besten daran, daß es Regierung und Opposition äußerst schwerfällt, sich im Wahlkampf durch unterschiedli-
che Programme voneinander abzusetzen. Denn was der
Wähler sich wünscht, kann heute durch demoskopische
Umfragen genauestens ermittelt werden, und keine Partei,
die an die Regierung will, könnte es sich leisten, ihm etwas
anderes zu versprechen.
Zu einem Regierungswechsel kommt es daher in westlichen
Industriestaaten nur unter folgenden Voraussetzungen:

a) Wenn die Bedürfnisse der weiblichen Mehrheit oder der

unteren Bevölkerungsschichten nicht im Rahmen des Möglichen befriedigt werden (etwa weil die gewählten Politiker sich als korrupt oder unfähig erweisen).

b) Wenn die Befriedigung dieser Bedürfnisse unerwartete negative Konsequenzen hat (etwa weil man Unternehmern so viel von ihrem Profit nimmt, daß sie die Lust zu neuen Unternehmungen verlieren – in diesem Fall wählt die ärmere Mehrheit das nächste Mal konservativ und verteidigt ihre Interessen, indem sie die reiche Minderheit unterstützt).

c) Wenn es einer Partei gelingt, bei der Mehrheit neue Bedürfnisse zu wecken, und wenn sie sich mit diesem Programm so rechtzeitig und entschieden profiliert, daß der Wähler sie am Wahltag noch damit identifiziert.

Wie sich von selbst versteht, kann uns hier nur die letzte Möglichkeit interessieren, denn sie allein läßt sich gezielt einsetzen. Die gerechtere Verteilung der Ware *Zeit,* die hier vorgeschlagen wurde, wäre ein leicht zu erweckendes neues Bedürfnis, für das man nach einer entsprechenden Kampagne ohne weiteres eine breite Wählermehrheit gewinnen dürfte. Denn es gibt in westlichen Industrieländern Leute (Frauen), die zuviel Zeit haben – man nennt die individuelle Auswirkung dieses Phänomens *Langeweile* und die soziale Auswirkung *Frauenemanzipation* –, und andere (Männer), die überhaupt keine haben. Was läge näher, als denen, die sich langweilen, etwas von ihrer Zeit zu nehmen und sie den anderen zu geben?

Da eine solche Reform mit keinerlei Ideologie verbunden wäre, da sie die Frauen von ihrer Langeweile befreien würde, ohne sie übermäßig zu strapazieren, und da sie mehr soziale Gerechtigkeit brächte, ohne die Wirtschaft zu gefährden, käme sie für jede der gängigen westlichen Parteien als Programm in Frage: für Konservative, Christen, Liberale,

Nationalisten, Republikaner, Demokraten, Sozialisten, Arbeiter- und Bauern-Parteien, die westeuropäische Variante der Kommunisten, usw. Denn das Privateigentum an Gütern und Produktionsmitteln ist in den westlichen Industrieländern, die ja auf sozialem Gebiet führend sind, inzwischen wahrscheinlich so weit verteilt, wie man es sich im Interesse der Allgemeinheit leisten kann: Mehr Gerechtigkeit, so hat sich herausgestellt, bremst die unternehmerische Initiative und schadet durch den zwangsläufigen Verlust an Arbeitsplätzen zuallererst denen, für die man sie verlangt. Wenn man aber den Spieß umdreht, den Armen die Unternehmen in die Hand gibt und – damit keine neuen Reichen heranwachsen können – den Profit gleichmäßig verteilt, wird die individuelle Leistung so sinken, daß man statt verschieden viel lediglich gleich wenig hat. Man könnte dann zwar seine überaus legitimen Rachegefühle befriedigen, ist aber insgesamt ärmer und muß länger arbeiten als zuvor.

Es kann deshalb bei der Verteilung von Geld in stark sozialisierten westlichen Ländern in Zukunft nur kleine und langsame Fortschritte geben. Anders sieht es bei der Verteilung von Zeit aus. Durch eine solche Maßnahme könnte die soziale Marktwirtschaft dieser Länder mit einem Schlag erheblich sozialer werden. Denn wie wir in den vorherigen Kapiteln gesehen haben, würde dies eine gesellschaftliche Revolution in die Wege leiten, nach der es – ohne daß ein Tropfen Blut vergossen würde – für alle weitaus mehr Gerechtigkeit gäbe als heute.

Denn obwohl kaum davon gesprochen wird, ist Zeit für das soziale Glück ebenso wichtig wie Geld. Wie bereits an anderer Stelle gesagt (DAS POLYGAME GESCHLECHT, Kap. »Liebe und Macht«), hängt das Wohlbefinden eines Menschen davon ab, ob und wie gut er seinen Selbsterhaltungstrieb, seinen Sexualtrieb und seinen Brutpflegetrieb befriedigen kann – das betrifft Nahrung, Behausung, Gesundheit, Partnerschaft und Familie. Mit Geld kann man das zwar fast alles kaufen, doch ohne Zeit hat es fast keinen Wert. Mit Geld bekommt man gutes Essen und schöne Wohnungen, doch ohne Zeit kann man beides nicht genießen. Mit Geld bleibt man länger gesund (Reiche leben länger als Arme), doch wenn man außerdem noch Zeit hat, bleibt man es noch länger (reiche Frauen leben länger als reiche Männer). Mit Geld findet man leichter einen Partner, und mit Geld kann man sich auch viele Kinder leisten, doch deren Gesellschaft kann man erst dann genießen, wenn man auch noch Zeit für sie hat.

Daß dennoch alle Parteien bisher so fasziniert auf die Verteilung der materiellen Güter starrten und die der ideellen – die gerechtere Verteilung der Freizeit – darüber vergaßen, hat ein paar sehr konkrete Gründe:

Überbevölkerung: Nur in fruchtbaren und wenig bewohnten Gebieten kann man sich mit der Ware Zeit am Leben erhalten. Man kann sich selbst ein Haus bauen und sich von Jagd und Ackerbau ernähren. In dicht besiedelten Gebieten braucht man zum Überleben in erster Linie Geld und erst in zweiter Linie Zeit.

Tarnung: Die Kapitalmonopolisten sind leicht zu erkennen: Es sind die Männer mit den dicken Brieftaschen, den großen Häusern, den schnellen Autos und den schönen Frauen. Die Zeitmonopolisten waren bisher als die Dienerinnen derer getarnt, deren Zeit sie stahlen, und deshalb kam auch niemand auf die Idee, Forderungen an sie zu stellen.

Macht: Die Kapitalmonopolisten verteidigen ihr Monopol mit Gewalt und sind daher durch Drohung und Gegengewalt zu besiegen. Die Zeitmonopolisten verteidigen es mit Macht (DAS POLYGAME GESCHLECHT, Kap. »Die Macht des

Schwächeren«). Wer seinen Partner durch psychische Methoden beherrscht, bleibt immer Sieger, denn man kann ihm nur dann etwas nehmen, wenn er es selbst hergeben will. Wer von den Frauen Zeit wollte, mußte also warten, bis diese sich genügend langweilten.

Dieses Stadium ist jetzt erreicht. Und damit stände in fortschrittlichen Mehrheitsdiktaturen – in den hochindustrialisierten Ländern des Westens – einer gerechteren Freizeitverteilung nichts mehr im Wege. Sobald die Reform beschlossen wäre, könnte sie mit einem Fünfjahresplan in die Praxis umgesetzt werden. Nach einer solchen Vorbereitungszeit wäre es möglich, die heutigen Hausfrauen reibungslos in den Wirtschaftsprozeß einzugliedern und die tägliche Arbeitszeit von acht auf fünf Stunden zu kürzen.
Die notwendigen Maßnahmen würden sich dabei hauptsächlich auf folgende Punkte konzentrieren:

1. Man müßte feststellen, wie viele Frauen nach der Reform als Arbeitskräfte zur Verfügung stünden, was diese Frauen arbeiten könnten und was sie arbeiten wollten – das heißt, man müßte den Ausbildungsstand und die Berufswünsche der heutigen Hausfrauen statistisch erfassen.
2. Man müßte feststellen, wie viele Arbeitsplätze nach der Reform frei wären und um welche Berufe es sich dabei handelte. Dies läßt sich bereits jetzt grob abschätzen: Man bräuchte in allen Branchen mindestens ein Viertel mehr Arbeitskräfte. Im Einzelhandel bräuchte man doppelt soviel Verkaufspersonal, auf Hochschulen und an Universitäten – falls diese in Doppelschichten funktionieren sollten – müßte man die Zahl der Lehrer ebenfalls verdoppeln, außerdem müßte man mehr Kindergarten-

personal ausbilden und entsprechend viele Schulklubpädagogen zur Verfügung stellen.
3. Man müßte die Berufskenntnisse und die Berufswünsche
der Hausfrauen mit Art und Zahl der zur Verfügung stehenden Arbeitsplätze abstimmen und sie durch entsprechenden Unterricht auf den Berufseintritt vorbereiten.

Das wäre zwar für einen Staat eine gigantische Aufgabe,
doch bei entsprechender Organisation ließe sie sich bewältigen. Denn ein Teil der Frauen hätte ja bereits eine abge-
schlossene Berufsausbildung, ein weiterer würde sich für
ungelernte Berufe entscheiden, und bei den übrigen würde
sich das Interesse auf die bereits beschriebenen »Frauen-
branchen« konzentrieren (die Lücken in den »Männer-
branchen« würden in der Regel von Leuten, die den Beruf
wechseln, und männlichem Nachwuchs aufgefüllt werden,
der sich dann von vornherein für geschlechtstypische Berufe
entscheiden würde).
Zur Ausbildung dieser dritten Gruppe könnte man sich
weitgehend des Mediums Fernsehen bedienen – eine Schule,
die für alle Hausfrauen bequem zu erreichen ist und deren
Besuch auch während dieser Übergangsphase die Wahrung
ihrer Familienpflichten gestatten würde. Die für die diversen Bürotätigkeiten notwendigen Grundkenntnisse etwa
ließen sich ohne weiteres durch den Bildschirm lehren, und
bei den übrigen Frauenberufen wäre es ein hoher Prozentsatz. Denn abgesehen von den Übungen am Objekt könnte
man ja am Fernsehschirm den Unterricht vollkommen
nachvollziehen. Die pädagogische Qualität wäre sogar
meist besser und das Anschauungsmaterial so vielfältig, wie
man es sich nur wünschen kann. Selbstverständlich müßte
das Engagement der Schülerinnen laufend durch Zwi-
schenprüfungen kontrolliert werden. Wem all das utopisch

zu sein scheint, sei daran erinnert, daß es beispielsweise der kubanischen Regierung gelungen ist, trotz schlechtester materieller Voraussetzungen das Analphabetentum im Land innerhalb von fünf Jahren von achtzig auf zehn Prozent zu reduzieren. Weshalb also sollten moderne Industriestaaten nicht in der Lage sein, ein System zu entwickeln, mit dem sich Hausfrauen billig und zweckmäßig auf bestimmte häufig vorkommende Berufe vorbereiten und in das Wirtschaftsleben reintegrieren ließen?

Natürlich müßte man sich überlegen, bis zu welcher Altersgrenze die Ausbildung der Frauen noch rentabel wäre. Wer zum Zeitpunkt des Reformbeschlusses das fünfundfünfzigste Lebensjahr bereits überschritten hätte, wäre bei Inkrafttreten der Reform schon über Sechzig und auf Wunsch ohnehin zum Empfang einer Rente berechtigt. Hausfrauen könnten selbstverständlich frei entscheiden, ob sie nach der Reform lieber arbeiten oder vom dann erheblich reduzierten Einkommen ihres Partners leben wollten.

Obwohl in den weniger industrialisierten und weniger lang demokratisierten Ländern des westlichen Lagers häufig optimale Voraussetzungen für eine gerechtere Freizeitverteilung gegeben wären, müßte man gerade hier mit der Reform noch etwas länger warten. In Italien, Spanien, Portugal und vielen südamerikanischen Ländern gibt es – wahrscheinlich bedingt durch die klimatischen Verhältnisse, die Mittagspausen erforderlich machen – bereits jetzt in großem Maßstab die Möglichkeit der verkürzten Arbeitszeit. Viele Familienväter haben zwei oder drei Arbeitsplätze, die sie im Laufe des Tages hintereinander aufsuchen und an denen sie jeweils vier, fünf oder sechs Stunden beschäftigt sind. Man könnte hier also theoretisch ab sofort und vorläufig ohne staatliche Reglementierung die Pflichten so verteilen, daß der eine Partner den ersten und der andere den zweiten Job übernimmt. Doch in all diesen Ländern würde dies im Augenblick noch daran scheitern, daß die Frauen sich nicht genügend langweilen. Sie haben durchschnittlich mehr Kinder – wenngleich diese häufiger als anderswo den ganzen Tag in der Schule sind –, ihre Haushalte sind weniger automatisiert, und außerdem sind durch das engere Zusammenleben die sozialen Kontakte noch dermaßen intakt, daß eine Hausfrau sich schwer isoliert fühlen kann.

Die Männer wiederum sind hier durch die Zusammenarbeit von Kirche und Werbefernsehen so hervorragend darauf abgerichtet, in ihren Frauen Märtyrer zu sehen – aufopfernde Dienerinnen, leidende Gebärerinnen, nimmermüde Mütter, ausgebeutete Sexobjekte –, daß sie von selbst niemals auf die Idee kämen, ihren Ehefrauen ihren zweiten oder wenigstens ihren dritten Arbeitsplatz zur Verfügung zu stellen.

Die Zustände in diesen Ländern sind auch der beste Beweis dafür, daß die hier vorgeschlagene Reform nur dann ihren Zweck erfüllen kann, wenn man zugleich das Überstundenverbot einführt. Ein Teil der Frauen würde sonst nach der Arbeitszeitverkürzung sofort ein neues Männlichkeitsideal kreieren und, wie etwa in Spanien oder Lateinamerika, jeweils den Mann am meisten als *Macho* feiern, der die meisten Posten und Pöstchen hat. Wie in jenen Ländern könnte man dann davon ausgehen, daß der Mann mit der attraktivsten Ehefrau und der aufregendsten Mätresse jeweils auch der ist, der wegen seines chronischen Zeit- und Kräftemangels für Sex am wenigsten übrig hat.

5. Für einen weiblichen Feminismus

Der männliche Feminismus ist frauenfeindlich

Die Theorie von der Unterdrückung der Frau wurde, wie
bereits an anderer Stelle beschrieben (DAS POLYGAME GE-
SCHLECHT, Kap. »Journalisten als öffentliche Väter«), von
Männern aufgestellt – von Männern wie Marx, Engels, Bebel und Freud –, und sie wird auch heute noch hauptsächlich von Männern in die Diskussion gebracht. Man findet
kaum einen Intellektuellen, der nicht davon überzeugt
wäre, daß die armen Frauen in einer von seinem Geschlecht
beherrschten Gesellschaft leben. Diese Theorie wird jedoch
nicht von der weiblichen Wirklichkeit abgeleitet, sondern
von dem, was die, die solche Männer zur Arbeit abrichten,
über diese Wirklichkeit erzählen. Die freiwillige Selbster-
niedrigung der Frau ist, wie gesagt, ein wichtiges Element
der Dressur des Mannes, denn nur für jemand, der sich
schwach und unterlegen gibt, wird er gern und viel arbeiten.
Auch die großen Frauenrechtler waren dieser Gehirnwäsche ausgeliefert: Sie wurden von frühester Kindheit an von
ihren bourgeoisen Müttern manipuliert und blieben bis zum
Lebensende Objekte weiblicher Ausbeutung. Ihre bourgeoisen Ehefrauen ließen, wann immer das möglich war,
sogar ihr bißchen Hausarbeit noch von Personal erledigen.

So kommt es, daß die Gedankengänge dieser Koryphäen – vor allem, wenn man sie auf die heutige Frau westlicher Industrieländer anwendet – sich ausnehmen wie ein Kursus in alogischem Denken. Die langlebigere, entweder gar nicht oder nur zeitweise erwerbstätige und insgesamt trotzdem vermögendere Mehrheit wird einem als Opfer der kurzlebigeren, immer erwerbstätigen und insgesamt trotzdem ärmeren Minderheit präsentiert. Es gibt jedoch wenig Frauen, die über diese Auslegung laut lachen. Die meisten lächeln aus naheliegenden Gründen still in sich hinein.

Es gibt aber auch Frauen, die von dieser männlichen Logik dermaßen beeindruckt sind, daß sie sich ihr nicht nur unterwerfen, sondern sie auch noch respektvoll bestätigen. Diesen Frauen – Frauen wie Beauvoir, Friedan, Millett, Firestone, Greer – haben die anderen viel zu danken. Nicht nur, weil sie mit soviel Fleiß ihre Position gefestigt haben und weil sie ihre Monopole mit soviel Engagement verteidigen, sondern auch, weil sie sie ganz allgemein als denkende Wesen salonfähig gemacht haben. Denn wie ein afrikanischer Stammeshäuptling auf Staatsbesuch im zivilisierten Westen am meisten durch gekonnte Imitation seiner Gastgeber imponiert – etwa durch makellose Tischsitten und einen Zitatenschatz hier anerkannter Dichtkunst –, mußten auch intellektuelle Frauen, bevor sie in der Welt der Geisteswissenschaften Erfolg haben konnten, zunächst einmal beweisen, daß sie *genauso* denken können wie intellektuelle Männer. Erst im Schutz dieser Pionierarbeit konnten dann andere Frauen den nächsten Schritt wagen und zeigen, daß Frauen auch *anders* denken können. Sie konnten die Männer sowohl über die Fehler in ihrer Gesellschaftstheorie als auch über die Ursachen dieser Fehler aufklären.

Denn ihre Wiederholung durch weibliche Intellektuelle machte die These von der weiblichen Unterdrückung ja nicht plausibler. Man kann als Frau über die männliche Vorherrschaft lange oder kurze, temperamentvolle oder langweilige Bücher schreiben – und all das ist hinreichend geschehen –, doch logische Bücher kann man darüber nicht schreiben. Es sei denn, man gäbe den Wörtern einen neuen Sinn: Wenn Ausbeutung bedeutet, daß das ausgebeutete Geschlecht länger lebt, seltener arbeitet und trotzdem reicher ist als das ausbeutende, dann allerdings muß man zugeben, daß Frauen von Männern schamlos ausgebeutet werden. Wenn Privilegiertsein bedeutet, daß man beim Verteilen von Nachteilen bevorzugt wird – daß man im Krieg an die Front darf, daß man gefährlichere, schmutzigere und anstrengendere Arbeiten ausführen darf, und dies auch noch viele Jahre länger –, dann allerdings sind Männer maßlos privilegiert.

Diese Umdeutung der Begriffe ist jedoch unterblieben, und deshalb muß man, dem herkömmlichen Sprachgebrauch folgend, die Frauenbefreiung heute als gescheitert betrachten. Befreien kann man nur jemand, der unterdrückt wird. Fühlt sich keiner als Opfer, gibt es auch keine Möglichkeit, einen Aufstand anzuzetteln. Alles, was die Lage der Frau in den letzten fünfzig Jahren positiv verändert hat und was Frauenrechtlerinnen so gern auf ihr eigenes Konto buchen, wäre sowieso gekommen: Die sexuelle »Befreiung« der Frau ist die Folge sensationeller Entdeckungen auf dem Gebiet der Schwangerschaftsverhütung und der Bekämpfung der Geschlechtskrankheiten (also eine von Männern gemachte Revolution). Die steigende Tendenz weiblicher Berufstätigkeit ist die Folge der durch Automatisierung der Hausarbeit und durch Geburtenregelung verursachten häuslichen Langeweile (also ebenfalls eine von Männern gemachte Revolution). Die Legalisierung des Schwangerschaftsabbruchs ist die Folge des schwindenden Einflusses der Kirche auf die Gesetzgebung – ein Wandel, der zuvor von den weit häufiger als Männer konservativ wählenden Frauen blockiert wurde. (Wie jede Statistik zeigt, sind und waren in westlichen Industrieländern immer mehr Männer als Frauen für die Legalisierung des Schwangerschaftsabbruchs. Die Schweiz hatte vor der Einführung des Frauenwahlrechts auf diesem Gebiet sogar die damals fortschrittlichste Gesetzgebung.) Frauenrechtler, die diese Erfolge auf ihre Initiative zurückführen, verhalten sich wie jener kleine Junge, der sich neben dem Bahnhofsvorsteher aufstellt und sich einbildet, er selbst habe mit seinem Gestikulieren den Zug abfahren lassen. Die einzige, bis zu einem gewissen Grad auf weibliche Initiative zurückgehende Veränderung war bisher die Einführung des Frauenwahlrechts. Da hiermit für alle Zeit alles erreicht schien, wurde jeder weitere Schritt überflüssig.

Und weil die Frauen nicht unterdrückt sind, konnte man trotz aller Bemühungen der Frauenrechtler auch nicht die vielgepriesene weibliche Solidarität zum Aufflammen bringen. Was heute unter diesem Stichwort läuft, sind sexistische Kartelle – als feministische Bewegungen getarnte Interessengemeinschaften. Je nach Zielsetzung kann man hier im Augenblick fünf verschiedene Gruppierungen unterscheiden:

a) Organisationen zur Ausschaltung der männlichen Konkurrenz im öffentlichen Leben (protektionistischer Feminismus).

b) Organisationen zur Bekämpfung der Langeweile (unterhaltender Feminismus).

c) Organisationen zur Ausschaltung der männlichen Konkurrenz auf dem Gebiet der Sexualität (lesbischer Feminismus).

d) Organisationen zur Errichtung totalitärer Systeme (marxistischer Feminismus).
e) Organisationen zur rationelleren Verwertung der männlichen Arbeitskraft (reaktionärer Feminismus).

Alle diese Organisationen sind frauenfreundlich, solange man den Sinn des Feminismus in der Gewinnung und Verteidigung weiblicher Privilegien sieht. Wenn man es jedoch als Ziel einer Frauenbewegung betrachtet, aus Frauen vom ethischen Standpunkt her vollwertige Menschen zu machen – also nicht mehr auf Kosten anderer lebende Erwachsene –, dann sind sie frauenfeindlich. Wie chinesische Mütter vor der Revolution ihre Töchter zu hochbezahlten körperlich Behinderten machten, indem sie ihnen von klein an die Füße einbandagierten, wie westliche Frauen ihre Töchter heute zu hochbezahlten, geistig Behinderten machen, indem sie ihnen von klein an die Ehe »versprechen« (ein Leben, in dem ein anderer für sie denken wird), verhindern Organisationen, die den Mann als Feind der Frau darstellen, daß ihre Mitglieder jemals so sein können, wie sie eigentlich sein möchten: intelligente, unabhängige, von ihren Männern geliebte und begehrte weibliche Erwachsene.
Denn weibliche Emanzipation, die von einer männlichen – einer von weiblicher Profitgier manipulierten und daher falschen – Gesellschaftstheorie ausgeht, kann nur zu falschen Ergebnissen führen. Männliche Feministinnen – Frauen, die ein von Männern gemachtes und daher notwendig unrealistisches Rezept für die Veränderung des weiblichen Status in die Praxis übertragen wollen – müssen unweigerlich scheitern. Auf einem schlecht gemauerten Fundament kann man eben kein bewohnbares Gebäude errichten. Da der von Männern erfundene Feminismus auf der fixen Idee beruht, daß Frauen von Männern unterdrückt werden, macht er aus

Frauen, die ihm folgen, entweder Männerhasser oder Zyniker – intelligente, unabhängige, aber ungeliebte Erwachsene oder dumme, abhängige, heißgeliebte Kinder, die den Vaterinstinkt ihrer Partner noch kaltblütiger und noch vorsätzlicher mißbrauchen, als frühere Frauengenerationen es je wagten. Oder aber – und dies ist vielleicht die gefährlichste Variante von allen –, er läßt sich selbst mißbrauchen und bereitet in blindem Eifer den Weg zur Etablierung totalitärer Systeme, in denen dann anstatt des männlichen Partners beide unterdrückt werden und in denen die Kinder endgültig in Anstalten wandern.

Protektion ist keine Emanzipation

Wenn man davon ausgeht, daß Frauen von Männern unterdrückt werden – also der von Männern gemachten Gesellschaftstheorie folgt –, bringt man Frauen um ihre Ehre. Denn der nächste Schritt ist dann, daß man Schutzzonen und Sonderbedingungen für sie verlangt, die verhindern, daß man die Leistung einer Frau jemals als wirklich gleichwertig zu der eines Mannes empfindet. Wenn auch nur einige Frauen unter Umgehung des normalen Wettbewerbs aufsteigen, wenn auch nur manche durch Einschüchterung ihrer männlichen Vorgesetzten Karriere machen, wenn man auch nur ein paar von ihnen aus Mitleid hochkommen läßt, geraten alle Frauen in den Verdacht, ihren beruflichen oder sozialen Aufstieg im Grunde protektionistischen Maßnahmen zu verdanken. Selbst wenn sie soviel leisten wie ihre männlichen Kollegen, wird man sie stets mit Mißtrauen betrachten. Solange man nicht aufhört, für Politikerinnen Proporzämter zu fordern, solange auch nur der Eindruck entstehen kann, daß Frauen unter dem Druck der öffentlichen Meinung in Ministersessel katapultiert werden, wird der Wähler, sei er nun männlich oder weiblich, einem weiblichen Politiker stets weniger zutrauen als einem Mann. Denn er wird nie ganz sicher sein, ob eine Frau wirklich in der Lage ist, ein hohes Amt in Krisenzeiten selbständig und kompetent zu handhaben.

Deshalb sind Forderungen nach Schutzmaßnahmen für Frauen – nach einem »Jahr der Frau«, nach Sonderministerien für weibliche Angelegenheiten, nach paritätischer Ämterverteilung im öffentlichen Leben, nach Quotierung der Parteiposten – die im Grunde wohl frauenfeindlichste Offensive, die sich die Massenmedien bisher geleistet haben. Politikerinnen und Journalistinnen, die sich, sei es nun aus Gedankenlosigkeit oder aus beruflichem Opportunismus, zu solchen Kampagnen hergeben, erweisen der weiblichen Sache den denkbar schlechtesten Dienst. Sie bringen Frauen für lange Zeit um die Chance, von der breiten Öffentlichkeit für voll genommen zu werden. Die Früchte dieser konzertierten Aktionen lassen ja niemals lange auf sich warten. Wenn es vor dem jüngsten Totalausverkauf weiblicher Ehre noch möglich war, als Frau eine von allen Seiten respektierte Berufskarriere zu machen, wenn vordem die Leistung einer berufstätigen Frau immer der eines Mannes ebenbürtig war – wenn man sogar zu der Annahme neigte, sie habe es schwerer und müsse daher in vergleichbaren Positionen mehr können als ein Mann –, gerät heute jeder weibliche Gewerkschaftler, jedes weibliche Aufsichtsratsmitglied, jeder weibliche Bankpräsident, jeder weibliche Universitätsprofessor, jeder weibliche Chefarzt, jeder weibliche Richter und erst recht jeder weibliche Politiker in den Verdacht, er habe seine Beförderung ganz oder wenigstens teilweise der Erpressung, dem schlechten Gewissen oder dem Mitgefühl seiner Vorgesetzten und Kollegen zu verdanken. Jeder Zoll

weiblichen Prestiges, das auf der einen Seite durch ernst-
hafte Arbeit gewonnen wird, wird so auf der anderen unverzüglich verspielt, und statt einen Schritt weiterzukom-
men, geht man gleich zwei zurück.

Selbst wenn also ein Grund für eine Patronage gegeben wäre
– selbst wenn Frauen tatsächlich unterdrückt wären und
Männer ihnen eigentlich helfen müßten –, dürfte man diese
Hilfe im eigenen Interesse auf keinen Fall in Anspruch nehmen. Damit Frauen im öffentlichen Leben respektiert werden, müssen die Bedingungen für ihren Aufstieg so schwierig wie nur möglich sein. Da dies in Wirklichkeit jedoch
nicht zutrifft, ist die Forderung nach Schutzzonen für kar-
rieresüchtige Frauen nicht nur imageschädigend, sondern
auch allgemeingefährlich und zynisch. Denn es besteht ja
tatsächlich die Gefahr, daß durch die immer massivere Einschüchterung der Männer mit der Zeit immer mehr Frauen
unter Umgehung des normalen Wettbewerbs an Ämter geraten, für die sie in keiner Weise vorbereitet sind. Abgesehen
davon, daß diese unmotivierte Vorzugsbehandlung natürlich auch noch demoralisierend wirkt: Sie bringt Frauen
nicht nur um die Achtung der Männer – die für sich selbst
eine solche Protektion ja niemals akzeptieren würden –,
sondern immer mehr auch um ihre Selbstachtung. Denn
Frauen wissen ja, daß sie zum Beispiel in westlichen Industrieländern auf ein Frauenschutzjahr und auf Frauen-
schutzministerien zumindest so lange kein moralisches Anrecht haben, wie nicht auch die Männer ähnliche Rechte
haben. Sie wissen, daß sie eine Quotierung der Parteiposten
nicht annehmen können, solange es sich bei weiblichen Par-
teimitgliedern zumeist um Inaktive handelt – um sogenannte »Karteileichen« –, die durch ihren Beitritt eigentlich
nur die politische Aktivität ihrer Ehemänner – und diese lediglich quantitativ – unterstützen wollten. Die Forderungen

der Frauenrechtlerinnen bringen daher alle Frauen, die sich ein Minimum an Integrität bewahrt haben, in eine äußerst peinliche Situation.

Denn es ist ja nicht nur so, daß man Wünsche anmeldet. Dank enormer Macht über Massenmedien und Parteipolitik kann man sie, falls man wirklich Wert darauf legt, auch realisieren. Obwohl es absolut unwahrscheinlich schien, daß es in einem Land wie Frankreich jemals so etwas wie ein Sondersekretariat für weibliche Belange geben würde – in einem Land, in dem natürlich nur Männer Militärdienst leisten und in dem diese dazu noch regelmäßig in ferne Kriege geschickt werden, in dem die freiwillige Pensionierungsgrenze für Frauen bei 55 und für Männer bei 65 Jahren liegt –, war diese politische Perversion hier zumindest vorübergehend verwirklicht. Man kann der französischen Regierung nicht einmal einen Vorwurf machen: Jede Methode, die Wählerstimmen bringt, wird natürlich auch angewandt. Denn es sind zwar noch nie in der Geschichte so viele Frauen auf einmal so auffällig beleidigt worden, noch nie ist in einem Land das ganze Geschlecht per Dekret zu Imbezillen erklärt worden – zu Erwachsenen, deren geistige Fähigkeiten nicht ausreichen, ihre Rechte in einer parlamentarischen Demokratie ohne Hilfe durchzusetzen –, doch andererseits wurde auch eine Beleidigung noch nie so wenig bemerkt.

Die kollektive Bekämpfung der Langeweile ist keine feministische Bewegung

Wenn man davon ausgeht, daß Frauen von Männern unterdrückt werden – also der von Männern gemachten Gesellschaftstheorie folgt –, bringt man Frauen um ihre Würde.

Denn der nächste Schritt ist dann, daß man sie zu Protest-
haltungen animiert, mit denen üblicherweise ausgebeutete
oder verfolgte Minderheiten auf sich aufmerksam machen
und in denen Angehörige einer in jeder Hinsicht privilegierten Mehrheit – die ja gegen nichts protestieren können –
unendlich lächerlich wirken. Dank solcher Aktivitäten hat
das weibliche Image heute einen Tiefstand erreicht, der früher kaum vorstellbar war. Auch wenn sich immer nur eine
verschwindende Minderheit beteiligt, ist die Publizität – die
Organisatorinnen sind meist wohletablierte Journalistinnen – enorm, und der Schaden, der den anderen Frauen damit zugefügt wird, auch in Generationen nicht wieder gut-
zumachen. Selbst wenn man sich heute von den Büstenhal-
terverbrennungen, Gedenkfackelzügen, Protesthymnen,
»wir sind die Neger der Nation«-Parolen schon wieder
halbwegs distanziert, werden Aktionen dieser Art, auch
wenn man sie jetzt sofort stoppen würde, noch die Bürger
des Jahres 2000 erheitern. Auch die »seriöseren« Aktivitäten werden aus der historischen Perspektive zumindest äußerst befremdlich erscheinen.
Denn solange in Industrieländern die Justiz vor allem jedes
an Frauen begangene Vergehen unbarmherzig verfolgt (beispielsweise auf Verführung Minderjähriger mehrere Jahre
Gefängnis stehen, Vergewaltigung mit zehn Jahren Zucht-
haus und in einigen Staaten der USA sogar noch mit dem
Tod bestraft wird) und in den Ländern der Dritten Welt
Kriegsverbrechen und Folterungen hundertmal häufiger an
Männern als an Frauen verübt werden, machen sich Frauen
durch Frauentribunale (in denen sie »aus der weiblichen
Emotion heraus« und unter Umgehung des langweiligen Ju-
rastudiums über Recht und Unrecht urteilen) lediglich zur
Zielscheibe von Witzen. Solange ausgerechnet ihr eigenes
(viel häufiger als die Männer konservativ wählendes) Ge-

schlecht verhindert, daß durch eine Ablösung der konservativen Parteien die Antischeidungs- und Antiabtreibungsparagraphen liberalisiert werden, bringen sich Frauen, die mit Transparenten gegen die reaktionären Männergesetze statt gegen die reaktionären Frauengesetze demonstrieren, höchstens in den Ruf politischer Naivität. Solange die männlichen Bankfachleute weibliches Vermögen so umsichtig verwalten, daß beispielsweise in den USA Frauen bereits über 60 Prozent des Privatvermögens besitzen, ist die Errichtung von Frauenbanken, die endlich die weiblichen Interessen wahren sollen, ein ökonomisches Absurdum. Solange Verlage und Filmproduktionen auf privatwirtschaftlicher Basis funktionieren und folglich Autoren, Regisseure, Stoffe und Schauspieler nicht nach sexistischen Gesichtspunkten, sondern nach ihrem Marktwert auswählen, solange Buch- und Kunsthändler daran interessiert sind, alles zu verkaufen, was nur geht, und weibliche Käufer schon deshalb hofieren, weil sie das meiste Geld und die meiste Zeit zum Einkaufen haben, wirken Frauen mit ihren Bemühungen um Frauenverlage, Frauenfilmfestivals, Frauenbuchhandlungen und Frauenkunstausstellungen bestenfalls trotzig. Solange ein Teil der Frauenrechtlerinnen um den Zutritt zu Herrenklubs kämpft, während der andere für Männer verbotene Frauenzentren ins Leben ruft, der eine Teil zum Engrosverbrauch männlicher Sexpartner animiert und der andere im Umgang mit Männern Enthaltsamkeit predigt, wirken ihre Bemühungen irgendwie widersprüchlich. Solange Kaffeekränzchen von älteren weiblichen Jahrgängen fleißig besucht werden, bringen sich die jüngeren mit ihren Frauengesprächsrunden und Consciousness Raising Centers – hier wie dort treffen sich regelmäßig ein paar Damen, um sich endlich einmal über das auszusprechen, was Frauen so bewegt – nicht gerade in den Ruf der Originalität. Denn – auch wenn es nun statt Sahnetörtchen Diätkost gibt und die Intimsphäre von Kindern und Ehemännern nicht mehr versehentlich, sondern vorsätzlich verletzt wird, ist dies höchstens nach weiblichen Maßstäben eine Revolte.

Das Ende der Talfahrt ist jedoch noch nicht abzusehen. Wer glaubte, daß die »Protestwelle« in den Feierlichkeiten zum »Jahr der Frau« eigentlich ihren absoluten Höhepunkt erreicht haben müßte, wird sich eines Besseren belehren lassen müssen. Es werden zwar nicht dieselben Gags sein, mit denen die Frauen in Zukunft das andere Geschlecht amüsieren, aber irgend etwas Neues wird ihnen bestimmt wieder einfallen. Dank des ständig wachsenden Wohlstands wird in westlichen Industrieländern das Heer der Frauen, die sich langweilen, immer größer. Der Bedarf an angemessenen Unterhaltungsmöglichkeiten – »agitieren«, »sich manifestieren«, »endlich miteinander kommunizieren« –, der den Frauen das Gefühl gibt, etwas zu machen, ohne etwas zu tun und zu riskieren, ohne wirklich etwas aufs Spiel zu setzen (ihre Ehemänner nehmen sie in ihren Unabhängigkeitsbestrebungen ja niemals beim Wort), wird immer dringender. Denn soweit es sich bei den Protestantinnen nicht um Lesbierinnen, Marxistinnen oder Journalistinnen handelt, die ja alle ein naheliegendes Motiv haben, zeichnen solche Frauen sich stets dadurch aus, daß sie materiell gesichert, überdurchschnittlich gebildet und unterdurchschnittlich beschäftigt sind. Es sind von ihren Vätern oder vom Staat subventionierte Studentinnen, die sich auf diese extravagante Weise über ihre viel zu langen Ferien hinwegtrösten, oder progressive, von ihren Ehemännern gut versorgte Hausfrauen, die hier eine Teilzeitbeschäftigung finden, die nicht in Arbeit ausartet.

Die Aktivitäten dieser Frauen können also logischerweise

erst dann zurückgehen, wenn man die Voraussetzungen dafür beseitigt. Wenn man etwa – wie hier vorgeschlagen – den Arbeitsrhythmus der Studentin dem Fünf-Stunden-Rhythmus der Industriearbeiterin angleicht und ihre Ferien, die heute fast ein halbes Jahr dauern, auf ein psychisch verkraftbares Maß herabsetzt (wenn man die Studenten und ihr Proletariat zwangssolidarisiert), und wenn man – wie hier ebenfalls vorgeschlagen – intellektuell ambitionierte Hausfrauen durch eine geregelte, der ihres Mannes ebenbürtige Berufstätigkeit von ihren Minderwertigkeitskomplexen befreit und ihre überschüssige körperliche und geistige Energie in Bahnen lenkt, in denen sie der Allgemeinheit nützen und dem weiblichen Image nicht mehr schaden können.

Lesbianismus ist kein Feminismus

Wenn man davon ausgeht, daß Frauen von Männern unterdrückt werden – also der von Männern gemachten Gesellschaftstheorie folgt –, macht man Frauen zu Spekulationsobjekten sexuell abnorm veranlagter Minderheiten. Denn der nächste Schritt ist dann, daß man ihnen rät, auf jeden intimen Kontakt mit ihren Unterdrückern zu verzichten und die Befriedigung ihrer sexuellen Bedürfnisse lieber beim eigenen Geschlecht zu suchen. Gegen solche Kampagnen wäre nichts einzuwenden – sie wären sogar zu begrüßen –, wenn man dadurch nur solche Frauen zum Lesbianismus bekehren könnte, die tatsächlich lesbisch veranlagt sind und es unter dem Druck der Normen bisher nur nicht wagten, sich zu ihrer Veranlagung zu bekennen. Doch es gibt ja nicht nur eine angeborene homosexuelle Haltung, sondern auch eine erworbene – sie war mit ein Grund, daß man so lange gezögert hat, die Gesetzgebung zu liberalisieren. Die moderne Psychologie geht sogar so weit zu behaupten, daß sich in einem entsprechenden Milieu jeder Mensch zum Homosexuellen entwickeln könne und es deshalb in Internaten prinzipiell Koedukation und in Gefängnissen immer eine Möglichkeit zu heterosexuellen Kontakten geben müsse. Das wird nicht gefordert, weil Sexualität zwischen Mann und Frau »gut« und zwischen Gleichgeschlechtlichen »böse« ist, sondern weil Homosexuelle – da die Mehrheit, dem biologischen Diktat folgend, immer heterosexuell sein wird – automatisch in eine gesellschaftliche Randposition gedrängt werden. Eine solche Position ist immer mit privatem Unglück verbunden. Die Bemühungen gehen also dahin, den Homosexuellen aus Veranlagung möglichst viel Legalität und Toleranz zu garantieren und gleichzeitig darauf zu achten, daß sie die heterosexuelle Veranlagung anderer, vor allem die der Jugendlichen, nicht unterwandern können. Trotz dieser Bemühungen findet jedoch im Augenblick – und zwar unter den Augen der gleichen Öffentlichkeit, die um die Reform von Internats- und Gefängnisstatuten kämpft – eine homosexuelle Unterwanderungskampagne statt, die in der Geschichte ihresgleichen sucht. Denn für die Ziele der lesbischen Minderheit ist die Ideologie von der männlichen Vorherrschaft wie maßgeschneidert. Wenn Männer Frauen so schlecht behandeln, sagen die Lesbierinnen, so darf man ihnen nicht auch noch die Freude machen, mit ihnen zu schlafen. Und sie haben damit Erfolg. Unter dem Vorwand, für eine gute Sache zu kämpfen, können sie sich über die feministischen Organisationen Zutritt zu Kreisen verschaffen, die ihnen sonst verschlossen blieben, und sich, ohne den geringsten Verdacht zu erregen, an Frauen heranmachen, die normalerweise ihren ausgefallenen Wünschen absolut unzugänglich wären.

Damit soll nun nicht gesagt sein, alle Frauen, die den von Männern gemachten Feminismus vertreten, seien Lesbierinnen. Es war hier bereits die Rede von den Opportunistinnen und den Gelangweilten und von den vielen Frauen, die feministische Organisationen mit Gewerkschaften und Betriebsräten verwechseln und in aller Unschuld meinen, dies sei der beste Ort, um für absolut legitime und honorige weibliche Ziele wie höhere Gehälter oder besseren Mutterschutz zu kämpfen. Auch soll hier nicht behauptet werden, daß alle Lesbierinnen den männlichen Feminismus für sexuelle Manipulationen mißbrauchen. Es gibt sicher viele, die zu stolz und zu integer sind, um sich auf diese Weise Sexpartner zu verschaffen, und von denen man, da sie über keinerlei publizistische Macht verfügen, niemals etwas hört. Und noch weniger soll behauptet werden, daß alle hier beteiligten Lesbierinnen aus niederen Beweggründen handeln. Lesbierinnen kommen ja aus einer ganz anderen Erfahrungswelt und haben, da sie den Kontakt mit Männern meist konsequent ablehnen, die aus der sexuellen Konstellation entstehende Macht der Frau – die Macht des Objekts sexueller Begierden – niemals kennengelernt. Wenn sie davon reden, wie demütigend, deprimierend, unbefriedigend und entwürdigend der Sex mit Männern sei, so ist dies nicht nur Propaganda. Sie müssen aufgrund ihrer Veranlagung diese Art Sex ja tatsächlich unerträglich finden.

Das alles ändert jedoch nichts an der Tatsache, daß Lesbierinnen zwei ausgezeichnete Gründe haben, sich feministischer Organisationen aus wenig ehrenwerten Motiven zu bemächtigen. Zum einen sind sie selbst immer zur Berufstätigkeit verurteilt – häufig müssen sie sogar wie Männer noch ihr eigenes weibliches »Sexobjekt« ernähren. Deshalb sind sie mehr als andere Frauen daran interessiert, durch protektionistische Maßnahmen die männliche Konkurrenz am Arbeitsplatz so niedrig wie möglich zu halten. Und zum andern ist ihre Auswahl an Sexualpartnern extrem gering. Wenn Kinsey recht hat und tatsächlich nur 0,2 Prozent der weiblichen Bevölkerung lesbische Neigungen verspüren, trifft eine Lesbierin im täglichen Leben fast fünfhundertmal seltener auf potentielle Sexpartner als eine heterosexuell orientierte Frau. Sie ist praktisch darauf angewiesen, den Kreis ihrer Partner durch Unterwanderung der Heterosexuellen und durch antimaskulinistische Propaganda zu vergrößern.

Außerdem muß zumindest den Theoretikerinnen unter den Frauenrechtlerinnen zum Vorwurf gemacht werden, daß sie in der Wahl der Mittel, mit denen sie ihre männlichen Konkurrenten im Kampf um die Gunst der Frauen auszubooten suchen, wenig Skrupel zeigen. Ein großer Teil der feministischen Informationen, die zur Zeit den Markt überschwemmen, erwecken entweder den Eindruck lesbischer Pornographie oder erinnern in ihrer Machart penetrant an die im Dritten Reich erfolgreich angewandte Technik, Ressentiments gegen bestimmte Bevölkerungsgruppen durch eine Manipulation der Gefühlswelt zu erzeugen. Hier besteht vor allem für solche Leute Gefahr, die mit den Diskriminierten niemals näheren Kontakt hatten. Wer keine Juden kannte, mußte durch den Konsum der von Hitlers Propagandaministerium unter die Bevölkerung geschleusten antisemitischen Filme, Romane und »Erlebnisberichte« zum Antisemiten werden. Wer mit Männern keine Erfahrung hat – sehr junge Mädchen also –, wird durch die von Lesbierinnen inspirierten antimaskulinistischen Veröffentlichungen dem Sex mit Männern – falls er überhaupt noch dazu kommt, ihn auszuprobieren – zumindest mit Vorurteilen begegnen. Denn dieser wird hier stets als brutal, entwürdigend und äußerst unbefriedigend beschrieben, der Verkehr mit Frauen hingegen ist zärtlich und respektvoll und – trotz des fehlenden Phallus oder gerade deshalb – das Nonplusultra der Genüsse.

Wenn also vorher behauptet wurde, der sogenannte *Neue Feminismus* sei derselbe wie der alte, muß man dies hier einschränken. Die homosexuelle Propaganda ist tatsächlich ein neues Element – wenn auch das einzige – in der heutigen feministischen Ideologie. Denn von sexueller Verweigerung und Aufrufen zu homosexueller Betätigung war bei den Männern, die diese Ideologie propagierten, nicht die Rede. Das geht ganz allein auf die Frauen zurück. Es war zwangsläufig die Folge systemimmanenter Überlegungen: Mit einem Mann, von dem man ausgebeutet wird, sollte man natürlich nicht auch noch ins Bett gehen. Falls es sich wirklich nicht vermeiden läßt – denn schließlich hat der Mann die Macht –, so sollte man, den Ratschlägen Simone de Beauvoirs folgend, wenigstens keinen Orgasmus haben, damit man durch Entwicklung der eigenen Genußfähigkeit nicht auch noch sexuell von Männern abhängig wird. Diese letzte Konsequenz ist nur dann unlogisch, wenn man sie mit der Wirklichkeit konfrontiert. Wenn man, wie Beauvoir, eine männliche Feministin ist – wenn man sich seine Meinung über die Frauen von Männern machen läßt –, ist sie absolut folgerichtig. Und wenn man, wie viele Feministinnen, darauf angewiesen ist, seine Ideen bei Männern zu suchen und seinen Sex bei Frauen, ist sie auch noch nützlich.

Diese Nützlichkeit erklärt auch, weshalb so viele der führenden Frauenrechtlerinnen heute so offenherzig mit ihrer Intimsphäre hausieren gehen. Wenn ihr Ziel, wie sie sagen, tatsächlich eine internationale Bewegung zur Befreiung der Frau wäre, so dürften sie doch auf keinen Fall den taktischen Fehler begehen, die vielen heterosexuell engagierten Frauen durch einen so penetrant zur Schau gestellten lesbischen Lebenswandel abzuschrecken. Tatsächlich hat sich jedoch der größere Teil der prominenten Frauenrechtlerinnen zum Lesbianismus bekannt, andere renommieren zumindest mit sporadischen Erfahrungen oder befürworten die sexuelle Enthaltsamkeit als Kampfmittel. Die Sache wird erst dann plausibel, wenn man sie aus der hier aufgezeigten Perspektive sieht und bedenkt, daß Lesbierinnen ja überhaupt nicht daran interessiert sein können, dezidiert heterosexuelle Frauen in ihr Lager zu ziehen. Sie wüßten dann ja wieder nicht, wem sie auf ihren nationalen und internationalen Frauenkongressen und Frauentribunalen begegnen, bei wem ein Annäherungsversuch peinlich wäre und bei wem sie Erfolg haben könnten. Diese Technik ist vom lesbischen Standpunkt aus völlig legitim und angesichts der verheerenden Lage, in der sich Lesbierinnen mit starkem Sexualtrieb befinden, auch absolut verständlich. Unverständlich ist, daß die anderen Frauen diesen Mechanismus nicht aufdecken und daß sie hier, so ganz gegen ihre Gewohnheit, anderen Leuten auf den Leim gehen.

Im marxistischen System verlieren die Frauen ihre Privilegien, aber die Männer haben nichts davon

Wenn man davon ausgeht, daß Frauen von Männern unterdrückt werden – also der von Männern gemachten Gesellschaftstheorie folgt –, macht man Frauen zum Spielball politischer Radikalität. Denn der nächste Schritt ist dann, daß man ihnen suggeriert, sie seien viel zu schwach, um ihre Situation bewältigen zu können – man müsse erst die Gesellschaft ändern, dann werde sich alles weitere von selbst erledigen. Wegen ihrer enormen Macht über Männer, ihres immensen Einflusses auf Massenmedien und Wahlen ist die politische Unterwanderung der Welt der Frau für Links- und Rechtsextremisten von allergrößter Wichtigkeit. Wegen ihres extremen politischen Desinteresses ist die Frau für solche Leute auch stets eine leichte Beute. Frauen halten sich nicht lange mit Theorien auf – wie jede Statistik zeigt, interessieren sich die meisten nicht einmal in Wahlkampfzeiten für den politischen Teil ihrer Tageszeitung. Die Männer, so sagen sie sich, haben das alles sicher genauestens geprüft – worauf es nun noch ankäme, sei die weibliche Intuition. Und so gerät die Menschheit mit schöner Regelmäßigkeit in die Gewalt von Demagogen, die mit Versprechungen und Komplimenten die politische Machtposition der Frau so geschickt unterminieren, daß sie schließlich völlig legal – auf Wunsch der Mehrheit – an die Regierung kommen. Ihre Versprechungen haben sie jedoch niemals gehalten: Es gibt keine Diktatur – gleichgültig, ob sie die Bevölkerung nun mit Hilfe nationalistisch, christlich, rassistisch oder sozialistisch gefärbter Agitation auf ihre Seite gezogen hat –, die nicht allen, einschließlich den Frauen, jemals etwas anderes als Unglück gebracht hätte.

Die sogenannten Proletariatsdiktaturen sind hier keine Ausnahme. Die in ihnen praktizierten marxistischen Grundsätze sind alles mögliche, aber frauenfreundlich sind sie nicht. Nach Abschaffung der freien Wahlen kann es einer Regierung logischerweise völlig gleichgültig sein, was Frauen von ihr halten. Man bleibt ja nicht durch Beeinflussung der Wählermeinung an der Spitze, sondern durch Einschüchterung und Terror. In solchen Diktaturen haben Frauen dann wohl noch Macht über den Mann an ihrer Seite (allerdings nur die Macht des Sexobjekts, und auch diese nur, solange sie es schaffen, ihren eigenen Sextrieb zu beherrschen), doch ihre Macht über den Mann im allgemeinen – ihre politische Macht – haben sie verloren.

Da im Unterschied zu parlamentarischen Demokratien die Politiker hier nicht mehr ihre »Angestellten« sind, könnten Frauen in diesem Fall auf die Politik ihres Landes nur dann Einfluß nehmen, wenn sie direkt an der Regierung beteiligt wären: Wenn sie entweder den Vorsitzenden ihrer Partei stellten oder in deren Spitzengremien die Mehrheit besäßen. Doch auch dies wäre natürlich noch keine Garantie für eine feministische Politik: Es käme ja ganz auf die persönliche Einstellung der machthabenden Frauen an. Man hinge zwar nicht mehr von männlicher Willkür ab, aber dafür von weiblicher. Bisher gibt es in den als kommunistisch bezeichneten Diktaturen aber noch nicht einmal ein Beispiel für weibliche *Willkür*: Noch nie sind Frauen nach einer Revolution des Proletariats entscheidend an der Regierung beteiligt worden. Auch gibt es keinen einzigen Beweis dafür, daß man Frauen nach einer solchen Revolution bevorzugt behandelt hätte. Im allgemeinen machen marxistisch orientierte Diktaturen genau wie alle anderen sowohl mit männlichen als auch mit weiblichen Erwachsenen, was sie wollen, und mit den Kindern erst recht.

So kommt es, daß in marxistisch regierten Ländern die Frauen – mit Ausnahme der Wehrdienstbefreiung – regelmäßig ihre Privilegien verlieren, ohne daß ihre Männer von dieser Gleichverpflichtung irgendeinen Nutzen hätten. Denn Frauen müssen dann zwar, genau wie anderswo die Männer, von früh bis spät arbeiten, doch Männer müssen es ebenfalls. Frauen können dann zwar nicht mehr die Gesetze zu ihrem eigenen Vorteil formulieren lassen, doch auch die Masse der Männer hat auf die Gesetzgebung keinen Einfluß. Frauen können dann auch nicht mehr als Haupteinkäufer die Konsumgüterproduktion dirigieren, doch auch die Männer können es nicht. Da es von allem sowieso zu wenig gibt, wird ohnehin alles gekauft. Und da dies so ist und es daher auch kaum Werbung gibt, können die Frauen dann auch nicht mehr die Massenmedien kontrollieren. Weder sie selbst noch die Männer können dort sagen und schreiben lassen, was sie gern hören oder lesen würden. Und es sind auch nicht die Mütter, die die Erziehung der Kinder nach ihrer eigenen Wertskala manipulieren, aber auch die Väter haben keine Chance dazu. Was künftige Generationen denken sollen, wird ihnen in Krippen, Horten und Ganztagsschulen von Fremden beigebracht – selbstverständlich mit der Auflage, jeden Andersdenkenden ohne Ansehen des Verwandtschaftsgrades zu decouvrieren. Und es sind auch nicht die Mütter, die entscheiden, wieviel Zeit ihre Kinder in diesen Staatsgefängnissen verbringen sollen, doch die Väter entscheiden es ebensowenig. Da beide Eltern so lange wie möglich arbeiten sollen, müssen ihre Kinder eben auch so lange wie möglich in solchen Gefängnissen verweilen.

Und während im Westen Männer, die von ihren Frauen zu kurz gehalten werden, Sex wenigstens kaufen können, bekommen sie ihn im Osten in solchem Falle überhaupt nicht mehr. Die freiberufliche Prostitution hat man den Frauen durch Deportation und Umerziehung ausgetrieben, die eheliche ist wegen des geringen männlichen Einkommens nur noch bei angesehenen Wissenschaftlern und hohen Parteifunktionären lohnend, und die sexuelle Freizügigkeit ist schon aus praktischen Gründen begrenzt. Denn erstens sind die Frauen nach getaner Arbeit ziemlich müde – sie sind zwar auch dort nicht »doppelt belastet«, doch infolge mangelnder Automatisierung der Hausarbeit und zeitraubender Lebensmittelbeschaffung erheblich mehr als im Westen. Zweitens sind die beengten Wohnverhältnisse sexueller Intimität wenig förderlich. Drittens sind die Möglichkeiten der Geburtenregelung alles andere als ideal: Die Chinesin verläßt sich auf sexuelle Enthaltsamkeit. Im europäischen Ostblock hat der einzige im Handel befindliche orale Ovulationshemmer – eine Pille ungarischer Herkunft – dermaßen starke Nebenwirkungen, daß die meisten Frauen noch lieber von Zeit zu Zeit das Trauma einer Abtreibung über sich ergehen lassen. Doch auch wenn diese Art der Geburtenregelung großzügig gehandhabt wird – nicht aus humanitären Gründen, sondern weil man die Frauen als Arbeitskräfte braucht –, ist sie nicht zuverlässig. Wenn es nämlich den männlichen Diktatoren einfällt, können sie, wie dies in Rumänien geschah, den Schwangerschaftsabbruch über Nacht verbieten und alle gerade schwangeren Frauen zwingen, ihre Kinder auszutragen. Und anders als im Westen, wo eine solche Massenvergewaltigung durch Schreibtischtäter automatisch den Rücktritt der Regierung zur Folge gehabt hätte, konnte sie dort nicht einmal diskutiert werden.

Der Marxismus ist also in seiner jetzigen Form für Bürger westlicher Industrieländer kaum verführerisch. Er löst weder die Probleme der Frauen, noch verbessert er die Situation der Männer, denn er ist sowohl weniger frauenfreundlich als auch weniger human als das, was sie jetzt schon haben. Und auch für die Länder der Dritten Welt ist er in seiner heutigen Form als revolutionäres Mittel nur begrenzt geeignet. Damit man ihn zur Humanisierung der dortigen Lebensbedingungen anwenden könnte, müßte er zunächst von einer wirtschaftlichen Utopie in eine realisierbare Wirtschaftstheorie umgeschrieben werden. Nicht das unerreichbare Ziel einer klassenlosen Gesellschaft dürfte am Ende stehen, sondern das erreichbare einer *sozialen Klassengesellschaft*. Die heutigen Ost-West-Konflikte fordern ja nicht nur deshalb so viele Menschenleben, weil die Reichen an ihrem Besitz kleben – das tun sie natürlich auch, doch wären sie allein zu schwach, um so lange durchzuhalten –, sondern weil der Teil des Proletariats, der bereits über das Existenzminimum verfügt, das, was nach der marxistischen Revolution käme, noch mehr fürchtet als das, was ist. Die marxistische Ideologie könnte also für die Unterprivilegierten erst dann wirklich eine Hilfe werden, wenn man sie endlich mit einem Happy-End versähe: wenn man nach der revolutionären Umwandlung der Besitzverhältnisse nicht mehr zur totalen Planwirtschaft, sondern zur »gemischten Ökonomie« überginge – einer freien Wirtschaft für Konsumgüterproduktion, Einzelhandel und Dienstleistungen und einer Staatswirtschaft für Hauptinvestitionsgüter und Rohstoffgewinnung –, und wenn man politischen Pluralismus, freie Wahlen, Presse- und Meinungsfreiheit, freie Wahl des Wohnsitzes und eine begrenzte Möglichkeit der Eigentumsbildung einprogrammierte.

Erst dann könnte im Ostblock auch die hier vorgeschlagene Reform eingeführt werden. Da hier alle verfügbaren Arbeitskräfte bereits in den Produktionsprozeß eingespannt sind, ließe sich eine Kürzung der Arbeitszeit nicht wie im Westen durch eine Erhöhung der Zahl der Arbeitskräfte erreichen, sondern durch eine Vergrößerung des individuellen Leistungsangebots – das heißt, wenn in weniger Zeit gleich viel gearbeitet würde. Dies wiederum wäre nur dann möglich, wenn die in der Planwirtschaft begründeten Pannen durch eine weitgehende Privatisierung in Zukunft auf ein Minimum beschränkt würden und man für den Arbeitnehmer Anreize schüfe, durch die Eigeninitiative wieder lohnend würde. Erst wenn man in marxistisch regierten Ländern Wirtschaft und Handel bis zu einem gewissen Grad privatisierte, den Konsum ankurbelte, statt ihn zu verteufeln, beim Erwachsenen die Klassenbildung förderte, statt sie zu unterbinden – erst wenn man auf einen Teil des marxistischen Ideenguts verzichtete –, könnten auch dort Männer, Frauen und Kinder aus ihren Tagesgefängnissen entlassen werden. Ihr Leben könnte dann endlich so erfreulich werden, wie Marx es immer wünschte.

Es soll nun hier nicht behauptet werden, die marxistisch engagierten Frauenrechtlerinnen – diejenigen, die ihren Geschlechtsgenossinnen suggerieren wollen, es läge im weiblichen Interesse, zunächst einmal die Gesellschaft radikal zu verändern – seien zu wenig intelligent, um dieser Argumentation zu folgen. Vermutlich ist es gerade ihre überdurchschnittliche Intelligenz, die sie zu Opfern des orthodoxen Marxismus werden läßt. Je intelligenter jemand ist, desto mehr mögliche Standpunkte gibt es für ihn und desto größer wird seine Angst vor falschen Entscheidungen und seine Sehnsucht nach festen, unverrückbaren Wertmaßstäben. Früher ist dieses Bedürfnis nach festen Verhaltensmaßregeln in unseren Breitengraden durch die christliche Religion befriedigt worden, heute erfüllt diese Funktion bei nicht wenigen Leuten der Marxismus. Denn eine Religion ohne Gott ist für den aufgeklärten Menschen des Atomzeitalters leichter zu akzeptieren als eine, die den Glauben an ein unsichtbares Wesen voraussetzt. Diese Religiosität erklärt auch, weshalb sich unter den westlichen Terroristen verhältnismäßig viele Frauen befinden. Frauen riskieren wenig, solange sie bei Vernunft sind, und lassen, solange sie bei Vernunft sind, auch lieber die Männer für sich agieren. Erst ein bestimmtes Maß an Systemgläubigkeit hebt diese Kontrollmechanismen auf. Wirklich religiöse Menschen, seien sie männlich oder weiblich, fürchten weder das Sterben noch das Töten. Die Erfüllung ihrer Gebote, seien sie christlich, marxistisch oder sonstwie geartet, rechtfertigt für sie jedes Opfer, selbst wenn es sich um ihr eigenes Leben handelt. Ein Zeuge des Jehova verweigert selbstverständlich aus

Idealismus eine lebensrettende Bluttransfusion, ein Jünger des Karl Marx sprengt sich selbstverständlich mit seinen Geiseln in die Luft. Diese Handlungsweise ist nicht mutig, sondern systemimmanent. Mutig können prinzipiell nur Ungläubige sein.

Der gesellschaftliche Fortschritt, sagte seinerzeit Karl Marx, lasse sich an der gesellschaftlichen Stellung des schönen Geschlechts exakt messen. Nun, falls er mit dem schönen Geschlecht die Frauen meinte, so könnte er feststellen, daß diese heute länger leben, seltener bei der Arbeit und häufiger beim Geldausgeben anzutreffen sind, und daß sie in dieser Gesellschaft insgesamt höflicher behandelt werden als Angehörige des von ihm als weniger schön bezeichneten Geschlechts. Wer also behauptet, daß Marx heute die Frauen westlicher Industrieländer als Opfer einer Männergesellschaft ansehen würde, bezichtigt sein Idol des Schwachsinns. Doch da er aus einer Wahnidee heraus formuliert, ist er dafür im eigentlichen Sinn nicht verantwortlich. Religion, so meinte auch Marx, habe die Wirkung einer bewußtseinsverändernden Droge.

Das Problem ist, daß diese religiöse Haltung der orthodoxen Marxistinnen die Lage der Frauen im Westen und im Osten verschlechtert. In den westlichen Industrieländern besteht zwar kaum Gefahr, daß Frauen scharenweise zum Marxismus überlaufen könnten, doch durch den zunehmenden Terrorismus, der immer schärfere staatliche Kontrollen notwendig macht, werden ja nicht nur Männer, sondern auch Frauen immer mehr in ihrer persönlichen Freiheit eingeschränkt. Für die Frauen im Osten jedoch haben die Lobeshymnen der progressiven Westlerinnen katastrophale Folgen. Da sie durch ihren aus der Ferne gespendeten Beifall für die dortigen Verhältnisse die männlichen Diktatoren in ihrer chauvinistischen Politik unterstützen, werden die

Chancen einer von innen kommenden, gewaltlosen Reform erheblich eingeschränkt.

Die Rückkehr zur Natur wäre unnatürlich

Wenn man davon ausgeht, daß Frauen von Männern unterdrückt werden – also der von Männern gemachten Gesellschaftstheorie folgt –, verschafft man Frauen ein Alibi für eine noch konsequentere Ausbeutung der männlichen Arbeitskraft. Denn der nächste Schritt ist dann, daß sie sich gegenseitig ermuntern, diese Übermacht mit »weiblichen Waffen« zu bekämpfen. Wenn die Männer in ihnen sowieso nichts anderes als Putzfrauen, Köchinnen, Krankenschwestern, Lustobjekte, Gebärmaschinen und Kindermädchen sehen, dann ist es nicht mehr als recht und billig, sich für diesen Service bezahlen zu lassen. Und da Männer am bereitwilligsten und am besten zahlen, wenn man sie ganz groß und sich selbst ganz klein macht, ist diese Form des von der männlichen Ideologie inspirierten Feminismus nicht nur die unverdächtigste, sondern auch die zynischste und lukrativste. Denn während die anderen Frauen vielleicht noch aus Gedankenlosigkeit, Prestigesucht, Langeweile, sexueller Not oder politischem Fanatismus handeln, werden hier kaltblütig Einkünfte berechnet und Gewinne maximiert. Mit dem »Ich-bin-ja-nur-eine-schwache-Frau-und-du-ein-starker-Mann«-Feminismus bekommt man all das, was die anderen fordern, doch man bekommt es schneller, unauffälliger, sicherer und vor allem ohne jede Anstrengung.
Bei der Anwendung dieses Verfahrens hat die Masse der Frauen der sogenannten Frauenbewegung so viel zu verdanken, daß ein Außenstehender auf die Idee kommen könnte, sie hätten sie eigens zu diesem Zweck erfunden.

Denn die kleine, lautstarke Gruppe der Progressiven hat der schweigenden Mehrheit der Konservativen nichts als Vorteile gebracht. Wer heute einem Mann erklärt, daß er diese ganze Emanzipation für reinen Blödsinn halte, daß Männer Männer bleiben müßten und Frauen Frauen, hat ihn schon fast auf seiner Seite. Denn eines haben die Frauenrechtlerinnen mit Sicherheit erreicht: Sie haben die Masse der Männer zutiefst erschreckt. Wenn Männer früher nicht wußten, wie eine richtige Frau zu sein hat, heute wissen sie es genau: Eine richtige Frau ist so, wie eine Frauenrechtlerin nicht ist. Frauen, die ihren Familien Knall auf Fall davonlaufen, um sich zu »verwirklichen«, die ihre Kinder mal in Wohngemeinschaften, mal in Horte stecken, die ihren Söhnen Puppen und ihren Töchtern Spielzeugautos schenken, die mal mit Männern, mal mit Frauen koitieren, die mal agitieren und dann wieder resignieren, sich mal solidarisieren und dann wieder diffamieren, die sich beim Studium der Planwirtschaft von den Schallplatten der US-Marktwirtschaft animieren lassen, die ihre Gedanken bei Mao und Marcuse kaufen und ihre Kleider bei Levi's und Laurent, die unterm Jahr von Leningrad und Moskau schwärmen und in den Ferien nach Paris und London trampen, die mal Kinderläden gründen und dann wieder Boutiquen eröffnen, sich mal ganz den Unterprivilegierten widmen und dann wieder ganz sich selbst – solche Frauen machen den Männern Angst. Und während die Männer vor diesen davonlaufen, rennen sie dann schnurstracks in die Arme jener, vor denen sie sich eigentlich am meisten fürchten müßten.

Denn dank der »Frauenbefreiung« feiert die weibliche Reaktion heute überall Triumphe. Je mehr Forderungen diese so »unweiblich« erscheinenden Frauen stellen, desto weiblicher erscheinen den Männern jene, die – außer Geld – von ihnen überhaupt nichts wollen. Je engagierter diese Frauen

Promiskuität oder Lesbianismus propagieren, desto attraktiver werden für sie jene, die ihnen Sex zu Höchstpreisen verkaufen wollen. Je häufiger diese Frauen ihr Recht auf die Männerjobs proklamieren, desto sympathischer werden den Männern die Frauen, die überhaupt nicht arbeiten.

Während man früher noch halbwegs zu verheimlichen suchte, was man mit Männern anstellt, gilt es heute beinahe schon als Tugend, einen Mann bis an die Grenzen seiner Leistungsfähigkeit für sich einzuspannen. Während man früher die Dressur eines Mannes bei Müttern und Freundinnen erlernte, wird sie einem heute bereits in Schnellkursen beigebracht. Weibliche Anti-Emanzipations-Bewegungen sind heute in den konservativeren US-Staaten bereits einflußreicher als Women's Lib, ihre derzeitige Bibel Helen Andelins FASCINATING WOMENHOOD hat die Auflagen von Kate Milletts SEXUS UND HERRSCHAFT längst überflügelt. Frauendemonstrationen für eine Wiedereinführung des Abtreibungsverbots sind an der Tagesordnung, Frauenkampagnen gegen das »Equal Rights Amendment« haben Kampagnen für Gleichberechtigung längst auf den zweiten Platz verdrängt.

Und dank der Theorie von der weiblichen Unterdrückung kann niemand diesen Frauen nachsagen, daß sie den Männern schaden wollten. Sie wollen ja nur wieder Frauen sein, nichts als Frauen, die zu ihren Männern aufsehen und deren Überlegenheit neidlos anerkennen. Wenn die Männer sowieso die Macht haben, tut man dann etwas Schlimmes, wenn man sie ihnen auch weiterhin beläßt? Wenn der Mann so gern über die Frau herrschen möchte, ist man dann böse, wenn man sich ihm freiwillig unterordnet? Rückkehr zur Natur, heißt die Parole – der Mann hinaus ins feindliche Leben, die Frau an den Elektroherd. Langeweile? Da könne man nur lachen. Eine richtige Frau findet in ihrem Heim immer eine Beschäftigung. Sie kocht – wie früher ihre Großmutter – wieder ihre eigene Marmelade ein, bäckt ihr eigenes Brot, näht auf der Nähmaschine ihre eigenen Kleider, strickt im Winter für Mann und Kinder warme Socken, beschenkt Freunde und Verwandte mit selbstbestickten Sofakissen und selbstgehäkelten Tischdecken. Alles soll wieder so werden, wie es früher einmal war, sagt sie. Denn früher, vor der »Emanzipation«, war alles richtig.

Doch es wird nicht so wie früher. Da das, was diese »faszinierenden« Frauen zu Hause anstellen, anders als bei ihren Großmüttern ohne wirkliche Notwendigkeit geschieht, wirken ihre Aktivitäten nicht weiblich, sondern theatralisch. Wenn es die Produkte, die sie umständlich herstellen, in jedem Laden zu kaufen gibt, und zwar meist in besserer Qualität und billiger als ihre Eigenfabrikate, wenn der Bäcker an der Ecke besseres Brot bäckt, der Supermarkt zwanzig Marmeladesorten führt, Konfektionskleidung preiswerter und meist auch schöner ist, gekaufte Socken länger halten und handbestickte Sofakissen nirgends richtig hinpassen, dann ist diese Rückkehr zur Natur zutiefst widernatürlich. Wenn Frauen die gleiche Berufsausbildung genießen, wenn sie in der Regel nur noch zweimal im Leben schwanger werden und ihre Kinder in der Regel mit der Flasche ernähren, wäre es ebenso natürlich, wenn statt ihrer die Männer zu Hause blieben.

Und auch dem Mann, der sich zu dieser Frau, die nichts als seine Frau sein wollte, zunächst beglückwünscht hatte, wird all das schließlich unheimlich. Ihre Aktivitäten sind so unwirklich, ihre Probleme so lächerlich, ihre Konversation so weltfremd, daß sie ihn abwechselnd rührt, langweilt und ängstigt. Es ist wahr, daß sie ihn mit ihren Kerzenlicht-Dinners von seinen beruflichen Schwierigkeiten ablenkt, aber wäre es nicht besser, wenn er mit ihr darüber reden könnte?

Es stimmt, daß sie ihn stets nach seiner Meinung fragt, doch ist das nicht irgendwie auch so, als sei er mit einem Kind verheiratet? Und es ist nicht zu leugnen, daß sie immer guter Laune ist und ihn niemals kritisiert, aber wirkt das nicht, als sei er gar nicht vorhanden?

Er weiß, daß er etwas versäumt – aber was? Er ist sicher, daß man ihn hintergeht – aber wie? Schließlich hat er eine richtige Frau, eine von den wenigen, die noch treu, häuslich, nachgiebig und zufrieden sind. Warum also ist er trotzdem nicht glücklich? Weshalb wirkt sein Familienleben so gespenstisch?

Noch einmal, mit Gefühl

Der von männlichen Intellektuellen formulierte und von weiblichen Intellektuellen plagiierte Feminismus geht von falschen Voraussetzungen aus und führt in eine Sackgasse. Wer die Schuld beim Mann sucht, wird für die Frau kaum etwas erreichen: Da Männer über keinerlei Macht verfügen, können sie Frauen auch nicht helfen. Wer statt des Mannes die Gesellschaft anklagt, hat ebensowenig Aussicht auf Erfolg. Die Gesellschaft besteht aus Männern und Frauen, und die Männer, soviel haben wir gesehen, sind an der jetzigen Situation absolut unschuldig.

Umkehren kann man aber auch nicht mehr. Damit das alte Familienmodell wieder stimmte, müßten die Aufgaben innerhalb und außerhalb des Hauses – so wie früher – einigermaßen gerecht verteilt sein. Doch für den Partner, der zu Hause bleibt, gibt es heute fast nichts zu tun, und für den draußen wird der Kampf ums Überleben immer härter. Für den, der zu Hause bleibt, gibt es heute fast nichts zu denken, und für den draußen immer mehr. Die viele Freizeit, über die die Frau verfügt, und die wenige, die für den Mann übrigbleibt, stimmt sie gegeneinander immer aggressiver. Die intellektuelle Kluft, die sich zwischen Mann und Frau aufgetan hat und die von Tag zu Tag noch größer wird, macht die gegenseitige Verständigung immer schwieriger.

Wer die Situation der Frau verändern wollte, müßte also alles noch einmal überdenken. Er dürfte die Frau nicht mehr an ihren Worten messen, sondern an ihren Taten. Er dürfte sie nicht mehr nach ihrem Image beurteilen, sondern nach ihrem Verhalten. Wer das Opfer anklagt, wird die Zuhälterei kaum aus der Welt schaffen. Wer den Sklaven verfolgt, verliert den Sklaventreiber mit Sicherheit aus den Augen. Erst wenn man die Schuld dort sucht, wo sie auch zu finden ist – bei der Frau selbst –, kann man die Lage ändern. Erst wenn man Frauen genau wie Männer öffentlich kritisieren darf, können sie ihre Haltung korrigieren. Ein Freund ist jemand, der einem die Wahrheit sagt, denn nur wenn man seine Fehler kennt, kann man sie auch beheben. Wer die Frauen schont, erweist ihnen keinen Gefallen. Schonung ist gut für Fälle, in denen nichts zu ändern ist – bei den Frauen aber ist alles zu ändern. Voraussetzung wäre lediglich, daß sie sich ändern wollten.

Es geht also darum, sich nicht länger von Männern sagen zu lassen, was man von Frauen zu halten hat. Männer wiederholen nur, was ihnen ihre Mütter, Bräute, Ehefrauen und Töchter über sich erzählt haben, und das hat, wie man weiß, mit der Wirklichkeit wenig zu tun. Es geht darum, sich nicht länger von politischen Extremistinnen diktieren zu lassen, wie man diese Gesellschaft zu ändern hat. Diese Frauen wollen die weibliche Macht zur Errichtung totalitärer Systeme mißbrauchen und sind daher kaum vertrauenswürdig. Es geht darum, sich nicht länger von Lesbierinnen vorschreiben zu lassen, was man beim Sex empfinden sollte.

Lesbierinnen kommen aus einer anderen Erfahrungswelt und können daher über die Sexualität zwischen Mann und Frau keine allgemeingültigen Aussagen machen. Die weibliche Wirklichkeit könnte nur von denen exakt beschrieben werden, die sie genau kennen. Die weibliche Macht könnte nur von denen entlarvt werden, die sie täglich auskosten, die weibliche Einstellung zur Sexualität könnte nur von denen formuliert werden, die darin Erfahrung haben: von Frauen – und zwar von ganz normalen, durchschnittlichen Frauen. Und nur diese, die die Masse der Wähler stellen, könnten an all dem auch etwas ändern.

Wer etwas für die Frauen tun wollte, müßte also zunächst einmal etwas gegen sie unternehmen. Wer dem weiblichen Geschlecht seine Ehre zurückgeben wollte, müßte es zunächst einmal vollkommen bloßstellen. Auch Marx und Engels haben sich nicht mit der Bourgeoisie verbündet. Obwohl sie ihr selbst angehörten und sie aus dieser Konstellation nichts als Vorteile zu erwarten hatten, haben sie die Machenschaften ihrer Clique ans Proletariat verraten. Frauen können sich aus dem gleichen Grund keinesfalls mit Frauen verbünden. Weibliche Solidarität wäre eine zutiefst reaktionäre Haltung. Wenn sich in einem Land die Mächtigen zusammentun, bezeichnet man das im allgemeinen Sprachgebrauch nicht als Solidarität, sondern als Kartellwesen.

Wenn man davon ausgeht, daß Frauen von Männern unterdrückt werden – also der von Männern gemachten Gesellschaftstheorie folgt –, nimmt man Frauen jede Möglichkeit zum Handeln. Nur wenn sie endlich selbst über sich nachdenken, nur wenn sie ihre Position endlich ohne männliche Hilfe untersuchen, nur wenn sie endlich Farbe bekennen und für ihr Verhalten die Verantwortung übernehmen, können sie einen Ausweg finden. Mit anderen Worten: Nur wenn die Frauen den alten, männlichen Feminismus zu den Akten legen und einen neuen, weiblichen Feminismus formulieren, können sie, falls sie es überhaupt wünschen, ihre Situation verändern.

Wer die Frauen in einer ehrenvolleren Rolle sehen möchte, müßte also mit der Emanzipation noch einmal ganz von vorne anfangen. Aber diesmal ohne das übliche Gezeter und mit etwas mehr Zivilcourage und etwas mehr Gefühl.

Ein weiblicher Feminismus wäre ein neuer Sozialismus

Wenn die Frauen wollten, könnten sie die ganze Welt verändern. Wenn sie ihr Verhalten nur etwas korrigierten, hätte dies für alle anderen Mitglieder der Gesellschaft Folgen, die ans Wunderbare grenzten.

Ein weiblicher Feminismus – eine von der Wirklichkeit ausgehende Gesellschaftstheorie über die Situation der Frau – brächte, falls er entsprechend propagiert würde, automatisch ein neues weibliches Verhalten. Und dieses wiederum brächte automatisch eine soziale Revolution, nach der es ohne Gewaltanwendung allen bedeutend besser ginge. Den Männern wäre etwas gegeben, ohne daß den Frauen etwas genommen wäre. Den Kindern wäre etwas gegeben, ohne daß ihre Eltern sich opfern müßten. Den Alten wäre etwas gegeben, ohne daß man die Jungen dafür büßen ließe. Den Armen wäre etwas gegeben, ohne daß man die Reichen bestrafte. Ein weiblicher Feminismus brächte eine neue Gesellschaft – eine Gesellschaft, in der die Vorzüge des Kapitalismus und des Kommunismus, des Individualismus und des Kollektivismus, des Egoismus und des Altruismus zum Vorteil der Allgemeinheit und zum Wohl jedes einzelnen auf optimale Weise miteinander verbunden wären. Er wäre

Grundstein für eine Welt, in der alle Menschen so gleich wie nur möglich wären und dennoch so verschieden wie nie zuvor.

Denn natürlich wäre man durch den Gewinn an Freizeit nicht nur als Mann und Frau voneinander verschiedener – männlicher und weiblicher – als heute, man wäre es auch als Individuum. Natürlich wäre durch eine Berufstätigkeit der Frau nicht nur die berühmte weibliche Logik (die Umschreibung eines Gentleman für die Dummheit einer Lady) aus der Welt geschafft, man könnte auch erstmals seine Intelligenz und sein Wissen dazu benutzen, etwas zu denken, was nicht mit Broterwerb zusammenhängt. Bisher hatten Leute mit viel Ausbildung meist keine Zeit, und die mit viel Zeit meist keine Ausbildung. Erstere waren bis zur Erschöpfung verausgabte Männer, letztere Frauen, die alles vergessen durften, oder arbeitsloses Proletariat. Nach der hier vorgeschlagenen Reform gäbe es erstmals eine größere Anzahl Menschen, die ihre Erziehung zu mehr als zum Geldverdienen verwenden dürften. Es gäbe erstmals eine hochausgebildete, geistig aktive Mehrheit, die neben ihrem Beruf noch etwas anderes unternehmen könnte.

Es ist ja gleichgültig, ob man einen Beruf einen halben oder einen ganzen Tag lang ausübt: Man muß dafür gleich viel wissen. Und dieses Wissen könnte in der vielen freien Zeit, die man dann hätte, zum ersten Mal dazu benutzt werden, etwas absolut Nutzloses zu tun. Die menschliche Fähigkeit zur Abstraktion, die man sich aneignen muß, um in einer immer komplizierteren Umwelt zu überleben, würde dann auch dazu gebraucht, um über etwas nachzudenken, was nicht unmittelbar einen Zweck erfüllt. Man würde damit etwas Abenteuerliches tun, etwas Schöpferisches, etwas Neues. Und da es gerade das ist – die Kreativität –, was Mensch und Tier voneinander unterscheidet, käme es als

Folge der Reform auch zu einer regelrechten *künstlichen Mutation*. Man würde nicht mehr nur so tun, als sei man ein Mensch, sondern sich auch so verhalten. Man würde sich seine Menschlichkeit nicht nur gegenseitig vorspielen, sondern man würde auch wirklich menschlich werden.

Eine der vielen Folgen der Reform wäre also eine Explosion an Kreativität, eine bisher unbekannte Vielfalt an neuen Gedanken und exzentrischen Verhaltensweisen. Es gibt wohl niemand, der von Natur aus phantasielos wäre – es gibt nur Leute, die sich Zeit nehmen, um etwas Neues zu machen, und solche, die es nicht tun. Durch die hier vorgeschlagene Veränderung wären Kunst und Kultur erstmals wirklich sozialisiert: Alle, die wollten, könnten sie produzieren, und alle, die wollten, könnten sie auch konsumieren. Man müßte die Eintrittspreise zu kulturellen Veranstaltungen nicht abschaffen, um Kunst unters Volk zu bringen: Das Volk selbst würde diese Kunst herstellen, und sein Angebot wäre so enorm, daß die Preise ohnehin sinken würden. Man müßte die Künstler nicht subventionieren: Jeder wäre als Künstler zu betrachten, und jeder könnte sich mit ein paar Stunden Erwerbstätigkeit ohne staatliche Almosen am Leben erhalten. Diese neuen Verhältnisse müßten jedoch die heutigen Kunstproduzenten nicht in Panik versetzen. Es gäbe zwar mehr Konkurrenz für sie, aber auch weniger materielle Zwänge. Es gäbe zwar mehr Originalität, aber auch mehr Publikum, das diese zu schätzen wüßte. Denn es gäbe dann nicht nur interessantere Schriftsteller und Dichter, sondern auch mehr Leser, nicht nur einfallsreichere Maler und Bildhauer, sondern auch mehr Betrachter, nicht nur schönere Musik und bessere Interpreten, sondern auch mehr Hörer, nicht nur sensiblere Schauspieler und Regisseure, sondern auch mehr Zuschauer. Und es gäbe außerdem ganz neue Disziplinen des Geisteslebens, nach denen man bisher aus Zeitmangel noch nicht einmal suchen konnte.

In einer Welt, in der jeder genug Zeit hätte, sein Wissen, seine Phantasie, seine geistige und körperliche Energie voll auszuspielen, wäre prinzipiell alles möglich. Es käme dort zu einer solchen Vielfalt von Gedanken, Handlungsweisen, Ideologien, Erfindungen, Ritualen, Absurditäten, Verrücktheiten, daß man sich niemals langweilen könnte. Nicht nur man selbst wäre amüsanter, auch die anderen wären es. Die tägliche Umgebung wäre so abenteuerlich, wie man sie sich nur wünschen könnte, denn fast jeder, den man träfe, wäre ein Happening.

Es ist natürlich, wie bereits gesagt, auch möglich, daß es für eine solche Welt schon zu spät ist und daß die recht behalten, die heute behaupten, der Mann wünsche sich im Grunde gar kein anderes Leben als das, das er führt. Es ist nicht ganz auszuschließen, daß zwar die Frauen einer solchen Reform gewogen wären, diese aber letztlich am fehlenden Einsatz der Männer scheitern würde. Denn es wäre ja möglich, daß der heutige Mann so sehr an sein Gefängnis gewöhnt ist, daß er draußen gar nichts anzufangen wüßte, daß er so lange für andere gelebt hat, daß er für sich selbst gar nicht leben könnte, und daß er sich die Liebe seiner Frau inzwischen wirklich lieber kauft, als daß er sie sich schenken ließe. Es wäre möglich, daß der Mann, der diese Reform ja in allen Einzelheiten planen und auch ausführen müßte, aus lauter Angst vor seiner Freiheit hier erstmals seine Dienste verweigerte.

Man sollte es dennoch versuchen. Man sollte die Frauen dazu überreden, den Männern ihre Unabhängigkeit wenigstens anzubieten. In ihrem eigenen Interesse. Wir finanzieren heute Tierreservate, damit die wilden Tiere so bleiben können, wie sie sind, während direkt vor unseren Augen die

Männer, von der Natur ebenfalls für ein Leben voller Abenteuer programmiert, immer zahmer, domestizierter und serviler werden. Wir kämpfen dafür, daß sich Reiche und Mehrheiten wenigstens halbwegs anständig benehmen, während mitten unter uns die Handlungen der Frauen immer skrupelloser und dubioser werden. Solange die Frau dem Mann einen Lastenausgleich nicht wenigstens vorschlägt, gibt es für sie in westlichen Industrieländern keine Möglichkeit, sich »anständig« zu verhalten. Was immer sie tut, sie ist dem Mann gegenüber im Vorteil, weil es für sie in jeder Situation mindestens zwei Wege gibt und für den Mann bestenfalls einen. Solange die Geburt eines Kindes bedeutet, daß man auch dessen Mutter zu versorgen hat, gerät jede Frau, die schwanger wird, in den Verdacht, ein hinterlistiges Attentat zu planen. Solange die Männer nicht einigermaßen unabhängig sind, werden Frauen niemals Partner finden, die ihnen wirklich gefallen.

Es ist also an der Zeit, dem Mann eine Chance zu geben. Erst wenn er sie zurückweist, könnte man behaupten, daß er sich in seiner jetzigen Situation offenbar wohl fühlt: daß er sich gern einsperren läßt, daß er sich auch freiwillig verkaufen würde, daß ihm seine Kastration willkommen ist, daß ihm seine politische und wirtschaftliche Entmündigung Freude macht und daß er gegen die Diffamierung seiner Person sowieso nichts einzuwenden hätte. Man dürfte dann sagen, daß man den Männern einen Gefallen tut, wenn man sie zur Arbeit abrichtet, weil sie für alles andere sowieso nicht zu gebrauchen sind. Und man dürfte auch sagen, daß die heutige Art Männlichkeit genau dem männlichen Niveau entspricht und daß die Männer im großen und ganzen das Leben führen, das sie sich wünschen.

Es handelt sich also darum, die Männer auf die Probe zu stellen. Es handelt sich darum, ihnen endlich ihre Freiheit anzubieten. Denn erst, wenn sie sie abgelehnt haben, wüßte man mit letzter Sicherheit, daß die Frauen auf ihrer bisher einzigen Erfindung, ihrem bisher einzigen Patent und ihrem bisher einzigen Produkt für immer sitzenbleiben werden. Man könnte dann sagen, daß sie den *dressierten Mann* vor lauter Begeisterung über seine vielseitige Verwendbarkeit in zu großer Serie fabriziert haben.